JN100598

増補新版

泥の菩薩

仏教ＮＧＯの開拓者、有馬実成

大菅俊幸

明石書店

◆増補新版 泥の菩薩――仏教ＮＧＯの開拓者、有馬実成――目次

表紙写真：朝日新聞社提供

序章

けものみちを歩いた人

毎日国際交流賞表彰式の記念公演
（1994年）

どんよりと曇った早春の朝、山陰の駅はいっとき通勤や通学の乗降客で混み合ったが、たちまちひっそりとしてしまった。平成一四年（二〇〇二）三月のことであった。知人を訪ねて島根に出かけたときのこと。約束の時間まで少し間があるので安来(やすぎ)駅の待合室で椅子に腰かけたら、誰が見るでもなくテレビの画面は国会中継を映していた。

よく見ると、見覚えのある顔が映っている。国際協力NGOセンター（JANIC）の理事長、船戸良隆ではないか。参考人として国会に招致され、居並ぶ議員たちに日本のNGOの実情について説明しているところだった。折しも、ある日本のNGOの代表が「お上は信じられない」と発言したことに端を発し、一人の自民党議員が怒り心頭となって、アフガニスタン復興会議へのNGO側の出席が拒否され、さらに外務大臣の更迭やその議員自身の辞職にまで発展する騒動になっていた。もしも有馬実成(ありまじつじょう)が亡くなっていなければ、今頃JANICの理事長としてあの場に立っていたはずなのに。有馬ならどんな話をしただろう、と画面を見ながら想像を逞(たくま)しくしていた。

山口の一僧侶でありつつ、今では日本を代表するNGOの一つと言われるようになった国際協力の市民団体、公益社団法人シャンティ国際ボランティア会（SVA）を立ち上げ、その中核となって牽引し続けた有馬実成は、晩年、JANICの理事長としても活躍した。日本のNGO界の先駆者であり、指導者的存在でもあった。

ボランティアやNGO（国際協力などを行なう民間公益団体）、NPO（地域社会で福祉活動などを行なう国内の民間公益団体）という言葉は、今でこそ広く知られ市民権を得るようになったが、二〇数年前は知る人ぞ知るという現実であった。一九七九年、インドシナ難民が多数発生し、はじめてタイの難民キャンプに足を踏み入れた時、有馬は難民たちのあまりの惨状に思わず息を呑み、そして日本の国際協力の現状が欧米に比していかに遅れているかを知ってはげしい衝撃を受けたのだった。そして、試行錯誤と赤面の連続でアジアの教育支援に取り組み続けて約二〇年。それは、〈けものみち〉を切り開く日本ＮＧＯのパイオニアの姿に他ならなかった。

若かりしころから民衆と共に歩む宗教家を志し、差別や貧困など現実社会が抱える苦悩に向き合い、弱き者の味方であろうとした有馬。まず地域に根ざした寺院の運営に着手し、文化運動や市民運動に取り組み、やがてインドシナ難民救済の活動へ参画することによって一躍世界に目が開かれ、国際ボランティアの道へと邁進していった。

鎌倉時代の仏僧、叡尊（えいそん）や忍性（にんしょう）、重源（ちょうげん）から多大な影響を受けたその実践は、〈仏教的市民運動〉と呼んでもいいものであり、教団仏教や寺院仏教という枠を超え、現代や未来に開かれた新しい仏教のあり方を提示しているとも言える。同時に、ＮＧＯ界においては独自の思想をもった活動家として、行動する指導者として有馬は異彩を放っていた。

その思想や行動のありようは、いったいどのように育まれ形成されていったのだろうか。生い立ちから始まって、そこに至るまでの道のりを辿ることにしたい。

「あなたは本当の心の住職でした」

有馬実成は昭和一一年（一九三六）、山口県徳山市（現在、周南市）に生まれた。JR徳山駅から広島方面に向かって、一つ隣に「櫛ヶ浜」という小さな駅がある。そのすぐ目の前の高台に、緑の木立ちに包まれた寺が見える。それが生家、曹洞宗「原江寺（げんこうじ）」である。うっかりすると見過ごしてしまいそうだが、山門の前に「影向（ようごう）の井戸（いど）」と呼ばれる井戸がある。この土地の民話の舞台ともなっており、次のような霊験譚が伝わっている。

その昔、今の原江寺山の麓に吸江庵（きゅうこうあん）という庵があって、了西（りょうさい）というお坊さんが一人で住んでいたという。ある夜のこと、雲に乗った観音様が夢枕にあらわれ、「われはこの庵の井戸の底に久しく埋もれている。すぐに井戸の底をさらえて、われをこの庵に安置せよ。さすれば、今後多くの人々を守って行こう」。了西は不思議な夢を見たと思って、気にとめなかったが、次の日、また同じ夢を見たので、井戸の底をさらってみると、夢のとおり、観音像が出てきた。「ありがたいことじゃ」と、庵に安置しておまつりし、その井戸水を影向水と呼ぶようになった。それ以来というもの、乳の出が思わしくない女の人がこの井戸水を飲むと、ゆたかに出るようになった。この水を酒づくりに使うとおいしい酒ができて大繁盛した。のちに、吸江庵と原始院がいっしょになって、いまの原江寺になった。影向水の井戸は、いまも原江寺の山門の前にある。

井戸のそばにある戒壇石には、そのいきさつが天保二年（一八三一）の碑文として刻まれている。この寺が聖観音菩薩を本尊とあおぐ由縁の伝説にもなっている。

「洞庭山原江寺縁起」によると、そもそも原江寺は広島県佐伯郡廿日市町洞雲寺（長穂・竜門寺末寺）の末寺である原始院と、さらにその末寺である吸江庵とが合併し、両寺名の一字ずつをとって〈原江寺〉と改称して誕生した。明治四年（一八七一）、当山の二二世徹山堅堂和尚の時であった。

瑞鹿山原始院は、明応五年（一四九六）、洞雲寺の四世、興雲宗繁大和尚（大永二年［一五五二］四月九日示寂）によって開創された。大内重清氏が実母の追善菩提を弔うための建立であったといわれる。愛染明王を本尊としている。

一方、洞庭山吸江庵は、原始院の二世、繁翁宗茂大和尚を開山とし、天文一五年（一五四六）に開創された。本尊は聖観世音菩薩であるが、毛利輝元はこの観音像への信心篤く、輝元没後は同庵を御牌所とし、境内地と山林を寄進したという。

有馬の生家、曹洞宗原江寺

このような経緯から、原江寺は、聖観音菩薩と愛染明王を本尊としてまつっている。山号および寺号については、次のような由来が伝えられている。開山、繁翁宗茂大和尚がこの地を散策していた時、東西には松が茂って、松声高く、南を望めば海波遠く望み、沖を島に囲まれた徳山湾が、あたかも中国の洞庭湖のごときであり、その眺望は洞庭湖上の吸江亭のそれに似ているところから、山号を洞庭山、寺名を吸江庵としたという。

今では徳山湾は埋め立てられ、石油コンビナートが林立してその面影はすっかり失われているが、昭和初期のあたりまでは、徳山湾を池に見立てた雄大な借景法の庭であったことが偲ばれる。

この櫛浜一帯は、瀬戸内海の徳山湾、笠戸湾の豊かな漁場と温暖な気候、肥沃な農地に恵まれ、古くから漁業や農業が発展した。とくに、元禄年間には魚市場も開設されるなど、漁村としての歴史は古い。古くは当地久米郷の属村で、寛永二年（一六二五）の検地帳には、「久米串浜」と記され、元文五年（一七四〇）の地下上申では「櫛ヶ浜」は一村になっている。また、天保一二年の風土注進案などには、「当浦を櫛ヶ浜と申すことは上古市杵島（いちきしま）明神が黒神山よりこの浦に移り玉の櫛を落とされたことから名付けたと言い伝えている」とあるが、伝説であろうと言われる。現在、原江寺が立地する久米地区には約九〇〇〇人、櫛浜地区には約六三〇〇人が住んでいる。

神社や仏閣は、その土地の〈記憶〉を映し出す場所といわれるが、原江寺を探索するだけでも、この地域に住んだ人々の文化的な香りの高さのほどが感じられる。

山門の前に三基の石碑が立っている。中央に浜田馬来の句碑、向かって左に芭蕉、右に小林笠水の句が刻まれた墓詩碑である。櫛浜では江戸時代より芭蕉の俳諧の流れを汲んだ俳句が盛んで、浜田馬来や小林笠水、村井白笑など京都の公成門下の多くの俳人がいたといわれる。

また、この寺の境内には、日本のサルベージの草分けであった村井喜右衛門（むらいきえもん）の菩提も眠っている。有馬も、生前、講演などで、先人の知恵深さや日本の技術水準の高さを語る時、しばしば喜右衛門のことを誇らしげに引き合いに出していたものである。

寛政の頃、櫛浜の多くの漁師たちは長崎地方まで出かけて「いわし漁」をしていたことが知られている。喜右衛門も櫛浜の男で、肥前や五島でイワシの漁場を経営していたのだが、ある日のこと、長崎を出港しようとしたオランダ船が突風のため湾内で沈没してしまった。この難を救おうとの長崎奉行の要請に応じて、喜右衛門は大量の南蛮滑車と酒樽を駆使してこれを浮上させ、無事に出航させることに成功した。奉行はじめ国内の人々はもとより、オランダ人はまるで死者が蘇ったかのように小躍りして喜んだという。世界で最初にサルベージ、つまり沈没船の引き揚げ作業を成し遂げた時であった。これは日本ではあまり知られていないが、欧米の海上交通史では有名な話で、黒船でやってきたペルーも、喜右衛門のような男のいる日本は文化的に優れた国に違いないと、本の中で書いているという。〈津々浦々〉という言葉があるように、かつての日本の情報網は陸路ではなく海運で結ばれていたこと。そして、当時の船頭たちが、いかに優れた技術者であり、教養人であったかを有馬はことあるごとに力説していた。

さて、原江寺境内から徳山湾のほうを望むと、原江寺の真ん前を山陽本線の線路が横切っている。山陽鉄道（現・JR西日本）、広島‐徳山間が開通したのは明治三〇年九月であるが、明治後半になると、櫛浜ではしだいに商業、造船業が台頭し、やがて大正に入ると大阪鉄板製造株式会社をはじめ、数種の工場が誘致され、急に工業の町の兆（きざ）しを呈していった。昭和三年、「櫛ヶ浜」の駅が開通すると、交通の便がよくなり、村の経済も急速に活性化していった。しかし、戦後になって国道一八八号線が開通すると、それが周南の大動脈となり、駅は一時の勢いを失っていく。

原江寺から櫛ヶ浜の駅に行くには、ぐるっと迂回して踏切を渡らなければならないのだが、有馬はそんなことはしないで、ひょいと線路を跨(また)いで渡ることが多かったという。

SVAが発足したころから約二〇年間というもの、有馬は山口と東京を往復する生活が続いた。平日は東京を中心にSVAの仕事にいそしみ、週末は山口に戻って住職として檀務（寺の仕事）をこなすという生活である。自ら望んだこととはいえ、長い間の刻苦精励の日々がその寿命を縮めさせてしまったのかも知れない。けれども、余人の二倍も三倍も生きた人生、むしろ燃焼し切って幸福であったのかも知れない。

平成一三年九月、自坊、原江寺で行なわれた有馬実成の告別式。子息、嗣朗(しろう)の弔辞に参列の一同は静まり返っていた。

――あなたは本当の住職でした。だって、こうして皆さんの心の中に住んでいるじゃないですか。

初対面の人に有馬はよく語っていたものである。

「住職だからいつも寺にいなければならないのに、いつも外を飛び回っているから、私は住職ではなくて〈とび職〉なのです」

タバコの煙を燻らせながら笑みを浮かべるその横顔に、それが俺の生き方なのだと言わんばかりの矜持(きょうじ)を漂わせていた。寺にはあまりいない住職だったがみんなの心の中に住む〈心の住職〉とは、有馬に対する多くの人の実感ではないだろうか。

第一章　発露——生い立ち

七歳のとき（1943年）

「ぼくがこの寺を嗣ぎたい」

有馬の生まれた昭和一一年（一九三六）は、折しも、軍事体制下、風雲急を告げ、開戦への不気味な足音が忍び寄っていたころである。有馬家には、有馬の幼少時からの写真を収めたアルバムが現在も大切に保管されている。姉、弟、妹を含めた四人姉弟の長男として生まれた有馬であるが、写真の中のその表情は、姉弟や友だちと一緒に実に伸びやかで爽やかである。早くに一家の主を失った家庭は生活も厳しいはずなのに、少しも暗さを感じさせないのが不思議でさえある。アルバムには一枚の葉書が挟まれている。戦地から届いた父の葉書である。有馬はおそらく何度も読み返したに違いない。

昭和一八年（一九四三）、僧侶であった父有馬正隆（しょうりゅう）は応召して中国に出征した。宗教者であるのに、なぜ人殺しができようかという考えの人であったが、時流に逆らうことはできなかった。けれども、戦争への矛盾と家族への思いは募るばかり、その苦しみは大きかった。検閲が厳しく、家族宛ての手紙は「元気でいるから心配ない」と、あたりさわりのないものであったが、有馬の母親、知恵宛の手紙、その封筒の裏紙をはぐと、そこには家族に対する思いがびっしりと書かれていた。

そんな父への思いを打ち明けた唯一のものと思われる文章がある。

父親が兵隊として出征していった日の朝は、一面真っ白な大霜の日でした。早朝から愛国婦人会の襷（たすき）をかけた町内の婦人たちや大勢の人たちが集まり、家中が騒然とする中に居場所がなくて庭の焚（た）き火にあたっていると、軍服に着替えた父親がお墓参りに一緒に付いてこいと言いました。霜を踏み、寒さの中、手を繋いだ父親の温もりがとても嬉しかったことを覚えています。

――「産経新聞」夕刊、東京本社、一九九六年一一月二八日より

一年後、正隆はマラリア腸炎に倒れ、上海の陸軍病院で命を落とした。有馬が八歳、国民学校三年のときである。昭和一九年一〇月の小雨の降る寒い日だったという。

女手一つで七人家族を支えなければならなかった母親、知恵は、子どもに涙を見せたことはなかった。が、有馬は母の苦しみを察していた。

朝食のおかずにする大根を抜きに行ったまま なかなか帰ってこないので迎えに行きますと、母親は畑に寂しげに佇んでいました。思わず息をのみ、声を掛けることもできなかったのですが、その日の朝も大霜でした。

――同上

幼な心に家族の悲しみを有馬は一身に受け止めていた。住職を失くしたからには、原江寺に後継者の問題が浮上した。まだ小学生である有馬がすぐ嗣ぐわけにはいかない。祖父の堅隆がいたがすでに引退している。誰か他の僧侶に住職として守ってもらい、家族はいよいよこの寺を出るしかない、と親戚に後継者を決めかけたとき、

「この寺を嗣ぎたい」

と、幼い有馬は必死の思いで祖父の堅隆に願い出た。そして、結局、有馬が成長するまで、堅隆が復帰

して寺を守ることになった。

なぜ、遺体に差別が

戦時中、徳山は何度か空襲に見舞われている。敗戦の色が濃厚となっていた昭和二〇年（一九四五）五月一〇日、広島、山口両県に一八〇機を超えるB29の編隊が飛来。徳山は午前一〇時過ぎから一時間にわたって爆撃された。まず海軍燃料廠が襲われ、続いて大浦油槽所。そして、それた弾が徳山鉄板工場にも落下し始め、従業員たちは工場の近くの山や防空壕に避難したが、運悪く、それた弾が壕を直撃し、壕内のほとんどの人が亡くなってしまった。当時の発表では六九名とされる。こうして、この日の被害は、死者五百数十名、重軽傷者千名にも及んだという。七月二二日夜には、栗屋旭町付近が米軍機の爆撃を受け、荒神川鉄橋で、婦人、子どもを含めて一四人の痛ましい犠牲を出している。今も当時の弾痕が残っている。そして七月二六日深夜には、市街地に焼夷弾や小型爆弾が落とされ、一夜のうちにその九〇％が焦土と化してしまった。原江寺は市街地からはずれているので辛うじて難を免れたが、遺体が続々と運ばれてきた。けれども、なぜか扱いの違う遺体がある。不思議に思って恐る恐る、駐在さんに訊いてみると、

「朝鮮人じゃけぇのお」

という返事だった。

同じ人間なのになぜ――。このときの思いが、まさしく活動家有馬を生み出す原体験となった。

後年、「世界の色々な所を歩いたけれど、沖縄にだけは行けないんだよ」と語ることがあった。なぜなのか、そのわけを訊ねても語らなかったが、晩年になって明かしてくれることがあった。昭和一九年（一九四四）から翌年の初めにかけて、沖縄の子どもたちが徳山に疎開してきたことがある。原江寺にもIという一人の小学生が滞在し、しばらく有馬と一緒に小学校に通った。けれども、沖縄の子たちは、連日、地元の子どもたちから手酷い苛めにあっていた。そして、ある日のこと、とうとう堪えかねて、みんなどこかへ蒸発してしまった。Iともそれっきりになってしまったという。

「最近まで、そのことをすっかり忘れていてね。韓国人の遺骨返還運動をしているときですら忘れていたんだよ」

差別され、苛められている弱き立場の人々に結局は何もしなかった。差別を生んでしまう人間社会にあれほど憤り、反対し続け、活動してきた自分が、幼いころとはいえ、あろうことか、差別に見て見ぬふりをし、しかもそのことを失念していたことに対し二重の自責の念を感じていたのだ。「そんな卑怯な人間がどの面さげて沖縄の地を踏むことができようか」、と自らを断罪していたのだ。差別に対し、それほど潔癖な心情を抱いていた人である。

もう一つ、少年のころの屈辱的な体験を語ったことがある。

戦後の日本は、食糧危機に見舞われ、それを救うため、アメリカから民間救援団体の手でさまざまな食糧が送られてきた。原江寺の近くにある櫛ヶ浜の駅は、山陽本線と支線が分岐しており、貨車からの積み換えが頻繁に行なわれた。積み荷はトウモロコシが多かったようで、こぼれ落ちる粒を拾って、粉にひいて食べた。ある日、貨車に乗っていた米軍兵がそのことに気付き、袋をわざと大きく破って大量に落としてくれた。けれども、客車のトイレの汚物がそのまま路線に流れ落ちていた。汽車が出て行った後、汚水をかぶったトウモロコシを見ながら、拾うべきか拾わざるべきか悩んだが、ついには、拾った。海水で何度も何度も洗いながら、いつしか顔中が涙でくしゃくしゃになっていた。その屈辱感と自己嫌悪は終生忘れることはできないと語っていた。

「有馬さんとは生前そんな話はしませんでしたが、あの当時、有馬さんも私も、それほど、物質的な貧困の苦しさというものを感じていなかったかもしれません。家庭や地域の愛情さえあれば何でもしのげると思っていたかもしれませんね」

有馬の遺稿集『地球寂静』を読んでこう語るのは、やはり徳山生まれで、元アジア経済研究所の所員でもあった野中耕一である。二人のことについては改めて後述するが、後年、ＳＶＡがタイの農村やスラムの支援活動に取り組み始めたころに知り合い、そののちも親しい付き合いを続けていた間柄である。野中は有馬より二つ年長であるが、やはり小学生のころ、徳山空襲ですべて焼け出された体験をもっている。

「私も、五歳の時、父に死なれました。三人の子どもと姑とを母親が独りで悪戦苦闘して養ってくれました。一家は徳山の空襲ですべて焼かれてしまいました。終戦後、長姉が勤めていた海軍燃料廠が建ててくれた柱と屋根だけのバラックを、小学六年生の子どもの自分が手に入れて住むことになりました。高校二年の時までのほぼ六年間です。ところが、もっと貧しい人がいたのでしょうかね。そのバラックに二度にわたって続けて空き巣が入ったのです。一度目は古ぼけたラジオ、二度目はボロ切れを包んだ風呂敷まで盗まれました。その日、学校から家に帰ると、母が腑が抜けたように座って泣いていました。

もう、ここには住めないと……。

そして、そのバラックを売り払って、親戚の二階の長四畳(ながよじょう)の部屋に移ることになりました。借地に建てた私のバラックも買う人がいたのですね。私のその後の一年間の学生服に変わりました。売り払った金で買えたのはたったそれだけです。私にとっては、まっさらな学生服を買ってもらったのはそれが初めてでした」

空襲後、徳山の人々を襲った悲痛な状況に言葉を失ってしまう。

二人の親交は終生続いたと述べたが、専門家とNGOの活動家という違いはあれど、貧困に悩むタイの農民やスラムの人々への共苦の心情によって、二人は固く結ばれていたように思われる。タイの農村開発のプロジェクトなどでSVAも野中に随分お世話になっている。

人道支援の意義を語るとき、有馬はこのように貧しかった戦後の体験をしばしば引き合いに出して語ったものである。困窮状態にあった戦争直後の日本。日本人の多くが住む家に困り食糧も衣類も満足に得られない状態で暮らしていたとき、日本国民に大量の救援物資を送った組織の一つに「ララ(LARA)」がある。LARAとは、「アジア救済公認団体(Licensed Agencies for Relief in Asia)」の頭文字をとった呼び名であり、その直前まで敵国であったアメリカの民間有志による援助組織である。この組織から送られる救援物資は「ララ救援物資」あるいは「ララ物資」と呼ばれた。この救援は、終戦の翌年の昭和二一年(一九四六)一一月から昭和二七年まで続いたが、ララが日本に送った物資は、昭和二七年五月までの受領記録(厚生省「ララの成果」一九五二年六月出版)によれば、食料、衣料、医薬品、靴、石鹸などが一万六、七四〇トン、山羊二、〇三六頭、乳牛四五頭などで、「仮に邦価に換算すれば実に四〇〇億円を遙かに越えている」とされている。ララには、アメリカの宗教団体、社会事業団体、労働団体など一三の組織が加盟していた。ララ代表と日本政府との間に交わされた契約に述べられた目的は、次のようになっている。

「アジア救済公認団体の救援物資はすべて日本の復興に供するため国籍、宗教、人種または政治的信念によって区別することなく必要に応じ真に救済を必要とする者に対し、公平、有効、迅速かつ適切に無償配分するものとする」

ここに人道支援の一つのモデルがあると有馬は見ていた。

平成八年（一九九六）、ＳＶＡが北朝鮮の飢餓に苦しむ人たちのため食糧支援に踏み切ったことがある。その決定に至るまでには曲折があった。これまで支援してきた国と異なり、政治的に複雑な過去を抱えている。国民の理解も得にくい。

「下手をすると、ＳＶＡの存亡に関わる。それだけの覚悟があるのか」と、理事からも会員からも迫られた。けれども、このララ救援物資のことを引き合いに出して、国籍、宗教、人種または政治的信念によって区別しない人道支援の意義について有馬は語った。

当時、ＳＶＡ事務局長だった秦辰也（はたたつや）（現副会長）が、テレビ出演して、食糧支援を訴えると、間もなく東京事務所の電話がいっせいに鳴り響いた。ほとんどが嫌がらせや恫喝（どうかつ）の電話であった。政治団体の街宣車が事務所のそばに乗り付けることも覚悟した。人道支援はときに一部の世論を敵に回しかねない厳しい決断を迫られる場合もある。でも、そんなときも、「これしきでびびってどうする」と有馬は超然としていた。

話を生い立ちのことに戻そう。その後、有馬は地元の徳山高等学校に進学した。が、二年生になって、防府(ほうふ)市にあった旧多々良(たたら)学園高等学校へ転校する。この高校は、当時、曹洞宗系の学校で、僧侶になるための資格が取得できる学校であった。少しでも早く住職として立つことが待たれていたのだ。貧しかったため、三年間一着の学生服で通し、卒業するときにはテカテカに光っていたという。

学生時代――道憲寮での日々

昭和二九年（一九五四）、有馬は一八歳となって駒澤大学仏教学部に進学。そして道憲寮(どうけんりょう)に入寮した。そこで教師や寮友や先輩たちとの交流によって育まれたものは大きく、貧乏学生ではあったが寮生活はとても充実していた。有馬の思想的な基盤はこのころに形成されたといえる。

道憲寮で有馬の一級先輩にあたる、皆川広義(みながわこうぎ)（栃木県・常真寺住職、駒澤大学名誉教授）は、在寮中、有馬ととくに親しい間柄であった。栃木県鹿沼市を訪ねて往時の話をうかがった。有馬が上京した日のことを皆川はよく覚えている。

「その日のことは鮮烈に覚えていますね。渋谷の百軒店にライオン・ベーカリーというクラシック音楽を聞かせてくれる喫茶店があったのですが、先輩がそうしてくれたように、私も先輩として有馬君をそこに連れて行って、一緒にクラシック音楽を聴きながらコーヒーを飲んで歓迎しました。その時感じたのは、頭のいい、経済的に恵まれた、いいところのおぼっちゃんという感じでしたね。ただ、僧侶にはあまりなりたくないようで、積極的に仏教を学びたいという様子でもありませんでした。家の事情でしかたなく入学したという感じでしたね。葬式仏教といわれている現状が耐えられなかったんじゃないでしょうか」

その後も、二人はライオン・ベーカリーに通うようになり、モーツァルトやフォーレのレクイエムを愛聴するようになったという。

道憲寮は東京・世田谷区にある駒澤大学のすぐそばにあった。当時の寮長は衛藤即応（えとうそくおう）、寮監は岡本素光（おかもとそこう）と小川弘貫（おがわこうかん）の二人であった。衛藤は、「衛藤宗学」と呼ばれる独特の曹洞宗学を大系化し、有馬在学中、駒澤大学総長をつとめていた人でもある。岡本は哲学の教師で、のちに駒澤大学総長となる。そして小川は、唯識学の泰斗で、のちに駒澤女子大学の学長をつとめている。

寮生は一五、六名。多い時には二〇名近くいた時期もある。有馬と同期には高田好壽（栃木県・本光寺住職）、米田宏明（福井県・竜泉寺住職）の二人がいた。

朝には勤行、坐禅に励み、夜には寮長や寮監などの講義があり、普段からOBたちも出入りして、仏典研究の手ほどきをしてくれたり、よもやま話に話を咲かせたり、信仰と勉学の両立をめざした恵まれた環境であった。その後、所在地は駒澤近隣を転々として、平成六年（一九九四）、閉鎖となったが、戦前から戦後にかけては、曹洞宗学、仏教学における名だたる人材を輩出した由緒ある学寮である。

このすぐれた勉学の環境は、衛藤即応がいなければ誕生しなかった。そして衛藤との出会いは、有馬にとって生涯の師との邂逅であった。後年、有馬は次のような一文をしたためている。

不思議なことですが、人生の岐路に立ったときとか、重大な決断を迫られて迷っているときとか、そんなときには必ずと言ってよいほど、善き「人」との「出会い」に私は恵まれるのです。高等学校時代、大学時代と自らの進路に迷い、信仰の帰趨（きすう）が見えなくなっていたとき、生涯の師に出会ったのです。

――「産経新聞」夕刊、東京本社、一九九七年五月一二日より

大学時代に出会った生涯の師とは紛（まぎ）れもなく衛藤のことである。有馬が衛藤から受けた薫陶ははかりしれなかった。すでに少し紹介したが、衛藤は、生涯、道元禅師の宗風を追究し、「衛藤宗学」と呼ばれる大系を表した僧侶であり研究者であった人である。が、同時に、道元禅の思想、信念に生きる若者の育成に強い情熱を抱いていた人でもある。明治二一年（一八八八）、大分県に生まれ、明治三九年（一九〇六）、兵庫県心月院弘津説三（ひろつせつさん）につき伝法、そののち、曹洞宗大学から京都帝国大学へと進んだ。大正一〇年（一九二一）から大正一三年までヨーロッパに留学。昭和二八年（一九五三）から昭和三三年までは駒澤大学総長をつとめ、退任後間もなく、病を得て示寂した。著書には、『信仰の帰趣』『宗祖としての道元禅師』『正法眼蔵序説』『道元禅師の宗教と現代』などがある。衛藤の講演録や著書に目を通すと、そののちの有馬の思想や行動はこのような考えを血肉としていたのかもしれない――と、しばしば、ハッとする箇所がある。そのようなわけで、有馬の思想形成のプロセスや背景を知る上でも、衛藤即応と道憲寮について理解することが不可欠である。しばらく触れることにしたい。

生涯の師

衛藤は、自身の研究を「学修」や「参究」と表現している。それは主体的、実践的探究と言っていいものであろう。著書『宗祖としての道元禅師』の中で次のように述べている。

　自分の研究は、何か新発見をして学界に貢献しようという学問的興味からの研究ではなく、あらゆる仏教の部門にわたってそれぞれの立場から正当にこれを理解しようという態度を取ったので、いわゆる研究というよりは学修という方が適当であった。

これが衛藤の学問の基本姿勢であった。衛藤にとっての仏教研究は仏教の真意を主体的に「学び修めよう」とするものであり、その〈学修〉には一つの特徴があった。学修を〈深める〉ことは、新しい視野を〈拡げる〉ことを意味していた。

つまり、衛藤は若くして大学で宗学を学び始めるのだが、当時行なわれていた伝統的な祖録の提唱は、衛藤の学修の意欲を満たしてくれるものではなく、宗学を真に会得するためには宗学だけ学んでいては不十分、と思って禅一般も学んだ。さらに禅一般の学修から仏教全般の学修へと進んだ。仏教を知らずして禅は分からない。小乗教から三乗教、そして天台、華厳、真言と各教学にわたって学んだ。わけても真言教学については、権田雷斧（ごんだらいふ）大僧正からの直伝を受けている。けれども、なお衛藤氏の学修はそこにとどまらず、宗教哲学へ、そして文化そのものへと拡がり、ついにはヨーロッパ留学にまで及んだ。

こうして、衛藤氏の学修の〈深まり〉は新しい視野への〈拡がり〉を意味していた。そのような広い視野から道元禅、宗学を探究していた。

衛藤のこのような探究は、宗派や仏教という枠の中だけでなく、時代に生きる人類の文化や生活に即した宗教として、仏教や道元禅を探究する道を開こうとするものであった。それは、次の言葉によくあらわれていると思う。

私の大系的宗学は、宗乗（自宗の教義）が仏教に宗教に、そして宗教が時代に生きていく文化の根底力となる「開かれた宗乗」、祖典の時代的解釈だけでなく、祖典の精神が宗教として文化に生きていく大系的参究で、文化と宗教が離れてはならぬのである。「威儀即仏法、作法是宗旨」である。道元禅師は、

世務ハ仏法ヲサユト思ヘル者ハ、只世中ニ仏法ナシトノミ知リテ、仏中ニ世法ナキ事ヲ未ダ知ラサルナリ。

といわれる。修行者のみの仏法ならば、文化に生きる宗教ではない。修行者の仏法（出世間的修行）は、世間の中に生きていかなければ意味がない。禅師は「菩提心トハ度衆生心ナリ」といわれている。

――衛藤即応『道元禅師の宗教と現代』より［（　）内は引用者］

各宗派は文化の一としての、宗教としての仏教という広い立場から研究されねばならない。蓋し、宗派を宗派として研究し、仏教を仏教として研究しているだけでは、時代に生きていく人類の文化

生活に即した宗教としての意義は見失われて、従来のごとく文化と交渉のない仏教研究となって、いかに仏教の研究が盛んになっても、その研究は仏教者の間、甚だしくいえば特殊専門の仏教学者の問題であって、時代の宗教意識とは何等の関係ないものになる。それがために宗派の宗義と実際の信仰とが没交渉になり、なんのための宗学研究か分からなくなる。

――前掲書

こうした衛藤の探究は、大衆とともに生きる宗教者、仏教者を挙揚し、伝道や教化を重視した歩みと言っていい。

事実、衛藤は、長い年月の学修を踏まえて、広範な仏教の流れを仏陀論、衆生論、菩薩論からなる「組織仏教」としてまとめるのだが、大衆への伝道を根幹とした独特のものであった。訓詁的、歴史的な研究が多い学界の中で画期的なことであった。

中世古祥道（なかせこしょうどう）は、衛藤のこの「組織仏教」のことを紹介しつつ、伝道宗教として道元禅を挙揚するところに、「衛藤宗学」の特色があることを次のように指摘している。

その（＝組織仏教の）大綱の中心は菩薩論でした。すなわち仏陀が衆生の面に出てきたのが菩薩であるというのです。歴史的には確かに人間としての釈尊が仏になったのが仏教、ひいては禅の立場ですが、その仏が衆生の側に出てこないと、その仏は衆生とは無縁の存在です。それでは真の宗教にはならない。いわゆるの小乗仏教では、人を救う伝道宗教にはなり得ない。道元禅師の正伝（しょうでん）の仏法は、いわゆるの禅の範疇ではないとしてそれから解放し、信を基調とする伝道宗教として挙揚（こよう）

したところに、「衛藤宗学」の一特色があると言えましょう。

——中世古祥道『衛藤即応先生を憶う』より〔（　）内は引用者〕

このような衛藤の軌跡や言説を知るにつけ、有馬が衛藤から受けた薫陶が決して小さなものではなかったことを感じる。後述するのだが、駒澤大学を卒業し、僧侶として歩み始めたころ、しばらく無住状態に等しかった自坊を立て直し、檀信徒との関わりを結び直すべく、必死に伝道した姿にもうかがわれる。そのころ、有馬は大衆とともに生きる宗教者たらんと奔走していた。そののち、全国曹洞宗青年会設立に参画したときも、有馬が中心となって掲げた理念、とりわけ、「大衆教化の接点を求めて」という行動理念の中にも衛藤や道憲寮から学んだものが息づいているように筆者には思われる。

道憲寮とは

では、衛藤が手塩にかけた道憲寮とはどのような学寮だったのだろうか。その設立の経緯から辿ってみたい。

昭和三年（一九二八）、衛藤は京都紫竹林学堂（しちくりんがくどう）（安泰寺（あんたいじ））四世に迎えられ、駒澤大学卒業者の宗学指導にあたることになった。平素は東京在住のため十分な世話をしかねるため、東京に分寮を開設することなども考えたが実現には至らなかった。ところが、東京巣鴨、高岩寺の来馬道憲（くるまどうけん）がその志を知り、開設の経済的援助をすることになり、念願かなって、昭和一一年（一九三六）一一月、ついに、道憲寮、開寮となる。当初は「拈華寮（ねんげりょう）」と名づける予定であったが、来馬の篤志を尊重し、その名をいただくことになった。道元禅の仏法を究めれば究めるほど、真に仏法を体現する人間の育成の必要を思い、道元禅の思想、信念に生きる若手育成を願ってのものであった。かつて、門下生が衛藤に向かって、「先生、そろそろ学位論文をまとめられてはどうでしょうか」と進言したことがあった時、「紙切れなんかに生命をうちこみたくないよ。わしは人間を育てることにうちこみたい」と衛藤は応えたという。昭和一一年一一月八日の開寮式での挨拶において、衛藤は開寮までの経緯とともに学寮生活の基本精神について、格調高く、精緻に、情熱を込めて述べている。道憲寮にかけた衛藤の念願が次の言葉によく表れている。

天台の智者大師は、止観（しかん）のなかに教授の善知識（ぜんちしき）（仏道に導く人）、外護（げご）の善知識、同行（どうぎょう）の善知識の三を挙げられて、修学の必須要件としているのでありますが、学生生活には前の二は一通り出来ていても、第三の同行の善知識は実に得難いのであります。しかして大学生活になりますと、特に同学の切磋琢磨（せっさたくま）が教授以上に肝要であります。

多数志あるものが一所に集って起居を共にし、同じ心で修養に精進することによって自然に宗祖の御精神に近づくことができるのであります。

同じ道に同じ心で進むというのは、もとより祖道への精進でありますが、それを具体的に申しますと、宗義は高く、思想は深いと申しましても、実践の要諦は吾我名利（ごがみょうり）を離れよという一事であると思うのであります。

此の学寮は終生私共を一つの心につなぐ根本の道場であって、長く寮友として此の学寮を護らなければならぬのであります。

――以上、衛藤即応『信仰の帰趣』より［（　）内は引用者］

衛藤が学生の切磋琢磨をよほど重視していたことがわかる。事実、ある寮生の母親が挨拶にうかがった時も、その母親が「学生さんの面倒、ごくろうさんですね」と述べると、「私は何もしていないんです。ただ里芋洗いの棒まわしのように、時々行ってはかきまわすだけです。芋が勝手にふれあって皮がむけるように、学生は共同生活のふれあいの中で成長していくんです。私はかきまわすだけ」と衛藤は語ったという。

道憲寮の道程は必ずしも平坦ではなかった。学閥をつくるための門下生養成機関のように誤解され、非難され、閉鎖を求められたこともあった。そのような困難も乗り越えて優秀な人物を輩出し、道憲寮は戦前に一度花を咲かせる。ところが、やがてやってきた戦争において、大半の寮生を失ってしまい、衛藤は一時絶望する。それでも、衛藤が校訂した岩波文庫の『正法眼蔵』が一つの契機となって、戦後になって道元禅師研究が盛んになり、寮もしだいに活気を取り戻し、充実していった。昭和二九年（一九五四）から昭和三三年にかけて、有馬が入寮していた時期は、戦後になって道憲寮が最も隆盛をみたときである。巷間では、「もはや戦後ではない」という言葉がもてはやされ、第五福竜丸の事件、日本の国連加盟など、日本は戦後の復興から高度成長の時期へと向かおうとしていた時期である。

道憲寮からは宗学や仏教学の泰斗として、功なり名をあげた錚々たる人々が巣立っている。当時、有馬が接した先輩や寮友の中には次のような人々がいる。

《有馬の先輩にあたる人々》

鏡島元隆、酒井得元、鎌田茂雄、山内舜雄、太田久紀、鈴木格禅、松本尊仁

《有馬と学寮生活を共にした人々》

河村孝道、宮崎哲元、黒丸寛至、峰岸孝哉、皆川広義、東　隆真、乙川弘文

《有馬と同期生》

高田好壽、米田宏明

この中に、スティーブ・ジョブズが師と仰ぎ、アップル社の思想に禅境の閃きを与えたとして、近年知られるようになった乙川弘文（一九三八〜二〇〇二）の名前がある。じつは乙川は有馬の一級後輩にあたり、二人はとても親しい間柄だったという。共に唯識を学び、苦しみの現実を直視しない現代仏教を嘆いて、「カルナー（karuṇā，呻き、抜苦）の仏教に立て直そう」と意気盛んであったという。皆川が懐かしそうに語る。

有馬の勉学ぶり

こうした道憲寮の切磋琢磨の中から、有馬の内面にはじつに多くの種がまかれた。

衛藤の影響を受け、当時の道憲寮には文化の中から宗学を考えようという雰囲気に包まれ、寮生たちはグローバルに仏教を学ぶことができた。当時の寮生や有馬の生活ぶり、勉強ぶりについて、皆川は語る。

「学生服を着て、僧堂の修行をする道場ということで、道憲寮は、勉強と信仰を両立させていました。OBたちもしょっちゅう出入りして、何曜日の夜は何年生集まれ、と、後輩のために自分の時間をさいて、仏典の特訓などで絞ってくれました。当時、寮監だった岡本素光先生は週に三日ぐらい寮で寝食を共にして、指導してくださいましたね。岡本先生は哲学の先生でした。それから、関大機という先輩がいましてね。その方々の影響で、私たちは他の学生と違う薫陶をいただいたと思います」

寮には、伝統的に西田幾太郎の哲学を読む雰囲気があったという。のみならず、最先端の思想や文化にも敏感であった。そのころ頭角を現していた実存哲学にも関心が強く、ニーチェ、ハイデッガー、そしてヤスパースなどを繙いていた。とくに有馬が熱心に読んでいたのはヤスパースであった。しばしば皆川と議論をしたこともある。

「ヤスパースの〈交通〉。つまり、コミュニケートのことですが、有馬君とよく論議した記憶があります。〈交通〉がなかったら仏教はダメだ。われわれのは、〈交通〉を欠いた仏教だと言っていました。それが、のちに、有馬君が社会的活動を展開する一つの素地となったんじゃないでしょうか」

キリスト教的実存哲学の雄であるカール・ヤスパース。今の若い世代はほとんど読まないのかもしれないが、ヨーロッパの哲人だけでなく、ブッダや龍樹（りゅうじゅ）も論じたり、戦後になると世界史や政治にも発言しているように、まれに見る視野の広さをもった哲学者であった。その背景には、人間の尊厳を重んじるヒューマニズムがある。ヤスパースの言葉に「真理は二人からはじまる」というのがある。自己をたえず内省するだけでなく、

道憲寮時代の有馬（手前）

常にひらいた心をもって他との交わりを求めることによって独善的、閉鎖的な殻を破って真理を見出すことができるという。それは愛といってもよいものであろう。互いに対等の立場に立った人間相互の交わりを信頼し、それを基礎として共通の真理を求めることが大切にされている。晩年、有馬は、よく語ったものである。

「自分のありようは、人との出会い、関わりによって決まる。人とどういう関係を結んでいくか。それしかない」

と。有馬がどれほど意識していたかさだかではないが、あるいは、ヤスパースに学んだ精神が生き続けていたのかもしれない。

その他、岡本を通して、有馬は、カール・バルトやブルンナーなど、キリスト教の神学についても関心を向けていた。それからジェームス・コーンの解放神学の動きにも共鳴し、北森嘉蔵（きたもりかぞう）の『神の痛みの神学』からも決定的な影響を受けていたという。解放の神学は、民衆の苦悩へのまなざしに立脚した神

学である。民衆がおかれている具体的な苦悩のありようから、聖書の言葉を読み直すことを共通のテーマとしている。『神の痛みの神学』は、神の本質を痛みと捉えて体系化した神学書で、日本人の手による独創的な神学書として、欧米の神学界に大きな影響を与えた。このころから、有馬は苦難の底にある民衆への強い関心を向け始めていたのではないかと思われる。そして、弱き立場の人々に向き合う宗教性というものをむしろキリスト教の中に感じ取っていたのかもしれない。このころ、夜にこっそり抜け出して、上智大学まで出かけて、キリスト教の講義を聴講していたことがある。

そのほか、有馬が関心をもって読んでいたのは、ざっと次のような著者の書物であった。

紀野一義、山本周五郎、井上靖、小林秀雄、亀井勝一郎、井上洋治、奥村一郎。

もちろん、仏教や禅についても、有馬は熱心に学んでいた。

「有馬君は、禅仏教について見事に理解していましたね。とくに内山興正師の影響が大きかったと思います。内山師は本当の仏教を語れる人でした。どんな人々ともコミュニケートできる人、ヤスパース的に言えば、〈交通〉できる仏教者。そういうすごい方でしたね」

と、皆川は語る。内山興正（一九一二〜九八）は、曹洞禅を代表する禅僧といわれた澤木興道の弟子である。澤木亡きあとは、京都安泰寺の堂頭として活躍した。かつては、宮崎の公教神学校で教鞭をとりつつカトリック教理を本気で学びながらも満たされることなく、発心して昭和一六年（一九四一）、二九歳の時、澤木のもとで得度している。在学中、寮友たちと奈良に出かけた時、有馬は京都の安泰寺も訪ね、内山とも面会している。

内山をそれほどに啓発した澤木興道とはどういう僧侶だったのか、触れなければならない。澤木興道は、明治一三年（一八八〇）、三重県津市に生まれたが、幼いころ早くに両親を亡くして養子となる。ある時、売春宿で男が急死するのを見て深く無常を感じ、道を求め始め、その志は益々堅固となり、ついに一七歳の時、家出して永平寺に入る。念願かなって翌年一八歳の時に得度。一時、日露戦争に召集され重傷を負うが生還し、そののち、さらに仏教教学を学び、坐禅に打ち込み、全国各地を巡って道を説き、共に坐って、東奔西走の活躍であった。そして、とうとう生涯にわたって自身の寺をもつことも、妻をめとることも、組織を作ることもなく、坐禅に徹底して生きた禅僧であった。昭和四〇年（一九六五）、八六歳で遷化（せんげ）している。内山興正はその人間的魅力を、「澤木老師は多面的な巨人」と語っていたという。

澤木は、衛藤即応のあと、京都安泰寺にある紫竹林学堂の後継者となり、道憲寮の教師のような存在でもあった。衛藤即応や小川弘貫、岡本素光とも懇意の仲であったという。

「有馬君も私も旅が好きで、一緒に奈良にも行ったことがあります」

と、皆川は思い起こす。皆川が二年生、有馬が一年生の時であった。有馬は、仏像などの仏教美術に強い関心をもっていたが、この時の感動が発端になっていたようだ。出かける前には、亀井勝一郎の『大和古寺風物詩』や、和辻哲郎の『古寺巡礼』などに目を通し、約一週間かけて、東大寺、秋篠寺、興福寺、唐招提寺、薬師寺、新薬師寺、そして法隆寺など、名だたる寺院を巡っている。

「僕は古本とか買い込んで読んだけれども、有馬君は新本をどんどん買い込んでいましたね。寺は貧しかったはずなのですが、豊かに見えました。お母様が、教師として働いておられたから、大変な苦労をなさって仕送りしておられたんじゃないでしょうか。有馬君が、仏教ってすごいんだなあと思うようになってきたのは、一年生の終わりごろではないかと思います」

こうした恵まれた環境の中で、有馬は衛藤即応の学究の姿勢を学んだ。仏教だけにとどまることなく、広く文化や宗教という視野から宗学を探究する姿勢である。

もう一人、当時の有馬をよく知る人がいる。

東京の湯島に中山書房仏書林という仏教書専門店があった（現在は渋谷区恵比寿）。店主中山晴夫は、かつては、東京大学赤門前にある仏書店に奉公し、その後、独立してこの書房を構えた人である。もともと学者ではないが、なまじの研究者よりよほど仏教典籍に精通していた。全国の大学や研究所の諸先生から問い合わせの電話が掛かるほどであった。「それが商売になればいいんだけど、ボランティアの司書のようなものだね」と笑う。

実は、この中山書房に、有馬は学生時代、足しげく通っていた。「有馬さんは毎週のように来ました。よく勉強しましたね。それにくらべ今の学生は……。でも、あんまり思い出したくない」。中山は、学生時代から有馬の歩みを見守ってきた。有馬の追悼式にも列席している。でも、しばらくそっとしてほしいと語った。それほどに中山の悲しみは大きいのだ。

有馬は、三鷹や立川、市川、横浜で古本を仕入れ、風呂敷に包んで神田の古本屋まで運んで売りさばいた。すると、けっこうなお金になった。しばらくして、弟が上京し、その分の生活費も稼がなければならなくなった。来る日も来る日も、本を探したり、膨大な書物を読み漁る日々であった。父親や多くの人たちの命を奪ってしまう戦争についても解明したかった。一見、経済的に豊かに見えたが、交通費がなくて夏休みに帰省できず、寮に残っていたこともある。中山はそんな有馬の事情をよく知っていたのだ。

「でも、貧しかったのが幸いしたのではないでしょうか。そうでなければ、ああいう傑出した人にはならなかったと思います。でも、煙草をやめてほしかった。何度も言ったことがあるのですが、結局、煙草が寿命を縮めてしまったと思う」

と、皆川は何度も繰り返した。

有馬はヘビースモーカーであったが当時からすでに吸っていたようだ。衛藤も愛煙家だったという。

序論だけの卒業論文

やがて、四年生になり、卒業論文にとりかかる時期がやってきた。有馬が選んだのは『正法眼蔵(しょうぼうげんぞう)』や曹洞宗学ではなく、唯識(ゆいしき)仏教であった。当時、道憲寮生は、仏教の中でも、唯識、如来蔵(にょらいぞう)、中国仏教、宗学の四つのどれかを選ぶことになっていて、中でも比較的人気があったのは、唯識と如来蔵であった。当時、道憲寮では、仏教では人間をどう見ているか、仏教の人間論を大切にする気風があり、唯識に力を入れていた。小川弘貫の自宅では『成唯識論(じょうゆいしきろん)』の輪読会が行なわれていた。澤木興道の提唱でも唯識の話が頻繁に登場した。衛藤即応の講義も唯識が多かった。そのような環境と、先輩の皆川が唯識を学んでいたこともあって有馬は唯識を選んだようである。

論題は「成唯識論における転依（てんね）」――。四万六千の法門といわれるほど、仏教の教理の数は膨大であるが、その中に、〈唯識〉といわれる仏教がある。それは、仏教の深層心理学ともいわれる。喜怒哀楽のなかに生きている自分のこころを深く凝視し省察し、空なる自分に覚醒し、自分を吟味する仏教と言ってもいいかも知れない。「唯識三年、倶舎（くしゃ）八年」といわれ、仏道修行の基礎科目、必須科目として、かつて僧侶たちはそれを必死に学んだものである。

なかでも、『成唯識論』というのは、インドのダルマパーラ（五三〇―五六一）、中国や日本では護法（ごほう）と呼ぶ学僧の学説を中心にした唯識の概説書である。

〈転依〉というのは、〈依〉って立つところを〈転〉ずるという意味である。〈唯識〉では、すべての現象は識（しき）（こころ）が根本であると説くので、〈転依〉というのは、依って立つところである意識を転換する。つまり、「意識改革」という意味である。そして、「自己変革」という意味でもある。

晩年、入院加療中だった埼玉県越谷の病院から山口の日赤病院に転院するとき、ＳＶＡの東京事務所に立ち寄って私たち職員の前で、若かりしころを語ってくれたことがある。

「仏教における意識改革はどうあるべきなのか、存在のありようはどうあるべきなのかを探究したくてね」

と、卒業論文のことを話してくれた。

「僕たちは、〈共に生き、共に学ぶ〉ことを大切にしているわけだけれど、すべては〈縁起〉、関係的な存在の集合体ということだよ。他者とのありようが自分の存在を決める。他者に関わると大事な出会いになる。その関係のあり方はどうあるべきか、論文にしようと思ったのだけど、できなかった。仏教とは面白いね。論理的に追究するとわからなくなる」

結局、序論しか書けなかった。苦し紛れに「なぜ書けないか」を書いて提出した。すると、指導教授はえらく喜んでくれたという。「僕の自慢話になるがね」と嬉しそうに語っていた。その指導教授とは、当時、寮監でもあった小川弘貫である。有馬の勇断には驚いてしまうのだが、それを受けとめる側の度量の大きさにも感服する。

「僕も唯識をやりましたけれど、転依まではいかなかった。学部生が卒論で転依をやるというのはすごいことです。唯識を知っている人ならわかるはずです。でも彼にはそれだけの力がありました。東大の大学院にすぐに入れるだけの力をもっていましたね」と皆川は語る。

人間の「意識改革」はどうあるべきか――。それは仏教の精髄に真っ正面から切り込むことである。でも、理論では歯が立たなかった。むろん、仏教はもともと学問ではない。生き方の転換を教えるのであるから、当然と言えば当然である。

同時に、書斎に入って本に埋もれる学者にはなれないと悟ったときだったかも知れない。膨大な読書量によって相当な博識の人であったが、有馬は一つ所にじっとしている人ではなかった。人に関わり、人と出会うことを喜びとした。飽くなき探究心によって渉猟した知識を行動によって実験しようとした。そこから得た発見を語るのを喜びとした。そして、難問や難題に突き当たり、正攻法で無理と分かると、奇抜とも思われるアイディアをひねり出して打開する、知恵袋のような人でもあった。

こうして当時の関心を知るにつけ、後年、NGOの活動において探究したテーマは、すでに若いころに芽吹いていたものであったことに気づく。思い切った行動の人という印象が強く、一緒に仕事をしていて、正直言って、思い付きに過ぎないのではないかと冷や冷やする場面もないではなかった。けれども、そのような印象を越えて、一念を貫いた信念の人であったことが今にして思われる。

有馬の仏教は道憲寮が育んだ

必ずしも僧侶になりたいわけではなく、寺を継ぐため、やむなく入学し、道憲寮に入った感のある有馬であったが、ある日、大きな決意に至る。

ある雪の降る深夜、寮の近くを歩いていると、とぼとぼと道を行く一人の老僧がいた。「こんなに夜遅くまで……。先達はみんなこうして歩いて来たのだ……」と、その姿が、瞼(まぶた)に焼き付いて離れなかった。そして、この時、「自分も歩いていこう……」と、ようやくにして有馬は僧侶として歩むことを決意したという。その老僧とは実は在りし日の澤木興道であった。「あの日のことは、一生忘れない」と、折りあるごとに話していた。

そして、昭和三三年（一九五八）、有馬はいよいよ卒業の時を迎えた。衛藤から大学院に進むように勧められたが、こればかりは従うわけにいかなかった。父が亡くなって一五年以上も無住状態の寺は、一刻も早い有馬の帰郷を待っていたからである。母も体調をくずしていた。

そして、卒業していよいよ帰郷というとき、有馬は別れの挨拶のため衛藤のもとを訪問している。そのときの邂逅が、有馬にとってはその後の歩みを決定づける忘れがたい時となった。仏教界の現状を嘆

道憲寮の仲間たち（前列右から5番目が衛藤即応師。中列右から3番目が有馬）

き、切々と語る恩師の言葉は有馬に強く刻印された。

「教団の人というより、宗教者として立ちなさい」

民衆に向き合う宗教者として、伝道、教化の運動への決意を固めたのはこの時だったのかもしれない——。

さて、この年、昭和三三年は、有馬にとっても、道憲寮にとっても、大きな転機であった。八月に、衛藤は駒澤大学総長を退任。そして、その後間もない、同年一〇月一三日、ついに病のため帰らぬ人となる。行年七〇歳であった。衛藤の死とともに道憲寮も一時の勢いを失い、やがて平成六年（一九九四）、とうとう閉鎖となってしまう。

有馬の才能を惜しみつつ皆川は次のように語る。

「僧堂に行かずに自坊（自分の寺）に戻ったことが、有馬君にとってはよかったと思います。その後の彼をつくる上で大きな要因になっていると思います。彼がおおらかだったのは、本山に行かないで宗門というものを客観的に大きな視野から見ることができたからです。有馬君の仏教はすべて道憲寮が育んだと思います」

第二章

起動

——民衆と共に歩む宗教者として

澤木興道老師（2列目右）を招いての
参禅会にて（前列左が有馬、1964年）

住職として歩む

昭和三三年（一九五八）頃の日本と言えば、高度成長への道をまっしぐらに走っていた時。かつては中国の洞庭湖（どうていこ）を思わせた風光明媚な山口県徳山市（現・周南市）櫛浜も、元海軍燃料廠（ねんりょうしょう）あとにできた出光興産製油所を中心にした石油コンビナートの建設が急がれており、街はしだいに一大化学工業都市へと飛躍しようとしていた。海は次々と埋め立てられ、山は削られ、その土砂を運ぶダンプカーは猛烈な砂埃（すなぼこり）を巻き上げながら疾走していた。原江寺（げんこうじ）の裏手では、人口増加に備えて住宅公団による宅地造成が着手されようとしていた。こうして日本全体が急速に都市化、工業化する渦中にあって、曹洞宗教団も地域住民の生活の変化に呼応した布教方法を模索し始めていた時であった。

駒澤大学を卒業、道憲寮から退寮して、有馬が寺に戻った昭和三三年の四月、当時はまだ精油所ができたばかりで、三〇〇ある檀家の三分の一ずつを占める農家も漁師も、貧しいながらも自然を相手の労働に、肌を赤銅色に輝かせているかのように見え、現代の人間が喪失した「生活」があるように見えた。それが無性に美しくも感じられて、自分の生活の場所はここ以外にないとまで思った。

けれども、そんな青年の幻想がうち砕かれるのに時間はかからなかった。待ち構えていたのは、白蟻の巣窟と化し、すぐにも修理を必要とする伽藍（がらん）であり、寺院経営の赤信号であった。寺の現状に対する無知、無関心を思い知らされた。その周章狼狽ぶりのさまを当時の『曹洞宗報』で有馬は次のように述懐している。

私の父は昭和一九年に中支で戦死したのであるが、その間、祖父が再住職してはいたものの（昭和三〇年没）八〇を越える高齢に加えて耳は極端に遠く、住職名義が届けてあるだけのことで、寺としての機能は全くの老化現象を起こし、実際は無住に等しい状態だったのである。その為、寺族七人の生計は小学校に奉職する母の手一つに委ねられ、寺に住まいしながら、経済的にも精神的にも寺と無関係といってもいい生活をしていたのである。

——『曹洞宗報』昭和三八年三月号より

このような状態で育った有馬にとって、寺院そのものについて関心をもとうはずがなく、寺とは、仏教学の実践の場であり、宗学の延長としか考えていなかった。もし、そのころ深刻な現状を知り尽くしていたら、寺へ入ることは避けて、外に勤務していたことはほぼ間違いなかったであろう。事実、四、五、六月と続けて、当時五千円程度しかない収入に驚いて学校へ勤務することに決めかけていたほどであったという。それにしても、一五年以上にわたる無住職状態によって、檀信徒と寺院の関係はほとんど崩壊に等しく、役員会を開いても総代は出席せず、「寺に残されているのは民俗学や異常心理学の領域に属するかとも思える仏事や祈祷なのである」と有馬は自嘲気味に述べている。やることなすこと悪あがきでしかなかったと語りながらも、有馬は必死になって、布教活動の強化、寺檀関係の確立に向かって動き始める。いよいよ活動家としての本性が起動したときではなかっただろうか。

山口県の曹洞宗寺院は、以前から文書伝道に熱心に取り組んでいたこともあって、仏教青年会の中に発足した「文伝部」の諸先輩の手ほどきで、有馬はまず「文書伝道」に取り組んだ。

生まれて初めて握った鉄筆。簡易印刷器・謄写版（ガリ版）での「寺報」づくりは、印刷は不鮮明。読み返してみて自分でも判読しかねるほどの字体。われながら呆れるほどであったという。それでも、当人はいたって真剣そのもの。多忙な時は別として、できるだけ月刊で発行するように努め、発行部数も五〇〇部ないし六〇〇部として、手当たりしだいに配布していった。壇信徒は、寺からの働きかけには慢性化しているので、せいぜい、仏壇に飾るのがいいところなのだが、第三者は、意外に新鮮に受けとめてくれた。事実、第三者に刺激されて寺報を読むようになったという檀信徒が多かった。

一度、こういうことがあった。時間が許す限り、有馬は実態調査をかねて自分で直接「寺報」を配布することにしていたが、ある家でしばらく、茶飲み話に花が咲いた。いざ帰ろうとすると、お茶菓子をお土産に包んでくれたのだった。よく見ると、もって来たばかりの寺報が見事に包み紙に化けていた。泣くに泣けないとはこのことと思った。

こうした体験を通して、文書伝道ほど寺檀関係の強化に効果的なものはないこと。そして、これを成功させるには鉄面皮であることが絶対に必要であると、有馬は確信を強めていった。

「ミスター広報」と呼んでもいいほどに、有馬が終生、情報の〈発信〉に執拗なまでにこだわり続けたのも、上述のあたりに背景があるように感じられる。後年、ＳＶＡの活動に携わるようになっても、運動づくり、人と人の連帯意識の醸成のためには、思想、情報を発信し続けることが生命線——と、有馬は「広報活動」を人一倍重視した。ＳＶＡを社団法人化する時も、パソコンとコピーで作った簡素なものではあったが、ほとんど一人で、手作りの「社団法人化ニュースレター」を創刊し、〈なぜ、社団法人になることが必要なのか〉について、諄々と説いた原稿をしたため、製本し、曹洞宗の寺院に向けて発送し続けたものである。SVAで発刊するニュースレターや広報ツールなどについても、隅から隅まで目を通し、発見や気づきの伴わない、メッセージ性の乏しい記事内容には比較的厳しかった。職員を新規採用するときも、広報課の正職員については、自分が直接に面接しないと納得しなかった。ちなみに、NGOなどが発行する機関誌の類は送付先の約五％の人が読んでくれればいい方といわれる。筆者がSVAの広報課職員となって二年ちかくたったころだろうか。企画から、原稿執筆、編集と、せっせと努力しても砂漠の雨滴のごとく、ほとんど反応なし。おまけに同僚職員からは費用対効果が乏しいとやり玉に挙げられ、NGOにおける広報など、金食い虫にしか見られないのだ、と虚しさに苛まれていたころである。有馬がさりげなくお茶を飲みに外に連れ出してくれたことがある。

「いい言葉だね。まさに広報誌のいのちだと思ったよ」

と、SVAのニュースレター『シャンティ』に書いた筆者の記事に対するコメントだった。そこに引用した、むのたけじの次の言葉に胸を打たれたと語った。

文章――それは一粒のタネである。熟しているものほど、タンポポのタネのように遠くへとぶ。

いかに、衆目を集め、耳を傾けてもらうことが至難なことか。それを身をもって知っていたからこそのアドバイスではなかったかと思う。諦めたら元の木阿弥。広報、いや布教や伝道にしても同じこと。人にものごとを伝えるとは地道な挑戦の連続であり、いつどこで花が咲き、実を結ぶか知れないロマンでもある。そのようにも語ったように記憶している。そのころの私にとっては、まさに起死回生の出会いであった。

「有馬さんはアイディアマンでしたね。団参（だんさん）と言って、檀信徒さんを組織して、団体で本山を参拝する旅行というのがあるのですが、それを思いついたのも有馬さんじゃないですか。少なくとも、一列車借り切って団参を企画するという発想は初めてだと思います」

こう語るのは、山口県新南陽市（現周南市）、真福寺の住職、大野恭史である。大野は、若いころから一緒に活動した有馬の友人の一人である。

文書伝道に続いて有馬が取り組んだ布教活動、寺檀関係の確立への実践は団参であった。寺と檀家の関係はあっても、檀家の連帯意識が稀薄であることが有馬にとっては気がかりなことであった。その原因は宗祖道元に意識が向いていないから。宗祖へ意識が向けば、そこから共に生きてゆく同行意識が檀信徒に生まれると考えた。そのための格好の方法としては、〈授戒（じゅかい）〉というものがあるが、地方の小寺院では思いも及ばない大行事となっていた。そこで手っ取り早い方法として、思いついたのが団参であった。

山口県宗務所内に団参部ができて、有馬もその一員として関わるようになる。そして、団参への思い入れが強まるほどに、有馬としては宗門の受け入れ態勢の不備が目につき、その発言も厳しさを増していった。

事実、団参はそれだけの効果をもっている。臨時列車内の布教放送、引率寺院の「作務（さむ）」、両本山で直接身体に受ける宗教体験、これは寺院住職の想像以上のものを参拝者に与えているのである。唯、残念なことは寺院組織が弱く臨時列車に必要なだけの参拝者が不足し勝ちであり、為に宗祖や本山がややもすると観光の蔭にかくれてしまうことであり、本山始め宗門当局に団参の受け入れ態勢が整っていないことである。そしてそれ以上に団参の効果を弱めているのは、団参々加者を寺院、教区、宗務所が掌握せずにおり、団参経験を日常の布教ルートに活用できないでいることである。

——前掲書

さきほどの大野恭史は、組織化に関する有馬の卓抜した才知を当時から注目していた。

「有馬さんは大勢の人間を組織化するにはどうしたらいいのかよく考えていた人です。会費制の護持会にしたり、住職の研究費や退職金、保険など、それまで、われわれにそういう発想はなかったのです」

と、語る。寺院が効率的に運営されるために、それまでになかったプロデュースや経営者的感覚を寺院経営に導入していたのだ。

その他、有馬は、自坊で「学習塾」を開いた。当初は経済的な打開策として始めたものであったが、やがて、将来的に参禅会を担える人材や仏教青年会の幹部養成のため、いわば、人づくりの一つと考えて続けていった。夏休みには、毎朝、子どもを集め、涼しい本堂で宿題をみてあげることを中心にして、「夏休み子ども会」を行なった。五、六〇人の子どもたちがやってきては、親たちから喜ばれ、有馬としては自習教室にとどまるのではなく、もっとバラエティに富んだ活動も展開したいと思っていたがそれは果たせなかった。

参禅会の模索

さて、昭和三六年（一九六二）、この年は、僧侶として、一カ寺を預かる住持として、有馬にとっては忘れ難い出発の年であった。五月に本堂の修理を終え、晋山式（住職となる式）も済ませ、そして、宮本周子と結婚した年である。

「結婚当初、何年間かは、本当に火の車で、今月どうしようかと言っていました。でも、いつも何とかなって、仏様が助けてくれるね、と有馬とよく話したものです」

二五歳だった周子は、それまで広島県大竹市の小学校の教壇に立っていた人である。まったく寺というものに縁のなかった才媛にとっては日々戸惑うばかりであった。寺の経営が檀家さんのお布施によって成り立っていることも知らなかった。参禅会のときはもの音を立てないように、お参りのときは子どもたちを外に出さないようにと、気苦労も絶えなかった。

そのころ、有馬の最大の関心事は参禅会の運営であった。参禅会にその他の仕事をどのように結びつけていくか腐心していた。僧堂経験もなく、子弟として教育を受けたこともない有馬にとって参禅会とは思いも寄らないことであったが、日ごろ、禅に興味をもっている二、三人を連れて同じ教区内の寺院の参禅会にお手伝いに行っているうち、そこで知り合った人たちを含め、五人ばかりの熱心な在家の人たちに口説かれてのことであった。その中の一人は、参禅会を始めるまでは毎日でも説得に来ると、言わんばかりの執拗さだった。こうして昭和三七年（一九六二）の九月、ついに原江寺で第一回の参禅会を開くことになる。発会を記念して澤木興道を招いた。この日のことを、のちに有馬は回想している。

　会の中心に偉大な人格を得たこと少数ながらも不惜身命の在家人に恵まれたことは、何にも替え難く幸せなことであった。
――前掲書

参禅会は、最初は月一回ぐらい、外部から講師を招いて行なう心づもりでいたが、やがて月二回となり、ついに一一月からは毎週土曜日に開かざるを得ないほどになり、会も「土曜参禅会」と名づけることにした。会の運営は自由に誰でも出入りできて、しかも、お互いに負担を感じずに永続させるという趣旨から、会則も作らず、会費も無料とした。が、会員から自主的に、月一〇〇円程度の布施があったので、それで一切の経費を賄い、余剰のお金で宗典を印刷して広く配布した。現代語訳の『般若心経』、『和訓学道用心集』、『普勧坐禅義（ふかんざぜんぎ）』そして『坐禅用心記』の合本を製作し、そのころは、『般若心経』と『学道用心集』をテキストに用いていた。

翌年、昭和三八年（一九六三）一月一二日現在で、開催回数は一二回を数え、会員名簿に記載された会員は九五名に達した。これまでの宗教の概念にとらわれず、真剣に参禅する人が多く。そのことを有馬はたいそう喜んでいた。そして、七月二四日、はじめて「緑陰禅（りょくいんぜん）の集い」（夏に行なわれる坐禅の会）を催すことになった。その日は、有馬にとっては二重の喜びの時、長女知子出生の日でもあった。

民衆の必要に応える宗教家として

このような努力が功を奏したか、今まで寺に寄り付かなかった人がお茶を飲みに来たり、身の上相談や、禅の話を聞きに来る人もしだいに増えていった。しかし、壇信徒に触れる機会が増えれば増えるほどに、釈然としない思いも湧いてきた。

> 現在自分が布教と思ってやっている事、曲がりなりにも回復したと思っている寺檀関係、これはみな自分の妄想であり、錯覚であり、自分の役割というのは道化師なのではあるまいかと思えてきたのである。
>
> ——前掲書

このままの布教のあり方でいいのか、布教とはいかなるものでなければならないか——と、深く考えるようになっていった。

日一日と伸びていく稲穂、波濤(はとう)を越えて魚の群れを求めて網を手繰(たぐ)る力強さ。そこに自然とともに生きる人間の喜びを味わい、労働の神聖さを感じる農民や漁民。でも、その生活の場は都市化や工業化によって変貌していく。はたして仏教がそのような農民や漁民の「生活」に活力を与えるものになっているか。そのように有馬は疑問を感じ始めている。

> 彼等は宗教を求めている。彼等は社会倫理と「生活」を求めている。現代の宗教家がややもすると低次元のものとして忌み嫌う民俗学的な仏事や祈祷も実は彼等が探し求めている「生活」の根源そのもの、人間の生々しいエネルギーの源泉がそこに求めているからなのではあるまいか。
>
> にも拘わらず、宗教者はそれを軽視し精神化して、中に潜んでいるエネルギーを枯渇させてしまっている。法式の近代化、現代化の声をよく聞くが、それは儀式そのものを既に信じなくなってしまい、しかも、それの演出を余儀なくされているもののてれくささの声なのではあるまいか。機械を導入し、現代的ムードを取り入れたところで、それによって得られるのは、俺は唯の儀式屋とは違うぞという自己満足と道化ぶりだけである。
>
> ――前掲書

いささか辛辣に当時の教団事情を指摘しつつ、農民や漁民の「生活」、「必要」に応えうる宗教家像、寺院像を鼓吹(こすい)している。

> 私は確信する。宗教者にとって最も滑稽なのは下らぬ鼻につく布教意識であると。
>
> 宗教家にとって可能なことは孤独な批評家の立場だけであり、何よりも大事なのは、宗教家の宗教家としての「生活」が世の中のどれだけの真理に耐え得ているかということである。その時宗教家と寺院は次の様な価値を回復するに違いない。人々が探し求める生活理念を寺という場所で求めかつ実験し指導する教師、それをして人々の生活の源泉となる原始的な生活のエネルギーを与えて

くれる祖先の霊域としての儀式の道場としての寺院の立場であろう。……
……彼等は生活のエネルギー供給源として社会倫理の指導原理を与えてくれるものとして宗教を求めるであろう。だが、静止している宗教の理想や原理そのものには興味は示さない、彼等は、彼等と共にそれを求める宗教者の中に息吹く宗教の躍動にのみ心を寄せるであろう。

——前掲書

これらは二七歳の時、結婚の翌年に書いた文章である。意気軒昂(いきけんこう)のあまり、やや肩肘張っている感は否めないが、民衆と共に生きる宗教家を志す、青年有馬の熱い息づかいがひしひしと伝わってくる。文中、率直に伝統教団のあり方への疑問を呈しているが、それは宗門への愛着ゆえであることが次の掉尾の一文からもうかがえる。

宗教は完成されたものであることより、途上にあることの方が必要なのである。そして、宗教活動は布教であることより求道であることの方が大切なのである。事実、宗門の正伝の仏法は、それを要求しているのではあるまいか。
私は今、正伝の仏法こそ、二一世紀の宗教であると吹唱された、今は亡き宗学者の声を思い出す、そして宗門に生きていることに無上の喜びを感じずにはいられないのである。

——前掲書

仏教運動から文化運動へ

「三年思い続ければ、何とかなるものだよ」

仕事がなかなか思うに任せず、思案に暮れている若いスタッフたちには、このように諭して尻を叩き、背中を押した後年の有馬であった。これぞ、と思うと、執拗なまでに食い下がる粘り強い人であったが、ある閃きがやってきて、関心の向きが変わると、手の平を返したようにそれまでのことに見向きもせず猛進するところもあった。落ち着いた安定の中に浸ることは好まない人であった。つねに、何かに憑かれたように、自分を燃やすものを探しているようにも見えた。

原江寺としての布教活動が軌道に乗り、寺檀関係もしっかりし始めたころ、有馬は次の何かを探し始めていた。

全国の曹洞宗の中でも、山口県は、「禅の集い運動」が盛んな地域であった。もともとは、子ども中心の坐禅会だったのだが、二〇代の勤労青少年や大学生も含めた会にしようと計画を練り、当時人気のあった紀野一義（きのかずよし）（真如会・主幹）などを呼んで、昭和三九年から二泊三日の「緑陰禅の集い」を行なうようになった。有馬もその事業を手伝っていた。けれども、寺の経営は相変わらず厳しく、昭和四〇年から四年ほど、有馬は檀務の一方でビーエス観光という旅行会社の社員として仕事をしたことがある。学生時代の道憲寮の先輩の誘いがあって、原江寺の一角に中国・九州支部の事務所を構えていた。一列車借り切って、九州から添乗したこともある（昭和四一年）。ただ、もともと胃があまり丈夫でなかった有馬はストレスが高じて吐血している。病院に行くと、胃に日の丸のようなものができている、と言われた。胃潰瘍であった。それでもうれしい出来事もあった。昭和四〇年六月二五日に長男嘉男が、そして四五年二月二五日には次男嗣朗が誕生している。

（左から）有馬、嘉男、知子、嗣朗、周子

そして、いつのころからか、有馬は奈良薬師寺の当時の管長、高田好胤に注目していた。高田は、当時、「写経運動」を提唱して講演にテレビ出演にと全国を奔走していたころである。

高田のどんなところに惹かれたのだろうか。「寺は金閣、庭は龍安、坊さん薬師寺、ベリーグッド」。修学旅行から帰った生徒から薬師寺には数え切れない手紙が届くといわれるが、これは、その中の一通の文面で、ベリーグッドといわれたお坊さんこそ、若き高田好胤である。高田は副住職のころから、毎日のように修学旅行の生徒たちに説法して人気を集めていた。当時、相手にした全国の生徒の数は年間一〇万とも一五万人だったといわれる。そんな高田をマスコミが放っておかなかった。関西テレビが「ハイ！　土曜日ですよ」という朝のワイド番組を新設することになったとき、個性豊かな関西の文化人を起用したいと考えていたとき、候補にあがったのが高田であった。そして、京都大学教授の会田雄次氏（のちに文明評論家）と一週間交代で出演することになった。司会の落語家、桂米朝とも意気が合って、人なつっこい面立ちと、関西弁で、たちまち茶の間に人気者となっていった。

そして、一年半ぐらい過ぎたころ、高田が法衣をまとい、袈裟をつけてテレビの画面に現れると、テレビを仏壇のほうに向ける視聴者がいるということを耳にした。それを知って、高田は閃いた。テレビ読経をやってはどうかというアイディアであった。「お坊さんが合掌してお経をあげる。テレビを仏壇のほうに向けておけばお参りしてもらったことになる」。関西的発想というべきだろうか、早速実現することになった。「さあ、では、お仏壇をこちらに向けてください」。高田は般若心経を読誦し、合掌した。テレビ局には沢山の手紙が届き、都会でも地方でも評判になった。しかし、いくらテレビの時代とはいえ、少しやり過ぎではないかという声もあった。やがて、各局の番組にも出演するようになっていよいよ有名人となり、「タレント坊主」と揶揄されるようにもなった。

高田が、「写経勧進」を始めたのは、昭和四三年（一九六七）、晋山式を迎え、薬師寺の住職となり、法相宗の管長になった年である。金堂を復興するのにかかる約一〇億円の資金をどのように調達しようかと考え、日本中の人たちに呼びかけて、集まった浄財で建てようと、写経勧進を発願したのだ。薬師寺に関わるほとんどの人が無謀と考えたというが、高田は実行した。学校や団体や企業から、講演の依頼が多くなり、北へ南へと全国を行脚した。講演のあとでは、「写経」のお願いをした。そして、いよいよ金堂の起工式が行なわれたのは、昭和四六年（一九七一）四月三日。落慶したのは、昭和五一年（一九七六）四月一日であった。九年がかりの大仕事だった。

「タレント坊主で何がわるい」と、有馬が言ったかどうか定かではないが、弁舌さわやかに、全国を奔走し八面六臂の活躍を続けるこのような高田好胤の姿は、仏教運動の先達として有馬の目には眩しく映ったのではないだろうか。この高田を招いて地元山口に写経運動、宗教運動の火を移せないものかと有馬は真剣に考えていた。そのことを地元の僧侶たちに提案すると、みんな賛同し、大いに盛り上がった。そして、昭和四七年（一九七二）三月二六日、とうとう高田好胤を招いて講演会を催すことになった。

実施母胎が必要となり、急きょ「禅の文化をきく会」と名づけたプロジェクトを立ち上げ、事務局を自坊原江寺においた。徳山青年会議所にも呼びかけて共催の形をとり、「山口放送」、「徳山をよくする会」、「淡交会青年部」の後援も得た。チラシには次の文面が躍っていた。

文化大講演会、「心——愛にはじまる」。

——〝人間らしさ〟の回復と〝心のオアシス〟を求めて、精力的に全国を行脚する薬師寺の若き管主、高田好胤先生をお迎えすることになりました。「心」「道」「愛に始まる」の著作やテレビであなじみの高田先生がしみじみと訴えかけるお話は、きっとあなたの心に感動を与えることでしょう。

かたよらない心
こだわらない心
とらわれない心
ひろく ひろく もっとひろく

愛にはじまる生命のはたらきが
私たちの心に真実と豊かさをもたらす
そして 生きていることのすばらしさを 教えてくれる。

てんやわんやの準備状況であったのだろうか、誤字がそのままになっているところが何とも初々しい。問い合わせ先として、「禅の文化をきく会」事務局が明示され、原江寺の電話番号が掲げられている。初めての体験なので、どれほどの人が集まるものかまったく見当がつかず不安だったが、それは杞憂と なった。当日、蓋を開けてみたら、会場の徳山市民会館には、なんと一二〇〇人ほどが集まった。

その後、写経運動自体は長続きしなかったが、有馬にとっては、「これだけの人が集まる」「これはいける」という感触をつかむ機会となった。

味をしめた有馬はこれで終わりにするのではなく、その後も様々な有識者を招いて講演会を継続しようと考えた。こうして、高田好胤の講演会の準備のため、一時的に立ち上げた「禅の文化をきく会」は継続的な文化運動の団体として新たに発足することになった。

「禅の文化をきく会」の発足

「禅の文化をきく会」の当時のパンフレットを見ると、現在でも参加したくなるような斬新な発想が随所に煌めいている。カルチャー・スクールなるものがまだ存在しなかった当時にあっては、画期的な企画だったことは間違いない。

どんな会にするか議論を重ねたが、やはり有馬が牽引役であった。禅や茶道、華道、武道などの日本の伝統文化を通して、日本人の心の源泉をたずね、自らの心を豊かにすると共に、それが現代とどう関わりをもつかを主題にして、みんなで一緒に考える会にしようと考えた。活動内容は、中央や地方のすぐれた講師を招いて、原則として隔月一回、文化講演会を行なうほか、研究会や文化財めぐりなどの催しも随時行なうものだった。講師の交渉は一手に有馬が手弁当で引き受けた。

でも、一僧侶が奮闘しても限界があることを有馬は感じ、会を組織化することを考え始めた。初めは、会員になってもらうとか、役を担ってもらうことで仲間になってもらい、そのうち企業を歩いて協賛を依頼したが、見事に断わられることも多かった。そのうち、地元のお茶の仲間や銀行や企業の人たちが参加するようになり、逆に先方からの出演依頼なども舞い込むようになった。会費制をとって、聴講券を発行するようにもなった。

当初、年間の会費は一般会員一二〇〇〇円、特別会員五〇〇〇〇円、維持会員一〇〇〇〇〇円と決めた。むろん、小さな任意団体に過ぎなかったが、それでも、会長、二名の副会長、一四名の理事、二名の監査も配し、自らは　事務局長となって、一応の組織態勢を整えていった。

有馬が執筆したパンフレットの文面は、次のように入会を呼びかけている。

同じ生きるからには、自分の「いのち」をいきいきと生きたいと思い、心豊かに生きたいと思うのは、すべての人に共通した願いでありましょう。しかし、私たちは、現代という時代において、その「いのち」の実感から、なんとほど遠く生きていることでしょう。

M・ピカートは、現代文明を「騒音とアトム化の荒野」と評していますが、まことに、言葉はいのちの表現ではなく物理的な音響と化し、そして、人や自然との関わりにも連関性がなくなり、「出会い」と「感動」が失われてしまいました。

もはや、ただ、さまざまな情報と虚像の文化が横溢するばかりです。

私たちは、このむなしく乾いた荒野に一条のいのちの水を注ぎ、それを呼び水にして、更に人生を深めようとして自らの泉を掘り下げようとする人が数多く出てこられることを願ってこの会を作ることにしました。一緒に泉を掘ろうとされる方々の参加を心から願ってやみません。

発起人（アイウエオ順）

井上隆一、蔭山如信、久楽利郎、国広幸彦、高村坂彦、仲子きよ子、野村幸祐

渡辺剛三　他　有志一同

こうして、第一回の高田好胤に続く、第二回目の文化講演会は、まったくの飛び込みで、当時、国立博物館東洋考古学室長であった杉山二郎に有馬は講演を依頼した。杉山は有馬の熱意にほだされ受諾する。

「田舎じゃから、五、六〇人集まればええかのう」と思っていたが、とんでもない、二〇〇人も集まった。地方の小さな町で学術的な講演会の場に、これだけの人たちが来るとは、と講師の杉山も驚いた。

「講演を終わって車で駅へ向かう途中、禅の文化をきく会のポスターをはがしている人たちを見かけました。終了後の後始末をしていたのですね。みなさんボランティアで一生懸命準備しておられる姿を目の当たりにして感動しました。車をとめて、いただいたばかりの謝礼を、これで皆さんで一杯やってくださいと、渡しました」

と語る。有馬や徳山の人たちと意気投合した杉山は、その後、自らが所属するメソポタミア学会の学者を呼んだり、有馬のよき相談相手になり、久しい付き合いが始まる。杉山の仏教美術への深い造詣や、社会的に弱い立場の人たちに共感する点など、有馬の琴線に触れたのだ。

「杉山先生のときもそうでしたけど、有馬さんのすごさは、講師に呼びたいと思う人を見つけると、その人の本を読み漁って、何に関心をもっているかをつかみ、どこを押せば相手がＯＫするか見当をつけて、一面識もないのに、飛び込みでアポイントをとるのです。そして、見事に承諾をもらって帰って来るのです」

当時、「禅の文化をきく会」で事務局を手伝っていた石田清子は語る。招聘した講師を見ると、そののち有名になった文化人など錚々たる名前が連なっている。少し長くなってしまうが、足跡を辿る上で貴重と思われるので一〇年間の歩みを次に紹介しよう。

（肩書きなどは、当時のまま）

◆昭和47年度（1972～1973）			
第1回　文化講演会	3月26日	「心――愛にはじまる」	薬師寺管長　高田好胤
第2回　文化講演会	6月13日	「日本古代文化と高松塚古墳」	東京国立博物館　杉山二郎

回	日付	演題	講師
第3回　文化講演会	7月20日	「日本人の原点をたずねて」	宝仙女子短大教授　**紀野一義**
第4回　文化講演会	10月11日	「夢あっての人生」	作家　**宮崎康平**
第5回　文化講演会	1月19日	「般若心経入門」	全青協・竜源寺　**松原泰道**
第6回　文化講演会	1月21日	「剣と人生」	鉄舟会師家　**大森曹玄**
第7回　文化講演会	3月17日	「いのちとであい」	教育評論家　**東井義雄**
		＊	
第1回　郊外講座	11月9日～13日	「大和路仏像めぐりの旅」	現地講師　**杉山二郎、筒井寛秀**
観劇会	11月24日	「ビルマの竪琴」	**すわらじ劇園**
現代名僧墨跡展	1月19日～24日	全青協と共催　於・近鉄松下	

◆昭和48年度（1973～1974）

回	日付	演題	講師
第8回　文化講演会	5月26日	「古仏の微笑と悲しみ」	杉野女子大学、評論家　**吉村貞司**
第9回　文化講演会	5月27日	「茶の美の発見」	杉野女子大学、評論家　**吉村貞司**
第10回　文化講演会	7月20日	「遍歴放浪の世界～山頭火」	宝仙女子短大教授　**紀野一義**
第11回　文化講演会	7月23日	「日本古代文化と中国～中国出土文物をめぐって」	東京国立博物館　**杉山二郎**
第12回　文化講演会	9月29日	「雪舟と日本の水墨画」	東京国立博物館　**中村渓男**
第13回　文化講演会	10月5日	「人として生きる」	大徳寺顧問　**立花大亀**
第14回　文化講演会	1月9日	「ねがいと生きがいの人生」	教育評論家　**東井義雄**
第15回　文化講演会	2月9日	「舞台ひとすじ」	歌舞伎俳優（人間国宝）　**坂東三津五郎**

第16回　文化講演会	3月17日	「東南アジア見てある記」	東京国立博物館　杉山二郎
＊			
第1回　市民教養講座「オリエント・セミナー」	11月11日、12日、19日、26日、12月3日、10日	「古代オリエント研究史」	三笠宮崇仁殿下
		「悲劇の王ツタンカーメンと彼の遺宝」	東京教育大学　杉　勇
		「人類最古の都市文明〜エデンの園とバベルの塔」	中央大学　板倉勝正
		「東西文明の十字路」	京都大学　足利惇氏
		「オリエントとイスラムの文化」	慶応大学　前島信次
		「オリエントの文化と風土」	東京国立博物館　杉山二郎
		「ペルシア美術の流れ」	東京大学　深井晋司
＊			
第2回　郊外講座	6月21日〜23日	「古代オリエント・ギリシア展とモネ展見学」	講師　杉山二郎、筒井寛秀、藤井　駿、黒住秀雄
第3回　郊外講座	11月23日〜25日	「吉備文化と重源史跡の旅」	
第4回　郊外講座	3月12日〜16日	「お水取りと重源史跡の旅」	現地講師　杉山二郎、筒井寛秀
＊			
拓本・裏打ち技術講師会	6月16日〜17日		日本拓本研究会　高橋昌博
現代名僧墨跡展	10月5日〜10日		（全青協と共催）於・近鉄松下

◆昭和49年度（1974～1975）

回	日付	演題	講師
第17回　文化講演会	4月22日	「ミケランジェロ――ミケランジェロの造形作品にみたヨーロッパと日本の死生観」	京都大学教授　**会田雄次**
第18回　文化講演会	5月25日	「日本庭園のみかた・その心」	芝浦工業大学講師、重森造園研究所所長　**重森完途**
第19回　文化講演会	6月29日	「生命をかつぐって重いなあ」	止揚学園園長　**福井達雨**
第20回　文化講演会	8月22日	「西洋美術入門 近代絵画の巨匠たち」	東京大学助教授　**高階秀爾**
第21回　文化講演会	7月30日	「美しき人になりたく候」	真如会主幹、宝仙学園短大教授　**紀野一義**
第22回　文化講演会	9月17日	「民芸のこころ」	倉敷民芸館　**外村吉之介**
第23回　文化講演会	2月15日	「歌舞伎の魅力」	早稲田大学 演劇博物館　**林 京平**
第24回　文化講演会と実技講習	3月1日	「折り紙のこころ」	国際折り紙研究会会長　**吉澤 章**
＊			
第2回　市民教養講座「日本古代文化の原点」	10月18日～20日、11月22日	「日本古代と朝鮮文化」	東京国立博物館　**杉山二郎**
		「日本古代文化と中国」	京都大学教授　**上田正昭**
		「海の古代史」	梅光女子大学教授　**国分直一**
		「日本古代国家の成立と騎馬民族征服説」	上智大学教授　**江上波夫**
第5回　郊外講座	5月26日	「日本庭園のみかた、その心 周防路の庭園鑑賞」	芝浦工業大学講師、重森造園研究所所長　**重森完途**
第6回　郊外講座	8月11日～12日	「チグリス・ユーフラテス展見学の旅」	陳列品解説 講師　**杉山二郎**

第7回　郊外講座	11月23日～25日	「国東半島の歴史と文化をたずねて」	**江上波夫、梅原治夫、杉山二郎**
第8回　郊外講座	2月9日	「奈良の大仏展（広島）見学会」	
第9回　郊外講座	3月22日～25日	「謎の東大寺瓦をたずねて～渥美と伊勢の旅」	**杉山二郎、筒井寛秀**
＊			
チャリティ映画鑑賞会	7月17日	「ねむの木の詩」	
講演と墨跡展覧会	11月17日	「大徳寺の茶と墨跡」	大徳寺顧問　**立花大亀**

昭和四九年度末、すなわち昭和五〇年（一九七五）三月末現在で、「禅の文化をきく会」登録会員数は四五〇名に達している。

◆昭和50年度（1975～1976）

第25回　文化講演会	5月26日	「洒脱風狂の僧、仙涯～人生とユーモア」	大阪学院大学教授　**淡川康一**
第26回　文化講演会	6月28日	「死と愛――能、幽玄の世界――」	真如会主幹、宝仙女子短大教授　**紀野一義**
第27回　文化講演会	9月29日	「舞台ひとすじ七〇年」	歌舞伎俳優（人間国宝）　**片岡仁左衛門**
第28回　文化講演会	10月24日	「私のバタヤ人生論――くずを活かす」	アリの街の会　**松居桃楼**
第29回　文化講演会	1月30日	「茶の湯太平記～利休をめぐる人々」	大阪市立大学教授　**原田判彦**
第30回　文化講演会	3月4日	「心の眼を開く」	花園大学学長　**山田無文**
＊			

回	日程	演題	講師
第3回　市民教養講座「飛鳥・大和路の魅力」	7月19～21日、26日～27日	「仏像美術入門」 「飛鳥・白鳳の仏像」 「大仏建立と天平彫刻」 「鑑真と唐招提寺の彫刻」	東京国立博物館　**杉山二郎**
		「万葉びとの歌と生活」	国文学者　**西郷信綱**
		「記紀神話と藤原氏」	京都大学　**上山春平**
		「万葉集の世界」	哲学者　**梅原　猛**
＊			
春の特別講座	4月23日～24日	「利休と茶の湯」	京都女子大学教授　**村井康彦**
＊			
第10回　郊外講座	9月13日～15日	高野山の快慶彫刻といかるが・西ノ京の旅	**杉山二郎、筒井寛秀、山本智教**
第11回　郊外講座	10月9日～12日	「京都の庭園めぐり」	**重森完途**
＊			
落語鑑賞会	6月16日	「林家正蔵の芸談と古典落語をきく会」	八代目　**林家正蔵**

◆昭和51年度（1976～1977）

回	日程	演題	講師
第31回　文化講演と折り紙講習会	4月30日	「折り紙人生」	国際折り紙研究会　**吉澤　章**
第32回　文化講演会	6月16日	「未来への遺産からのメッセージ」	NHK「未来への遺産」チーフディレクター　**吉田直哉**
第33回　文化講演会	9月16日	「めぐりあいとであい　―禅の人生観―」	竜源寺住職、全青協専門委員　**松原泰道**

第34回 文化講演会	12月4日	「記紀・万葉の世界」	京都大学教授 上田正昭

＊

第4回 市民教養講座「平安・王朝文化の残照」	11月15日〜17日、19日、24日〜26日	
	「古代人のうたと美」	徳山大学 山中鉄三
	「平安貴族の世界」	京都女子大学 村井康彦
	「才女の季節」	京都女子大学 村井康彦
	「いのちの秘密 ―密教の世界―」	東洋大学 金岡秀友
	「源氏物語の魅力」	慶応大学 池田弥三郎
	「平将門の乱」	早稲田大学 浜田泰三
	「貞観と藤原のほとけたち	美術史家 源 豊宗
	「絵巻物の美」	美術史家 源 豊宗

当時のガリ版刷りの入会パンフによると、昭和五一年三月四日現在で、会員数五〇〇名に達していたようだ。しかし、「会からのお詫び」という次のような文書を会員に送付している。

五一年度になってから、禅の文化をきく会の催しが極端に少なくなったが、どうしたのかというお尋ねをいただいています。

多（ママ）勢の方が会のことを自分のことととして考えて下さっていることに驚き、そして、感激しています。

個人的な理由ですが、事務局が春から夏にかけて極めて多忙であったこと。予定していた講師の先生の日程が秋以降に変更になったこと、などが重なったためです。

会は従来にもまして燃えていますし、意欲的な企画を検討中ですので、秋から冬にかけての下半期にご期待下さい。

そして、会員各位の尚一層の御支援をお願い申し上げます。

しだいに、会の運営に支障をきたし始めている。実務をまわすのに人手が足りなかったことに加え、有馬自身が一時体調を崩していたようである。前年の昭和五〇年から、この会の他に「在日朝鮮・韓国人遺骨返還運動」に有馬は着手していた。そして、全国曹洞宗青年会の活動にも関わっていた。多忙であった大きな理由はそこにあったと思われる。寺の住職のかたわら、それだけの事業をこなすためには相当なエネルギーが必要だったはずである。

◆昭和52年度（1977～1978）

回	日付	演題	講師
第35回　文化講演会	4月16日	「古代史と推理小説 ――邪馬台国の謎をめぐって――」	作家　邦光史郎
第36回　文化講演会	5月9日	「この日本、築き直しては！」	東大寺管長　清水公照
第37回　文化講演会	11月2日	①「わが文学と人生」	作家　水上　勉
		②「光の中に生きる私の人生」	真如会主幹、宝仙学園短大教授　紀野一義
第38回　文化講演会	3月24日	「日本のこころを歌に ――演歌ひとすじ――」	作曲家　遠藤　実

＊

回	日程	演題	講師
第5回　市民教養講座「古代文明とのであい」	11月4日～5日	「メソポタミアと日本をむすんだシルクロード」	日本オリエント学会名誉会長　三笠宮崇仁殿下
		「シルクロードとのであい　—私の絵画—」	東京芸術大学教授・画家　平山郁夫
		「古代と現代との対話　—自然と歴史と人間と—」	東京国立博物館　杉山二郎
＊			
第12回　郊外講座	3月25日～28日	「若狭古代史の旅」	京都大学教授　上田正昭
	1月5日～1月12日	「イラン・イラク遺跡の旅」	

日本の伝統文化を探索することで出発した「禅の文化をきく会」であるが、昭和五三年の一月には、イランとイラクを訪ねている。こうして海外の世界的遺跡を訪ねるツアーを企画し、出かけるまでになっているのは、当時、国立東京博物館に在籍していた杉山二郎の影響が大きかったと思われる。

◆**昭和53年年度**（1978～1979）

回	日程	演題	講師
第39回　文化講演会	4月2日	「ことばに愛といのちを——しあわせを招く話し方——」	NHKアナウンサー　青木一雄
＊			
第40回　講演とコンサート	10月2日	「横尾忠則とマインドミュージック」	講演　横尾忠則「わが心の遍歴」
			レコード・コンサート　喜多郎「天界」
＊			

第41回　文化講演会	11月17日	「風は野をわたる」	真如会主幹、宝仙学園短大教授 **紀野一義**
第42回　文化講演会	3月28日	「一休さん――人とその風光――」	奈良　壺坂寺住職　**常磐勝憲**

この年、九月二七日付けで、会員あてに改めて次のような「おわびのごあいさつ」を送付している。孤軍奮闘に近い運営がかなり苦しくなっていることがうかがえる。

遠藤実先生、青木一雄アナウンサーの文化講演会以来、ずいぶんご無沙汰いたしてしまいました。多（ママ）勢の方から心配していただき、又、去年のように病気でもしているのではないかとか、お電話やお手紙をいただいたりしました。

ご心配やご迷惑をおかけしたことを心からお詫び申上げると共に、会に寄せられたご期待に応えられなかったことを申し訳なく存じております。

事務局（有馬）の個人的事情ではありますが、周辺が急に慌ただしくなり、東京での仕事が急増したり、大きい行事が続いたりで多忙を極めたのがその理由であります。

そのために会の活動が停滞することが許されないことで、唯々深くお詫び申し上げるばかりです。

今迄の停滞分は、下半期の事業で取り返すべく、いい企画を準備しつつありますので、今後の催しをお楽しみにして頂きたいと存じます。

弁解がましくなりましたが、上半期の活動停滞をお詫び申し上げる次第です。

又、会員証の発行が遅れている方がありますが、近日中にはお手許にお送りいたします。

といいながらも、次年度、開催頻度はさらに少なくなる。二回の市民教養講座をこなすのが関の山となっている。

◆昭和54年度（1979〜1980）

第6回　市民教養講座	3月24日〜25日	「古代の終焉と中世の曙」三人の先生による鼎談	
		「漂白の思索者たち」	評論家　**栗田　勇**
		「俊乗坊重源という人」	東京国立博物館　**石田尚豊**
		「〝草燃える〟の時代とその文化」	東京国立博物館　**杉山二郎**
第7回　市民教養講座	5月14日	「日本の古代史と西域の道 ―松本清張と古代史をゆく―」作家　**松本清張**	東京国立博物館　**杉山二郎**

掛け軸を広げる杉山二郎
（中央）

この年、昭和五四年の一二月、曹洞宗東南アジア難民調査団の一員として、有馬はタイにあったカンボジア難民キャンプに入る。そこでの衝撃は大きく、以来、有馬の関心と精力の焦点は難民救援へ転換していく。事実上、会の運営ができる状態ではなくなっていた。

◆昭和55年度（1980〜1981）

文化講演会	7月19日	「カンボジア、わが愛」	外交官夫人 **内藤泰子**

カンボジアの難民問題に関わるようになり、この年になると、有馬は、月の半分を難民キャンプに出かけてボランティア活動に携わる生活となる。国連や他の関係機関との調整、現地と東京との調整に奔走した。それでも、「自分の肩代わりをしてもらえるボランティアが現れ、これからはそれほど現地に行かなくてもすむようになり、会の方に力を注げるので」と、会員に向けて、改めてお詫びの挨拶を発信している。とはいえ、この年は難民キャンプで出会った内藤泰子の講演会を実施するのが精一杯であった。

◆昭和56年（1981〜1982）

この年の活動の消息を知る手掛かりや資料は見当たらない。筆者が知らないだけなのかもしれないが、この年の会の活動はまったくなかったたか、あるいはほとんど休止状態だったのではないかと推測される。

◆昭和57年（1982〜1983）

四月八日、山口放送と華奉賛会が、太華山（たいかざん）の中腹に聖観音像と不動明王像を建立し、その開眼、落慶を記念して、前東大寺管長の清水公照長老を招いて講演会が行なわれた。

会主催の行事ではなかったが、事務局としてこの講演会の聴講をすすめる手紙を有馬は会員に送付している。そして、これ以降、ぷっつりと消息は途絶えている。活動は休止状態に入ったと考えられる。

それゆえ、「禅の文化をきく会」は、決して解散したわけではなく、ほんとうはまだ生き続けているのである。事務局＝有馬が多忙で開店休業となったまま、事務局が機能しなくなっただけなのだ。

それにしても、上述のすべてが有馬の関心を寄せていた人々であり、内容である。当代きっての知識人、文化人、学者、僧侶はもとより、歌舞伎役者、作曲家、アナウンサー、デザイナーなど実に多岐にわたる。地域にいながらこれら一流の講師陣に接することができるのは、実に知的で贅沢である。有馬の炯眼（けいがん）と関心の幅の広さ、思慮の限りをつくして人の気持ちを乗せてしまう弁舌の才、そして身を削るように邁進する姿にほとほと舌を巻いてしまう。その上、これらの講演会を録音したテープのライブラリー（声の図書館）も開設し、貸し出していた。それはカセット五二巻以上にもなっていた。

文化講演会、郊外学習、市民教養講座などのシリーズだけでもかなりハードなはずであるが、この他、小さなサークル活動も展開していた。たとえば、一時期、毎月第三日曜、一五時より、原江寺において、有馬が中心となって仏教美術研究会を開いていた。梅原猛著『仏像——その心とかたち』（NHKブックス）をテキストにして仏像の様式やその思想を探究している。

こうして、日本の伝統文化を探索することから出発した一地方の文化活動の会であるが、昭和五三年（一九七八）の一月、イラン・イラクを訪ねたことはとくに画期的であったと思う。〈地球的思考で、地域からの行動を〉というその後流行する風潮の先駆けとなっているからである。

有馬が亡くなってから一年が過ぎたころであろうか、有馬の妻、周子に会う機会があった時、「このようなものが出てきまして」と、周子はよれよれになった一枚の絵葉書を差し出した。遺品の中から見つけたとのことで、そこにはペルセポリス遺跡が写っていた。有馬がイランの旅先から長女知子にあてたものである。このイラン・イラクの旅の時に書いたもののようである。

当時の旅行パンフレットによると、昭和五三年一月五日に東京を出発し、六日にイランのテヘランに到着。そしてシラーズへ移動して市内見学ののち、そこに一泊している。ペルセポリスへ入ったのは一月七日。その日はその地に宿をとり、そののちイラクのバグダッドへと向かっている。

有馬は絵葉書を通して知子に次のように語りかけている。

今、ペルセポリウスに来ています。ペルセポリウスは今から二五〇〇年位前、ペルシア帝国のダリウス一世という王様が建設した街です。のちにギリシアのアレキサンダー大王が占領し、ペルシアのポリス（都市）と命名し、ペルセポリスと呼ばれるようになりました。

今は写真のとおり廃墟となっていますが、すばらしい彫刻や建築の一部が昔をしのばせてくれます。今から夕食を済ませてもう一度月の光に浮ぶ姿を見に行くことにしていますが、心から感動しました。

人間の生きていることの何と短く、それにひきかえ歴史は永遠です。そして、歴史を考えるということは、ただ人間の昔を知るというのではなく、自分の小さな生命を永遠の中で問うということだと思いました。

お前は小さな生命を本当に生きているかと問うことです。本当にここに来てよかったと思ってい

ます。では又

遠い異国の旅先からわが娘に宛て、このような言葉を届ける父親とは、はたして世にどれほどいるものだろうか。父としての有馬の相貌が浮かび上がっている。実はこの三年前（昭和五〇年）には、長女知子と長男嘉男を連れて、アフガニスタンに旅をしている。イラン、イラクへは一緒に連れて行けなかった残念な思いがあったのかも知れない。この言葉には父子というより師弟の間に交わされるような響きさえ感じられる。――歴史を考えるということは、ただ人間の昔を知るというのではなく、自分の小さな生命を永遠の中で問うことだ――。有馬の歴史観であり人生観である。さりげなく書いているが、先哲の言葉を思わせるような名言と思う。

さて、「禅の文化をきく会」が活動した昭和四七年（一九七二）から五六年（八一）頃という時代は、日本もアジアも、政治的、社会的に揺れていた時である。激しく燃えさかった大学紛争、学生運動も六九年の東京大学安田講堂における学生と機動隊の攻防を天王山として急速に衰えはじめる。中国では文化大革命の嵐が吹き荒れ、泥沼化していたベトナム戦争は七五年に終結する。このような時だけに、若い人たちの多くが、なんらかの形でマルクシズムや左翼的思想に影響を受けたものであるが、有馬にそんな気配は微塵も感じられなかった。政治的イデオロギーや党派性に与することなど考えられない人であった。そのようなもので社会変革など起きるものか、と、冷徹に洞察していたのかもしれない。

在日朝鮮・韓国人遺骨返還の運動へ

「ある時期から、ただ勉強しているだけでは駄目だ。何かしなければならないことがあるのではないだろうかと、有馬さんはよくおっしゃるようになりました」

「禅の文化をきく会」の事務局を手伝っていた石田清子はこのように思い起こしていた。ただ該博な知識を得るだけで事足れりというのでは自己満足に過ぎない。それを現実の諸問題の解決に結びつけることで知識は活きる――と、おそらく有馬の中で、活動家としての本領がさらにうずき始めていたのではないだろうか。

昭和五〇年（一九七五）、「禅の文化をきく会」の活動を始めて三年目にあたるこの年、有馬は朝鮮の人たちの遺骨を祖国に還す運動を開始した。韓国の人々と一緒に調査をしての事業であった。

それは、たまたま、葬式に来ていた友人の朝鮮の人たちの言葉がきっかけであった。

その友人たちは原江寺に保管されていた遺骨を見つけ、驚いて言った。

「朝鮮では、本貫（ポングァン）、つまり祖先の地に埋葬されなければ魂はやすらぐことがないんだ」

在日朝鮮・韓国人の遺骨に対する差別を幼な心に知っていたので、この一言によってたちまち有馬の心に火がついた。しかし、やがて日本人のなかにある差別意識がいかに根強いか思い知らされることにもなった。ある日のこと、有馬たちの呼びかけに応えて一人の住職がやってきた。風呂敷包みに三体の遺骨を携えていた。そして次のように語るのだった。

「いや助かった。実は、これを預かっていたばっかりに檀家が嫌がって困っていたんだ」
宗教家である僧侶においてもさほどなものかと、有馬は愕然としてしまった。

やがて、慰霊碑を作って韓国の天安という町に納骨することになり、同行したテレビ局の記者などと一緒に実態調査も行なったのだが、そのとき、ショッキングなことがあった。

現地には強制連行された人たちの相互扶助の会ができていて、連行された人々の調査をしたいと申し入れをしたら、そこの会長さんが手配をしてくれて、一人のおばあさんを訪ねることになった。小高い丘の上にある農家だったが、彼女は、連れて行かれた夫の消息を知らせに来たのだと聞き間違えて、意気込んで待ち構えていたようであった。ところが、そうでないとわかった途端、顔をくしゃくしゃにして泣き崩れてしまった。

事情を聞いてみると、新婚ふた月とたたないある日、憲兵隊がやってきて村が包囲され、健康そうな人には「○」、そうでない人には「×」の印がつけられ、「○」をつけられた人がトラックに乗せられて連れて行かれたという。夫も一緒だった。それっきり消息がなくなったという。ところが、ただ一度、夫から便りが来たことがある。広島の宮島にある厳島（いつくしま）神社の絵葉書で、昭和二〇年七月下旬の広島の消印が押されていたらしい。あるいは三菱重工業で働いていたのではないかと推測されるが、それで消息を絶ったということは、おそらく被爆して亡くなったのではないかと思われる。夫が強制連行されてから、心が乱れてしまったようで、その女性は雨が降ろうと風が吹こうと、町から村に一日二便やってくるバスが到着するたび、夫が帰って来ると思って今でも迎えに出ると言っていた。

今なおこういう人がいるのか――。有馬は胸が詰まった。

そして、このようなこともあった。やはり遺骨の送還運動で韓国釜山(プサン)市を訪ねたときのこと。

「あなたと友だちになったのですから、これからは日本語でお話しましょう」

大昌国民学校の校長先生は、流暢な日本語で話し始めた。

「先生、そんなに日本語がお上手だったのなら、昨日、学校を訪ねたときも、通訳なしでお話しできましたのに」

と、有馬が言うと、奈良高等女子師範学校（現在、奈良女子大学）を卒業したというその先生は、厳しい顔でこう言った。

「あなたは、私たちの世代の韓国人が日本語を口にするときに感じる屈辱感をご存じないでしょう。日本の朝鮮総督府は、私たちから姓を奪い、日本式の名前を名乗ることを強要し、学校では、朝鮮語の使用も禁止しました。親と祖国からもらった名前と言葉を奪われる。これがどういうことかわかりますか……。小学校六年生のとき、国語の時間、教室で私は机の脇に足を出して腰掛けていました。教科書を読みながら教室を歩いていた先生は、わざと私の足を踏みつけました。思わず、朝鮮語で〈アイタッ〉と叫んだのですが、先生は学校で朝鮮語をつかったと言って、冬の寒空の下、上半身を裸にして運動場を三周する罰を下したのです。私は、日本語を口にするとき、このときの屈辱感を思い出してしまうのです」

もう一つ、韓国での苦い思い出として、しばしば有馬が語った話がある。

古代史や美術史の好きな有馬は、無縁仏の調査で韓国に行ったとき、古都慶州の町にある、慶州国立博物館を訪問することにしていた。ふとした縁で博物館の職員と懇意になり、館が秘蔵する〈エミレの鐘〉を内緒で採択させてもらうことになった。

早起きしてホテルで朝食をとっていると、有馬の拓本の道具を見て、隣にいた一人の紳士が、「韓国の古代史がお好きですか」と話しかけてきた。〈エミレの鐘〉の拓本がとれることで興奮していた有馬は、朝鮮の歴史と文化を知らずして日本の歴史も美術も語ることはできないと力説した。その紳士は、韓国の高等学校の教師だったが、有馬の話を聞いてこのように語った。

「古代や中世を語るぶんには誰も傷つきません。しかし、近代以降の日本と韓国、朝鮮の関係についてはどう考えていますか。同じように語れますか。私たちは痛みを伴わずに考えることはできない」

有馬は痛棒を喰らったようにショックを受けた。そして、〈エミレの鐘〉の採択に行く勇気をもはや失っていたという。

これらの体験はその後の有馬の人生に大きく影響を与えるだけのものであった。

日本人がアジアの人々に行なってきたことをわれわれは正確に知っているだろうか。アジアの人々はいまだ戦争の傷跡を抱えて生きている。アジアの人々と真に連帯するためにはその問題を見過ごすことはできない――と、その後、事あるごとに力説していた。これら韓国での体験は、通奏低音のようにその後の有馬の人生をずっと貫いていた。

故郷忘じがたく候

ある時、有馬が自身の座右の一書を明かしてくれたことがあった。それを知るに及んで、朝鮮の民の問題が有馬にとっていかに大きな命題であるのか再認識したものである。多読家であった有馬は実に多くの歴史書を繙き、司馬遼太郎の作品群も愛読していた。ある時、その中で最も秀逸と思うのはどれかと尋ねたことがある。すると、間髪入れずに応えるのだった。

「『故郷忘じがたく候』だね」

その内容についてさらに多くを語ることはせず、ともかく読んでみるように奨められたことを記憶している。司馬遼太郎は、日本の読書人、とくに中高年の男性の間において人気のある作家である。しかし、そのベスト・ワンは？と問われてこの作品を推す人はまずいないであろう。ほとんどの人が挙げるのは、『竜馬がゆく』や『坂の上の雲』、『菜の花の沖』などの大作ではないだろうか。『故郷忘じがたく候』はそれほど目立たない地味な短編である。けれど、思わず居ずまいを正すほど、ずっしり胸に迫ってくる手練の逸品である。このような作品に着目するほどに司馬の作品の端々まで渉猟していたのであろうか。一読してみて、有馬が惹かれた理由をいたく得心することができた。そのあらましは、次の通りである。

ある時、司馬遼太郎は、鹿児島の宿で地図をひろげていて、「苗代川」という地名を発見して声をあげたいほど驚く。二〇年前、西陣近くの町寺を訪ねていたとき、庫裡のすみにころがっていた二つの陶片をめぐって語ったU氏の話がよみがえったからであった。

そのときU氏は、この陶片はおそらく薩摩焼のなかでも苗代川の窯であろう、「苗代川の尊さは、あの村には古朝鮮人が徳川期にも生きていたし、いまなお生きている」といった。そのときの〈苗代川〉という地名を見つけたのであった。

そこは小さな戸数七〇軒ばかりの部落であり、いまは村名が変わって美山（みやま）ということを知人が教えてくれた。司馬はすぐその村に出かける。

「沈寿官（ちんじゅかん）」という表札があがっていた。鹿児島旧士族沈寿官家は韓国ふうの姓名が世襲であり、いまの第一四代目当主もその名である。司馬は沈家の門をくぐる――。

こうして、沈寿官との邂逅を通して、司馬は、一六世紀末、朝鮮の役で、薩摩軍によって日本に拉致された数十人の朝鮮の民とその子孫の話を綴る。日本に連行されて四〇〇年、やみがたい望郷の念を抱きながら薩摩の地に生き続けた子孫たちの痛哭の軌跡である。

沈は司馬に先祖のことを話す。

彼らの故郷は全羅北道南原城（ぜんらほくどうナモンじょう）。韓国でいう壬辰ノ役（じんしんのえき）、日本でいう豊臣秀吉の高麗陣のとき、沈寿官の先祖たちは、南原城を守備していたが、沈姓以下七〇人ほどの男女が逃げ遅れて島津勢につかまってしまう。全羅道の文化の一中心である南原城を攻撃するにあたって、島津勢は最初から陶磁の工人を捕獲しようとしていたのではないかと司馬は想像する。そののち、不幸な朝鮮の民は、鹿児島の錦江湾（きんこうわん）そばの苗代川に集落をかまえた。その地の景勝が、さながら故郷の南原の城外に似ていると感じたらしい。

彼らの活発な作陶が始まった。陶土や釉薬の石を探し出し、やがて李朝がひらいた白とはまったく独自な白薩摩というやきものを世に産み出す。幕末になると、薩摩藩は苗代川村に白磁工場を作り、第一二代沈寿官を主任とし、コーヒー茶碗や洋食器の製造を命じる。さらに、慶応三年（一八六七）、パリで開かれた万国博覧会、明治六年、オーストリアで開かれた万国博覧会のときも、第一二代沈寿官作の白薩摩、薩摩焼大花瓶一対が出品され、薩摩焼の評判をますます高めた。しかし明治後、往年の盛りは失われていく。

沈寿官は、苗代川小学校を出て鹿児島市内にある旧制二中に入学した。

入学早々、上級生が教室に入ってきてわめいた。

「このクラスに朝鮮人が居っとじゃろ。手をあげい」

沈少年は手をあげなかった。日本人でないなど、いままでつゆとも思ったことがないからである。名乗らなかったということで、少年たちは寄ってたかって沈少年を殴った。

家に戻り、鼻血を拭い、涙をこらえて顔を洗う沈少年。その話を聞いて、父は何度もうなずいた。それは、沈の父もたどった道であった。そして、父はこの家の家系について話すのだった。この日から沈は日記をつけはじめ、「日本人とは何か」ということを考え続けた。そして、沈は、腕力においても勉学においても、同年の他の少年たちと競い、彼らを凌駕した。けれど、日本人を軽侮することはできなかった。彼自身も、「のがれようもない国籍上の日本人」であるからである。そして、智恵ぶかい資質と陽気な性格をその祖父や父から引き継いでいる自分こそむしろ最も良質な日本人ではないかと思った。

長じて、沈は、一二代で途絶えていた「御前黒（ごぜんぐろ）」というやきものを渾身の思いで見事に復刻させる。そして、圧巻であるのは、昭和四一年、沈が韓国を旅したときのことである。ソウル大学の大講堂で沈は学生たちに、時々絶句しながら講演する。当時の韓国の学生運動はすさまじく、日本の統治下の圧制を糾弾する嵐が吹き荒れていた。それを憂いた沈は、韓国の若い人たちは日本の圧制の三六年を言い過ぎる。それでは後ろ向きである。若い韓国はもっと前を向いて進まねばならない、と語って、最後に次のように結んだ。

「あなた方が三六年を言うなら」、
「私は三七〇年をいわねばならない」

拍手をする者はなく、誰からともなく歌声が湧き上がった。韓国の全土で愛唱されている青年歌であった。沈に贈る友情をその歌詞に託したのだと思われた。大合唱となって講堂に響きわたり、沈は壇上で、涙ながらに呆然としていた――。

話は前後するが、司馬は、すでに天明（一八世紀末）のころ、橘南渓（たちばななんけい）という医者がこの苗代川を訪れたことも紹介している。

その橋は一人の村人に尋ねている。

――貴家はこの日本に渡られて何代になりますか。

「すでに五代目になります」

――では、ふるさとの朝鮮のことはすでに思い出されることもございますまい。

「そうではありません。人の心というものは不思議なものでございます。故郷のことを忘れてしまうことはできません。折りにふれて夢のなかにも故郷は出てきます。昼に窯場で仕事をしているときでも故郷がいとしく思い出されるのです」

この老人は、「故郷忘じがたしとは誰人の言い置きけることにや」と述べて語り終えたという。

さて、少し長くなってしまったが、有馬はこの『故郷忘じがたく候』に何を感じていたのであろうか。「朝鮮人じゃけえのう」、「これがあったばかりに、檀家が嫌がって困っていたんだ」と、日本人の差別心を幼いころから肌で感じる一方、韓国に渡って、人々が今なお抱えている戦争の傷跡、痛みというものを骨身に沁みて味わった有馬にとって、その一つひとつの体験が司馬の文章とオーバーラップしていたのではあるまいか。同時に、司馬によって示される日本と朝鮮半島の哀切の歴史を通して、一つひとつの体験が新たな意味を帯びて甦っていたに違いない。むろん、日本と韓国という関係のみならず、そこに〈難民〉や〈民族〉という人類にとっての普遍的なテーマが横たわっていることも疑いない。

本書執筆にあたって、この作品を再読してみた。

――あなた方が三六年をいうなら、私は三七〇年を言わねばならない。

やはり沈がこう語ったくだりで、胸からぐっと熱いものが突き上げてきた。何度読んでもこの場面にくると弱い。おそらくは有馬も、いやこの文章を目にする誰もがこの場面に胸うたれ、立ち止まるのではないだろうか。

『故郷忘じがたく候』は、文庫本の解説で山内昌之が評するように、たしかに、「日本を語りながら韓国を語り、日韓の歴史に託して日本人とは何かを論じた達意の文章」に違いないと思う。けれども、なお筆者としてはこうも思う。この書は、沈寿官を通して、逆境を光に転じる人間の強靭さというものも教えているのではないか、と。なぜ、自分はこのような人生なのか、と、心ならずも直面する運命に苦吟し懊悩しつつも、それを憎み呪うのではなく、それを受容し昇華させて生きようとする沈。その覚悟の深さに感動をおぼえる。

今後も有馬を思うときこの書を繙くかもしれない。何らかの困難に遭って途方に暮れるときにも、自分を奮い立たせようとしてこの書を手にとるかも知れない。

青年よ手をよごせ──全曹青活動へ

さて、「禅の文化をきく会」の活動に精魂かたむけつつも、〈ただ、勉強しているだけでは駄目なのだ〉と、感じ始めていた思い。それは、在日朝鮮・韓国人の遺骨返還の運動のほか、もう一つの運動へと有馬を駆り立てていた。

山口県の才気煥発な青年宗侶（曹洞宗の僧侶）は、一地域内にとどまることなく、日本全国へと視野を広げ、より広いネットワークに向かって胸を高鳴らせていた。

昭和五〇年（一九七五）一〇月二日、東京芝にあるソートービル三階の大会議場は、全国各地から馳せ参じた青年宗侶一八三名の熱気に包まれていた。全国曹洞宗青年会（以下、全曹青）発足に向けた、「曹洞宗青年会発起人総会」が今、まさに始まろうとしていた。

午前一〇時、佐藤泰惇推進委員の司会で開会式の挙行。まず挨拶に立った門脇允元推進委員長が、曹青運動のねらいとするところを説明した。

曹青運動は、曹青連（曹洞宗青年教化連合会）の「禅の集い運動」を基盤として作り上げようとしていること、宗門では発言、地位をみとめられていない未住職者、学生宗侶、兼職宗侶のエネルギーを結集しようとしていること、そして、推進委員会は、本日この時点までの世話役であり、本日の発起人総会において審議の上、新たに設立委員会を組織し、以後の活動をゆだねるつもりであることを述べ、最後に、出席者全員が共に歩み、共に助け合う道友となってほしいと訴えた。

引き続き、推進委員会の設立から現在に至るまでの経過報告が行なわれ、そして、

——それでは、有馬委員、お願いします。

と、司会が促した。

推進委員の一人として有馬が中央の演壇に立った。これから行なわれる審議にあたって問題提起を行なうことになっていたのだ。他の推進委員と一年余りにわたる議論を重ね、審議を重ねて臨んだこの場であった。

「禅の文化をきく会」、「在日朝鮮・韓国人の遺骨返還」の活動の一方で、有馬は全曹青発足のためにも奔走していたのだ。

ただし、この全曹青の設立は、社会的に有為な青年宗侶を輩出したいという宗門の意図もあってのことであり、純粋に青年自身のみから湧きあがった運動というわけではなかったようである。それだけに、教団の論理に翻弄されない信仰運動にこだわっていた有馬としては、この動きに関わるべきかどうか、迷った時期もあったようだ。ただ、どのようにすばらしい美田でも、どのようにすばらしい稲の種を蒔いても、やはり収穫をうるためには、自ら田の中に入らなければ収穫を得ることはできない。そう考えての参画であった。この点について、有馬は多くの青年宗侶と議論を交わし、喧嘩寸前にまで至ったこともあるという。

さて、演壇に立ったほっそりした面立ちの青年宗侶、しかし問題提起の内容は気宇壮大であった。社会から護持会教団と評される曹洞宗の現状を憂いて、そこからの脱却を次のように呼びかけた。

ある宗教社会学者は、曹洞宗を護持会教団と位置づけました。護持会教団とは、いわゆる護持会的な寺檀関係の組織の中でこそ、その集団は命脈を保ち得るけれども、寺檀関係を外れた人々に対しては全く働きかけを持ち得ない教団を意味します。

私たちは、教化を使命として毎日を生き、必ずしも、この類型化を首肯できるものではありませんが、社会全体としては、かくなる判断がなされていることを認識しておかなければならないでしょう。しかしながら、護持会教団の範疇に含まれない活動があることも忘れてはなりません。昭和三一年、伊東、松月院を原点とする「禅の集い運動」がそれです。

青年宗侶の自らの熱情と下からの盛り上がりで全国に広がったこの運動は地道な活動を通じ現在に到っています。この運動の中から私たちが見出したものは、寺檀以外の青年との接触でした。まったく新しい発想、まったく新しい教化の場を私たちの先輩の青年宗侶の手によって創造され、さらには、私たちの手によって、またまた新しい教化の場さえ創造できるという可能性です。

昨今の社会情勢は、全人類を救済しうる宗教を渇望し、二一世紀は心の、宗教の時代となろうと予想しています。正伝の仏法の継承者、宗教者の任務は大なるものを痛感するのです。かかる社会情勢をふまえ、ここに曹洞宗青年会の結成を願うのです。

禅の集い運動が起こった当時の状況を考えるに、宗門白書が発表され、革新政策が論議されていた時代であり、創価学会を始めとする新興宗教の爆発的な成長期にあって、寺院経済、宗学教化の危機を感じさせた時期でした。かかる危機は二〇年を経た現在も何ら変わっていません。さらにその危機は進行しているのではないでしょうか。

――『曹青通信』創刊号・昭和五〇年一一月刊、参照

淀みなく流れるような弁舌に会場はしんと静まり返っていた。そして、有馬は四つの項目を提起した。

護持会教団曹洞宗たる評価を謙虚にうけとめ、次の事項を提起したいと思います。

一．護持会教団からの脱皮を

寺檀関係の中にのみ教化の対象を求めるのではなくして、新しい社会の中にチャレンジする。

二．青年宗侶よ手をよごせ

どのようにすばらしい美田でもどのようにすばらしい稲の種を蒔いても、やはり収穫をうるためには、私たち自らがアゼの中に入り、田の中に入り、手をよごし足をよごさなければ収穫を得ることはできない。

三．青年よ対機をいだけ

よくよく考えてみると私たちには、自分の手でつかみとった対機というものは存在せず、先祖伝来の檀家という対機がただ目の前にあるに過ぎない。檀家という対機を含めて、新しい対機をつかんでいく運動をすすめよう。

四．禅の集い運動の原点に帰ろう

前述の三つの提起をふまえた形で展開されたのが禅の集い運動であったことを再確認し、新しい運動の再出発点としなければならない。

以上四点を曹洞宗青年会結成への問題提起としたいと思います。曹洞宗青年会設立に際して、様々な問題、例えば旧来の曹青連各地域に結成されている単位曹青との関わり等が残されたままですが、全国組織の曹青組織とすることへの障害とはならないと信じます。私たちがめざすものは、組織ではなく、青年宗侶の団結の力をもって、現代社会の要求に応えうる運動を自らの手で創造し推進していくことにあることを最後に銘記しておきたいと思います。

――『曹青通信』創刊号・昭和五〇年一一月刊、参照

このアピールは、推進委員としての問題提起であるから、有馬の個人的見解ではなく、オーソライズされた内容であるはずだが、かなりな程度、有馬の意向が反映されていたようである。「青年宗侶よ手をよごせ」「青年よ対機をいだけ」「私たちがめざすのは組織ではなく、青年宗侶の団結の力をもって……」など、端々に有馬的表現の片鱗を感じる。

事実上、これが曹青創立の意義と思想と行動指針の提示となっている。単なる青年宗侶の全国的な連繫ではなく、それを起爆剤として寺檀関係のみに依拠する旧来の教団のあり方から大衆教化教団へ脱皮しようとは、いわば教団・宗門改革運動の提言ともいえる大胆な内容である。その意味で画期的なことであった。

当時の機関誌『曹青通信』に次のコラムの記事がみられる。当時の青年宗侶たちが大衆教化、つまり大衆への布教・伝道についてどのように考えていたか、その気概の一端がうかがえる。

一月一五日付け仏教タイムス紙に「喫茶店で辻説法」という見出しの記事が掲載されていた。ヤング向けの宗教月刊誌「なーむ」が、喫茶店〝なむ〟で、毎週水曜日午後七時から九時まで法話とディスカッションを企画したというのである。コーヒーの香りと法話、「やるー」というのが率直な感想▼市立図書館の盲人のための録音奉仕から帰ってきた家内が、「いんなあとりっぷ」という雑誌があるが、あれは何かと聞いた。いわずとしれた霊友会発行の洒落た雑誌のこと。その雑誌をテープ化することになったそうだ。選ばれたわけを聞いてみると、盲人から宗教関係の録音希望が多く、ボランティアのリーダーの若者達が書店で目についたのがこれだったという▼全曹青の企画を考えるとき、今更のごとく宗門の不足するものが何たるかを思い知らされる。彼らの企画がすぐれているとか、宗門の出版物や事業にセンスがないといおうとするのではない。問題はそれ以前の彼らが大衆の欲求を肌に感じとる触覚の見事さであり、彼らの志向するところが、常に大衆の心そのものに向けられているところである。曹洞禅の大衆教化への接点の模索はこれひとつから考えても容易なことではあるまい。

――『曹青通信』第二号・昭和五一年二月刊より

さて、発起人総会の場面に話を戻そう。

有馬の問題提起ののち、関東、東海、近畿、中四国、九州、北陸、東北、北海道のブロックにわかれてオリエンテーションに入った。討議の中心は、曹青連との関連、中央と地域活動、具体的運動、会員登録（個人加入制）などであった。そして、昼食後、田辺哲崖宗務総長の「曹洞宗青年会に望む」という講演ののち、いよいよ発起人総会。

推進委員会より「目的と基本方針」、「会員と機構」、「支部機構」、「事業・結成大会」「その他」の審議案件が上程（じょうてい）された。目的と方針については、大綱において承認され、それ以外の件についても了承されたが、支部組織など細部については、今後充分な検討を要するとされた。そして、一一月二六日、午前九時より宗務庁で結成大会を開催することを決議。詳細については、組織、大会までの一切の運営を設立委員会にゆだねることとなった。ちなみに、会の根幹である目的と基本方針は次のようになっていた。

◇目的と基本方針

曹洞宗青年会は、会員一人一人が曹洞禅の本旨に目覚め、相互の連携を深め、つねに、必要な社会的活動を通して、宗教心に根差した人間の育成をはかり、もって健全な社会の形成に貢献することを目的とする。

この目的を遂行するために、次の事項を基本方針とする。

イ、青年宗侶のエネルギーを結集する

ロ、社会的価値ある活動を展開する

ハ、青年宗侶の宗門的自覚を促す

二、地域における諸活動の連携を深める

こうして、約二時間の審議を終え、休憩後、全国の青年宗侶に対するアピールのための決議文を採択。そして、発起人の中から三二人の設立委員を選出し、推進委員会を解散して発起人総会の幕を閉じた。有馬も設立委員の一人として名を連ねていた。

一つの組織誕生の前夜はじつに迂遠で煩瑣（はんさ）な道のりである。けれど結成大会を前に有馬は燃えていた。来る結成大会の翌日は、杉山二郎を講師に迎えての第一回青年宗侶教養セミナー、「新しい教化の研究と応用――文化財に強くなる」の開催がすでに決定されていたからでもある。これは有馬の着想と提案によるものであった。むろん、杉山は「禅の文化をきく会」以来、有馬とはすでに昵懇の間柄である。

この発起人総会以前、よほど早い段階から有馬は曹青活動の具体的イメージを描いていたようだ。これまで山口で実践してきた成果やノウハウを活かそうと考えていたのではないだろうか。わけても「禅の文化をきく会」で実践したように、連続講座で歴史や文化を学んで現代に活かそうというスタイルを――。それが「青年宗侶教養セミナー」や「巡回教養セミナー」という企画に反映されていたように見える。そして、その重要な支え手として杉山を頼みにしていたのだと思われる。

「〇〇県〇〇名、車で上京するのでよろしく！」

大衆教化の接点を求めて

昭和五〇年（一九七五）一一月二六日、いよいよ結成大会当日、設立委員会事務局には各地からしきりに電話連絡が入っていた。この日は折り悪く公労協ストライキと重なり、その影響が心配されて設立委員内部でも一時は延期にしてはどうかという声もあがった。しかし、曹青にとって最初の障害は青年の熱意で乗り切ろうと、予定通り実施することに決断した。前日も事務局には問い合わせが殺到していた。結果的に予定の人数を大幅に上回る六〇〇人以上もの出席者で会場は埋まっていた。

午前九時半、ソートービル五階の研修道場で開会式を挙行。そののち、三階大会議場に場所を移して審議に入った。議長として佐藤泰惇を選出後、青年会設立に向けた本日までの経過報告、設立趣旨・目的・会則、会費について設立委員会案をほぼ全面的に承認。会長には門脇允元、副会長には石附周行、藤井大吾が選出され、そのほか、理事一〇名、監査二名も満場一致で選出された。

引き続き、新役員のもとで第一回総会の開催となり、予算案・事業計画案の審議に入った。まず昭和五〇年度の予算総額と五部門による実施態勢（総合企画委員会、組織部門、事業部門、研修部門、広報部門）が提案され承認された。また、会の基本理念を、「寺檀関係のみでしか命脈を保ちえない教団＝護持会的教団から大衆教化教団への脱皮」とし、年間メインテーマを「大衆教化の接点を求めて」と決めた。このテーマは年間にとどまらず、その後も全曹青活動のバックボーンとなっていく。

具体的事業としては、大衆教化を成し遂げた先達の足跡を辿る、「巡回教養セミナー」を各地（近畿、東海、九州、東北、北海道、北陸）で計六回実施すること、「国際仏教文化交流使節団」の派遣、小・中学生を対象とした「青少年の船」などが提案され承認された。さらに、この結成大会翌日に実施が決まっていた「青年宗侶のための教養セミナー」についても、年一度開催することが承認され、午後三時、すべての案件の審議を終えた。

審議の合間には、仏教詩人として著名な坂村真民（さかむらしんみん）を招き、「念ずれば花ひらく」と題した記念講演が行なわれている。そして、すべての審議後に行なわれたレセプションでは、坂村真民作詞、田中利光作曲による仏教フォーク「集いの歌」が駒澤大学合唱団によって披露され、なごやかな雰囲気のうちに閉会となったのは午後五時を過ぎたころであった。

「今回はからずも、曹洞宗青年会の教養セミナーに講師の依頼をうけ、次代をになう青年僧の方々と身近にお話できることは私にとって良い機会を与えられたと存じております」

杉山二郎の言葉はひときわ熱を帯びていた。結成大会の翌日一一月二七日、午前九時より、杉山を講師に「第一回青年宗侶のための教養セミナー」が開催され、約七〇名が参加。かねてより有馬が手塩にかけていた企画である。テーマは、「新しい教化の研究と応用――文化財に強くなる」。全体が三部に分かれて、入門編「仏像の見方と基礎知識」、実践編「仏像の説き方の実際」、展開編「大衆教化と仏像」から成り、午前は、スライドなどを交えながら、仏教美術とその根底に流れる人間の精神を考え、午後は文化の担い手として魅力溢れる僧侶像を考えるという内容であった。話の骨子は下記の通りで、生きている歴史、すなわち精神史、文化史の面からメスを入れるじつに斬新なセミナーであった。

一．宗教の社会における対応の仕方
二．国家仏教から民衆仏教へ
三．既成宗教の問題点と欠落しているものは何か
四．魅力ある仏教への脱皮
五．青年宗侶は文化の担い手に

一瞥（いちべつ）して有馬好みの内容であることがわかる。「禅の文化をきく会」の実践を通して培われた有馬と杉山との友情と連携によって実現した企画であった。

ところで、記念すべき全曹青初代役員の中に有馬の名前が見当たらない。なぜだろうか、あれほど結成に精力を注いできたのに、と一瞬訝（いぶか）しく思うのだが、結成大会から半月後の一二月一五日、大阪市北区の円通院で行なわれた第一回理事会において、有馬は事業部門のチーフとして承認され、委嘱されている。事業部門というのは、巡回教養セミナーなどを担当する部門のことである。有馬としてはその方がよかったのだ。表舞台には現れず、実働部隊として背後でしっかり仕切るのが有馬のポリシーであった。

さて、結成大会と同時に全曹青事務局には、入会登録や問い合わせが殺到し、翌年の昭和五一年（一九七六）二月の時点で、登録された数は五〇〇名を超えていた。一〇〇〇名を超すのは時間の問題といった勢いであった。

そのころ、水を得た魚のように、有馬は事業部門チーフとして東奔西走であった。同年、三月と四月に、全曹青として初の大事業であった地方集会の開催が近畿地区と東海地区で予定され、その準備に余念がなかったからだ。どちらの集会にも有馬は実行委員会の副委員長として名を連ねていた。

この「地方集会」という企画は、巡回教養セミナーを併催する形になっていた。集会において全曹青設立の趣旨を説明し、そののち、〈大衆教化の接点を求めて〉というテーマに沿って地域の先人の足跡を訪ねるセミナーを催し、それを通して現代に活かすべきものを考えようという二本立ての企画であった。

皮切りであった三月の近畿地区の巡回教養セミナーは奈良に焦点を絞り、鎌倉時代、念仏信仰とともに東大寺の復興造営の大事業を成し遂げた重源（ちょうげん）上人と、当時非人と呼ばれた人々の救済活動を行なった西大寺の叡尊（えいそん）上人の足跡を訪ねる企画を予定した。

重源も叡尊も、有馬が以前からこよなく関心を寄せていた先人である。くわえて講師は杉山二郎ときている。おそらく念願かなった思いで臨んでいたのではないだろうか。それゆえ力を入れないわけがなかった。その思い入れの様子は『曹青通信』の次の文章からもうかがえる。

経済的基盤を失い、没落の一途をたどった鎌倉期の南都諸大寺。その中にあって、大衆庶民を教化の対象とした一大信仰運動を展開して、寺院を宗教的文化福祉センターと変容させたこの二人の偉大なる運動の源泉をさぐることは、われわれ全曹青の未来に明るい曙光と示唆を与えるはずだと、実行委員会ではみている。

——『曹青通信』第二号・昭和五一年二月刊より

ちなみに本セミナーの要項は次のようになっていた。

・日時　昭和51年（1976）3月12日～13日
・所　奈良市 三松寺
・集会参加費　3000円
・セミナー参加費　3000円
・お水取り参加費　5000円
・講師　杉山二郎氏（東京国立博物館）
　皆川英真老師（大和青少年文化研修道場）

・日程
3月12日
10：00　受付
10：30　開会式
11：00　地方集会報告・討議・中食（ちゅうじき）・分科会
15：30　講演　杉山二郎先生「南都の庶民信仰――重源と叡尊――」
17：00　薬石

18：30　講演　皆川英真老師「新しい教化への試み」
座談会「大衆教化はいかにして可能か」

17：00　お水取り見学第1班出発

3月13日

振鈴―朝食

8：30　貸切バスで出発
三松寺―西大寺―元興寺―東大寺俊乗堂―三月堂―般若寺―不退寺
杉山先生の現地解説

17：30　近鉄奈良駅解散

17：30　お水取見学第2班出発

さすがに凝っている、と思わず唸ってしまうのは、セミナーの中に「お水取り」の見学が組み込まれていることである。一二〇〇年の歴史を伝える「お水取り」の行法を内陣で特別拝観できるというのはじつに稀有なこと。東大寺に特段の配慮をいただいてのものであった。三月一二日と一三日、二班に分かれて定員六〇名で実施をしている。十一面観音への悔過(けか)に古い旋律の声明(しょうみょう)。ユーモラスな「走り」

の行法五体投地。奇妙な衣服と帽子をかぶり、燃えさかる大松明を引っ提げ堂内をかけめぐる「ダッタン」の行法。これら天平時代絵巻を目の当たりにできるとあれば、研究者ならずとも垂涎の企画である。

　そののち、四月一六日〜一七日に飛騨で行なわれた東海地区の地方集会では、「円空聖――遊行聖と庶民信仰」と題した第二回巡回教養セミナーが行なわれた。江戸期の放浪の彫刻僧・円空の微笑仏を訪ねながら、庶民信仰と廻国放浪の僧の背景を探り、現代に活かすべきものを見出そうという企画であった。やはり杉山二郎が「円空聖――遊行聖と庶民信仰」という題で講演し、現地講師として谷口順三にお願いし、高山―国分寺―郷土館―鶴巣清峯寺―千光寺を巡回している。

　つづいて、一一月九日〜一〇日、岩手県水沢市の巨刹・正法寺で行なわれた東北の地方集会・第三回巡回教養セミナーは、「たましいとのであい」と題してシンポジウム形式で行なわれた。葬送儀礼などの庶民信仰と仏法ははたして結びつくのか、結びつくとすればどこか、と討究する内容であった。五来重の「葬制墓制と常民信仰――その由来と意味」や佐々木宏幹の「宗門の建前と現実――御利益信仰・葬送・鎮魂」と題した講演も行なわれた。

　翌、昭和五二年（一九七七）の三月八日〜九日に行なわれた関東地区地方集会・第四回教養セミナーは、「問われる宗教者像――新しい教化論を探る」と題し、千葉県鋸南町の存林寺で行なわれた。密教界の鬼才ともいわれた金岡秀友が「現代社会と教化者の使命――聖と俗の間」というテーマで現代社会に生きる青年宗教者の意義を語り、杉山二郎が、「関東に生きた宗教者たち――絵巻物に見る宗教者の群像」と題する講演で、現存する様々な絵巻物の中に散在する宗教者像を歴史の中から探り、過去と現代から宗教者とは何かを問いかける試みであった。

こうして、各地で開催された巡回教養セミナーは、草創時の勢いも駆って大きな成果をあげていった。何といっても、歴史に現在を学ぶ上で、〈大衆教化〉というテーマに沿って地域の先人を取り上げたことが斬新であった。そして役員と連携しながらも各地域の青年宗侶の主体的な運営でもあったことが当事者意識を高め、会員の意識の昂揚と交流と連帯の場となり、組織の拡大と活性化につながっていった。中には、これを契機として新しい青年会が誕生するほどに盛り上がったケースもあった。それは、岩手で行なわれた東北地方集会と第三回巡回教養セミナーである。

この回は、過去二回のセミナーの流れを汲んだ上で、どのように東北らしさをあらわすか、内容について苦心し、さらに山と谷に囲まれた巨刹にどれほど集まるか心配された。が、予想を上回る一二〇名を超える会員が参集し、二日目も一人も欠けることなく、全員が出席した。

「従来の宗門における会合だと、開会式当日だけは盛況でも翌日はその半分以下というのが珍しくないのに……」

と、実行委員長の天野宏雄も本部役員も東北の宗侶の情熱と誠意に感銘を受けていた。そして、最後のまとめの集会では、予定外の出来事が起きた。

「東北六県に曹洞宗青年会連絡協議会を設置すべきではないでしょうか」

と、一人の参加者の発言に、たちまち賛同の拍手と意見が相次ぎ、満場一致でその日のうちに結成設置の運びとなってしまったのである。地元、宮城県仙台出身である門脇允元会長は、熱のこもった地元会員の姿に驚き、予想だにしなかった展開に相好を崩していた。当日、軽妙な司会で会場を沸かせた長野県の宮入宗乗も、かつて曹洞宗三本山の一つといわれた山合いの地方僧堂、〝奥の正法寺〟に一二〇余名が結集できたことに、宗門の未来に光明を見た、と格別の感慨を抱いていた。後日、その感動を「陸奥の炎を全国へ」という一文に託して『曹青通信』に寄せている。

私もその（全曹青の）一員として、この事業の目差す真意を何とか自分の、宗教者としてまずもってかさねばならない〝努力〟の中心として、近畿、東海、東北の三回の地方集会及び巡回セミナーに参加した。その回を重ねる度にわれわれ参加者の期待は十分に満たされてきたのである。………今回のセミナーに佐々木宏幹、五来重両先生を迎え、熱のこもった、しかも私達が従来ともすれば見失ないがちな視点から講義をすすめられた両講師に心からの感謝の意を表したい。遠いみちのくにおいて宗団や檀家制度の中にあって寺院護持を行なって来たわれわれの先輩諸師が、その良し悪しを問わず、また他に比類のない位その土地に根強く伝承されて来た土着の葬送儀礼と、道元禅師以来の教理・宗風をたくみにかみ合わせて今日に伝えてきた足跡をあらためて大衆教化の一つの真のあり様をみる思いで注目することが出来た。そして講演を通じてこの問題の解決の方向が示されたような気さえする。

――『曹青通信』第四号・昭和五二年二月刊より［（　）内は引用者］

「オリエント茶会」がもたらした明暗

ただし、曹青のこのような展開に批判の声がないわけではなかった。当時、總持寺祖院単頭であった板橋興宗は千葉で行なわれた関東地方集会と第四回巡回教養セミナーに参加していた。その上で、『曹青通信』に手厳しい言葉を寄せている。

坐禅こそが御開山以来の正脈であるから、この正脈にまともに取組み真剣に生きようとする青年会であってこそ、宗門の正統として大きな意義ある発展をみるであろう。時代や大衆に迎合して目先の変ったお茶をにごした運動だけに終っては、青年会の将来は予測がついてしまう。坐禅の大衆化を核とした運動に焦点をしぼって一途に努力をしてもらいたい。

過日總持寺より派遣されて全曹青関東地区集会に参加し、若い諸大徳の良識に満ちたもり上がりに接し非常に感激し頼もしく思った。その讃美の辞は知っているが敢て「坐禅に取り組め」と最もきびしい策励を以って諸大徳の覚悟を問う次第である。

――『曹青通信』第五号・昭和五二年六月刊より

曹青の運動は時代や大衆への迎合、目先の変わったお茶をにごした運動になっていないかとの指摘には、禅僧の一喝とはかくなるものかと感じ入ってしまう。有馬や全曹青の当事者からすれば忸怩(じくじ)たる思いであったに違いない。大衆教化や巡回教養セミナーの意味をもっと強くアピールせねば、と強く思い知らされる言葉でもあったのではないだろうか。そして、そののち、「シルクロードにむすぶ茶と禅のつどい」という企画の実施に至って、なおその思いを強くするところとなった。

別称、「オリエント茶会」とも呼ばれたじつにユニークなこの企画は、次年度・昭和五二年度全曹青の目玉事業として行なわれたものである。

昭和五二年（一九七七）の五月二〇日、全曹青の昭和五二年度総会が開かれ、役員の任期満了に伴い、新役員が選出された。設立以来の役員に代わって、二代目会長として石附周行、副会長には有延美明と佐藤泰惇、事務局長には松倉紘洋がそれぞれ選出された。そして、この年度は、従来の「大衆教化の接点を求めて」というメインテーマを承けて、さらに「お寺をコミュニティの場に」という活動方針を新設。その具体論として、新教化事業の開発をめざして、「シルクロードにむすぶ茶と禅のつどい」を開催することに決定した。これは、禅の文化面をとりあげて大衆との接点を求めようとする試みで、うまくいけば方々で実施することも念頭においていた。直接一般大衆に語りかける全曹青独自の企画として、並々ならぬ意気込みであった。日本茶道学会の絶大な協力を得て、運営は理事と評議員が中心となって行なうことになった。有馬も総務の役割で参加していた。というより、この企画自体が有馬のアイディアや采配によるところが大きかった。これを実施するにあたり、有馬は徳山で二回ほど実験して茶の関係者の環境をリサーチもしていた。そして、茶器の選定から茶室のしつらえまで心を配っていた。

六月一九日と二〇日、会場であった東京・芝の東京グランドホテルは人並みで溢れかえり、当初の心配をよそに、初日の入場者数は八〇〇人を数えた。微笑庵席、立札席とも、待合いに人垣ができていた。ことに、大会議場での「禅と茶のこころ」と題した松原泰道の講演時には、用意の座席が不足して、立席聴講者で溢れるほどだった。松原は、当時ベストセラー『般若心経入門』でよく知られていた臨済宗の僧侶であるが、その人気のほどがうかがわれた。参加者は、茶道関係者が大半で、同時に展示公開されていたペルシア古美術品、萩焼、墨跡などを興味深く見てまわっていた。貴重な体験として話題となったのは、茶席の道具に、杉山二郎秘蔵のペルシア陶器が用いられたことであった。

「ただ、ペルシア陶器をガラスケース越しに鑑賞するのも一つの道だが、実際に、手にとり、口をつけ、現代の中に古い陶器をもちこんで、新しい美意識の確立につながれば幸い」と、快く貸してくれたのだった。手にする参加者は、おっかなびっくりの様子であった。

茶碗にはコバルトブルーの花紋の入った碗を用い、建水（けんすい）、茶入、茶杓（ちゃしゃく）、花生けなど、それぞれBC五世紀頃からAD一一～一二世紀に至るペルシアの古陶を使った。取り合わせには苦労したが、ペルシアのものばかりを取り揃えることとした。茶室のしつらえは思い切りエキゾチックにして、シルクロードのオアシスで一服という感じが出るようにしてみた。

そして、二日間にわたって、杉山は、「利休以前と利休以後」と題して講演した。東洋文化の源流であるオリエントからシルクロードを経て日本に招来された薬としての茶。それがいかにして日常生活の中に浸透し、〝道〟にまで大成されたか。そして東洋文化の精華である〝禅〟といかに関わり合ったか。茶道関係者がメモをとるのも忘れるほどの熱弁であった。

この場には、全国の曹青の代表者が同席していたが、この盛況を目の当たりにして、京都でも同様の集いを実施しよう、といちはやく決断したのが近畿曹洞宗青年会であった。そして、その年の一一月一五日と一六日、京都国際ホテルを会場に「シルクロードに結ぶ茶と禅の集い」を開催することになった。

東京会場との一番の違いは、裏千家淡交会青年部との協力関係を結んだことである。茶事一切のことは同青年部が担当した。京都は茶道の本場であるため、同種の茶会は珍しいことではない。それゆえ、どのように特色を出すかに苦心したが、その甲斐あって、講師として、三笠宮殿下、千宗室家元、杉山二郎という豪華な顔ぶれを招くことができた。参加者の一人からは、「これだけの講演を一度に聞けるとは」と、感激の声が聞けるほどに格調の高い内容であった。

当日の盛況ぶりは、東京会場をはるかに上回った。約千人を数える参加者を、茶席や展示会場に振り分けるのに事務局員は大わらわ、京都新聞の後援や事前に記者会見してアピールしたことの影響があらわれていた。ただ、実行委員会が一番苦労したのは、この集いの開催意義を近畿曹青会員に理解してもらって、本当に実現可能かという不安感を取り除くことであった。近畿曹青の幹部はその説得に忙殺されたという。

たしかに、大胆で奇抜な企画だけに、曹青運動がなぜ「オリエント茶会」なのか、その意義についてなかなか理解しえない向きがあったとしても無理からぬことに思われる。事実、そののち、『曹青通信』編集部自体が、「(京都会場は)企画として成功したものの、東京会場同様、文化活動と宗教活動の接点をいかに求めるかという問題は、大きく前面に打ち出され、今後の課題となろう」と、論評している。

このような試みに対して、全曹青内外から疑問や誤解が噴出し始めていたようである。当時の全曹青会長、石附会長は苛立ちを隠さず、次のように危機感を吐露している。

本年度当初から新しい試みと可能性を模索しながら、いくつかの事業がなされてきたが、ともすると閉鎖的な宗門の評価は「文化とお茶でにごすツアー」との酷評を承けるのである。しかもそれが、会の維持持続に支障をきたすところまで至ると重大である。

——『曹青通信』第七号・昭和五三年三月刊より

こうした状況にもっとも業を煮やしていたのは有馬自身かもしれない。有馬は、「大衆教化の接点を求めて　オリエント茶会の意味と展望」と題した文を『曹青通信』に寄せて、連載全四回にわたって諄々（じゅんじゅん）とこの企画の意義の説得を試みている。とくに第二回目では、憚（はばか）ることなく次のように憤懣（ふんまん）をぶちまけている。

東京と京都で試みたオリエント茶会は従来の寺檀関係のわくを越えた所に教化の場と新しい対機を求め新しい大衆教化の接点を模索しようとする所にその企画とする意図があったのである。

しかし、紀元前五世紀ごろから紀元ごろまで、ペルシャを中心にした西アジア、オリエントのことを古陶を茶室に持ち込み、それを茶の湯の世界に使いこなしてという大胆な冒険的な試みであっただけに、もの珍しさばかりが強調して受け取られ、ある宗教新聞にもしるされていたように全曹青は、事業を行なうことに終始しているとか、茶会でお茶を濁しているとかキタク思想的な受け取り方をされ意図を理解してくれない人があったのは残念なことであった。

これを実施するに当たり、企画するものの責任として、事前に二回山口県徳山市で実験をし、茶の関係者等の環境を調査した上での試みであったのであるが宗門内部の人達が—それらの人に限って茶禅一味など法話をするに違いないのだが—こういったことに冷やかなのは一体どういうことなのであろうか。

——『曹青通信』第九号・昭和五三年九月刊より

そして、「オリエント茶会」でめざしたものの説明に取りかかるのだが、それにあたっては、茶の文化史についてまさに綺羅星のごとき蘊蓄を縷々披瀝していく。

禅僧栄西によって日本にもたらされた茶は、まず禅院における茶礼として用いられるのだが、室町時代になると、広く普及し、公卿（くぎょう）、武士はもちろんのこと、大衆庶民も愛飲するようになる。そこで、有馬は、「庶民の茶を考える時、鎌倉時代、南都仏教の再興を志し、貧民救済に活躍した西大寺の叡尊、興正菩薩のことを見逃すことはできない」と、まず叡尊の茶振る舞いがめざしたものに着目する。

叡尊は、西大寺を拠点に、源平の戦乱や政治体制の変動の中で疲弊した奈良の困窮した民を救済しようと、社会福祉事業をおこしたり、施食会（せじきえ）を行なったり、大衆に茶振る舞いを行なった僧である。その流れが西大寺に「大茶盛（おおちゃもり）」という行事として今も伝承されている。径が一尺五寸（約四五センチ）はある大きな茶碗に抹茶をたて、大勢の人に茶碗を回しながら茶を振る舞う。女性などは一人でもちきれず、両脇の人に支えてもらいながらの朗らかな楽しい茶会である。

この叡尊のように、茶会のもつ社交性を生かして、〈一味和合〉〈一味同心〉の精神的、宗教的コミュニティづくりを試みた人がいたこと、茶に教化の場を見出した人がいたことを指摘し、有馬は次のように述べる。

伝統の茶道は茶人に任せ、禅と茶とのかかわりの中に生まれた北山や岩キ山の文化は○○（ママ）に任せ、洞門（曹洞宗）の茶は、叡尊のような大衆と共に生きるコミュニティの中でこそ考えられるのではあるまいか。これがオリエント茶会で考えてみたかったことの一つである。

——『曹青通信』第九号・昭和五二年九月刊より［（　）内、引用者］

さらに有馬の力説はつづく。村田珠光(むらたじゅこう)から千利休にいたる「わび茶」が生まれた背景や「市中の山居」など、茶の文化史の白眉について説明したあと、かつての茶人が、ルソンの壺や朝鮮のクッパを食べるための碗を茶に使いこなすなど、型破りの冒険をしたように、「もし、彼らがペルシア陶器を手にしていたらどんな使い方をしたか試みてみたかった」とも述べている。

有馬がどれほど茶をこよなく愛していたか、それは末期の病床にもいくつか茶道具を持ち込んで嗜(たしな)んでいたことからもうかがえる。それにしても、この文中、目眩(めくるめ)くように繰り出される茶の歴史や文化の蘊蓄に圧倒される。こと門外漢にとっては文脈を追従しかねて途中で息切れしてしまうかもしれない。その熱情と造詣の深さにはシャッポを脱ぐが、益々「オリエント茶会」の意義をはかりかねた向きも少なくなかったのではあるまいか。今更ながらではあるが気掛かりになってくる。

よほど大胆でユニークであったため、とくに保守的な考えの宗侶からは、逸脱ではないか、飛躍ではないか、あるいは邪道ではないかとさえ判じられた。

たしかに禅にとって芸術や文化は不要であるという見方もある。只管打坐（しかんたざ）——ただひたすらに坐禅に打ち込め——を標榜する曹洞禅からすればなおのことかもしれない。けれど、有馬はそうは考えなかった。禅者、宗教者は文化に創造的役割を果たす者でなければならない、時代の文化に影響力をもたなくなった宗教はほろびる、と次のように力説している。それゆえ、この企画の実施は、有馬にとっては宗門の体質への対決という意味をもっていたといえる。結びの一節にそれが表れている。

私たち宗教者は茶人ではない。茶の湯の達人になろうとも思わない。しかし、ロドリーゲスが『日本教会史』の中でいっているような「数奇（すき）の和尚」にならねばならないと思う。数寄の和尚とは、茶人たちに数奇、侘（わ）びの精神を教え、活力と美意識を注入した指導者をいう。かつて禅者は、決して芸術家ではなかったが、芸術家や文化人以上に芸術文化を理解し、指導者としての役割を担っていた。今、私たちは、現代の日本の文化にどんな創造的役割を示しているのだろうか。禅の文化は、未来に向かって何を提言しているであろうか。

〈正法眼蔵〉随聞記（ずいもんき）の言葉を引用するまでもなく、正伝の仏法にとって「文筆詩歌等その詮なきもの」で、禅にとって芸術文化は無用という議論があるかも知れない。しかし、文化を持たない宗教は未だ地上に存在したことがないということも事実である。たとえば日本における仏教美術史を考えてみるとよい。仏教が秀れた文化をもたない時代は必ずといってよい程、仏教が生命力を枯渇している時なのである。

宗教が時代の文化に影響力を持たなくなった時、その宗教はやがて崩壊する。大衆はこれを嗅ぎ分ける恐るべき嗅覚を持っていることを肝に銘じておいてよい。

私たちは、たまたまオリエント茶会を中心に拙い試みをしてみた。これが花を開くかどうかは、私たちが今後何をどう考え、どんな道を歩むかによって決まるのであろう。

――『曹青通信』第一一号・昭和五四年三月刊より［（ ）内、引用者］

有馬と杉山の友情

さて、気がついてみれば有馬は四〇歳を過ぎていた。全曹青の年齢範囲を超えて、否応なしに活動の一線を離れざるをえなかった。

それにしても、有馬―杉山コンビが全曹青発足期において果たした大きな役割、大きな牽引力は誰もが疑いを得ないところであろう。「禅の文化をきく会」での付き合い以来、杉山を担ぎ出した有馬。どれほど杉山に心を寄せ、信頼していたかがうかがえる。それは杉山においても同様であった。杉山自身も並々ならぬ思い入れをもって有馬や全曹青の運動に関わっていた。おそらく、血気盛んな青年宗侶たちと共に新しい宗教運動を模索することに、一時代を画する興奮と喜びを感じていたのではないかと思われる。

後年、有馬亡き後、杉山に会う機会があったが、全曹青草創期への思い入れのほどがいかばかりであったかを思い知らされる忘れ難い出会いであった。その逸事を紹介したい。

有馬が亡くなってから二年後のことであった。有馬の『遺稿集』をまとめるにあたり、有馬の往時のことを知りたくて、杉山二郎を訪ねることを思った。有馬と懇意であったことをすでに「禅の文化をきく会」の事務局員だった石田清子から聞いていたからである。

もうそろそろ梅雨に入る季節、約束を取り付けて東京・神谷町にある仏教学大学院大学に向かった。そのころ、杉山は同大学の教授として奉職していた。地下鉄神谷町の駅を降りて、やや勾配の急な坂をホテルオークラの方に向かってしばらく上ると、閑静な住宅地の奥まったところに風格のある門構えが見える。そこをもう少し上ると、同大学である。狭い敷地にひっそりとした小振りな佇まいであるが、どことなく少数精鋭の最高学府の威厳を漂わせている。

研究室に通されて初めての対面である。丁重にこちらの趣旨を告げた。すると、

「実は会うつもりはなかったんだけど。この際、一言きちんと言っておくのもいいかなと思って来ていただいたんです」

と、予想だにしなかった言葉が返ってきた。

話をうかがうと、有馬亡きあとに催したSVA主催の有馬実成師の「追悼式」、および、「有馬実成師を偲ぶ会」のありように憤慨の様子なのであった。

「あの日、私は関西から帰って出席したけど、全曹青創立当時のメンバーはいないし、そのころのこ

とは何も出てこなかった。そのことにはまったく驚いた」

と語った。なぜ驚いたのか、訊ねると、

「有馬実成のことを追悼し偲ぶのであれば、彼の成り立ちというもの、前半生というものを何らかの形で検証しなければ……。彼の前半生なくして、彼の後半生というもの、ＳＶＡの活動もなかった。前半生のとくに全曹青運動の活動なくして、そののちの彼はありえない。しかし、あの時、それは一つもなかった。少なくとも宗教者としての有馬を追うのだったら、ああいうやり方をしてはいけない。不見識だと思う」

と、語気を強めた。そして、

「彼の本当のありようを、あの場に来ているボランティアたちがどれだけ理解できているのかと思うと、実に腹が立った」

と憤懣やるかたない様子であった。

まったく思わぬ展開に狼狽した。けれど、不思議にたけだけしい思いは湧いてこなかった。むしろ、これで引き下がるものか、という思いと、ここから何かが始まるかもしれないという予感のようなものを感じていた。それにしても、当時の有馬についてこれほどまでに思い入れをしている人がいることを知って、心底驚き、感嘆した。

とはいえ、たとえ誰にどう言われようと、ＳＶＡの追悼式であるからにはＳＶＡにゆかりのある人が登場してＳＶＡにおける有馬のことしか語らないのは別に驚くにあたらない。でも、ＳＶＡ以前の有馬をよく知らない私たちであることに違いはない。前半生の頃からＳＶＡの時代まで一貫して有馬を知っている人がいるかとなると、それも思い当たらない。たしかに杉山が指摘するように、当時の有馬について探究することなく有馬の実像に近づけないのかもしれないと思った。そのような気持ちを率直に杉山に伝えた。

その後、未熟で不十分ながらも、今こうして有馬の前半生を辿らせていただき、少なくとも、あの時よりは杉山の心情がわかるような気がしている。

「あなた、時間は大丈夫？」「……それなら、下で一杯やりましょう」と、帰宅の道すがらご相伴に預かることになった。研究室でのやや興奮したやりとりのあと、杉山は有馬に対する思いを縷々話し始め、気がつくと時計はとっくに五時を回っていた。

神谷町までの坂道、降り始めた雨に傘を広げ、ご一緒させていただき、とある居酒屋ののれんをくぐった。おでんを肴にビールで喉をうるおしながら、なおも、話は途切れることはなかった。

有馬が瑩山（けいざん）禅師（曹洞宗総持寺のご開山）についてもずいぶん勉強していたこと。日本仏教史を見直す上で、江戸期の仏教を見直すことの大切さ。落語の世界に禅仏教が影響を及ぼしていたこと等々。打てば響くとはこのことであると思った。有馬ともこのようにして、いや、これにも増して肝胆相照らす出会いを重ねていたのかと思うと、羨ましくも思った。

これほどまで全曹青に熱を注いでいた杉山が、当時、有馬や青年宗侶たちにどのような話をし、どのような視点を大切にしていたのか。草創期の『曹青通信』を通して多少なりとうかがうことができる。奈良の東大寺で行なわれた記念すべき第一回巡回教養セミナーでの講義、「南都の庶民信仰――重源と叡尊」が第三号から連載で掲載されている。その講義で、たとえば杉山は次のような話をしている。

お金を沢山くれるから、ないしは、お前達、働けと言われたからといって、ああいうもの（奈良東大寺の大仏）ができたとは思えない。どうしても技術者として、大工として、造らなきゃならないんだという気持ちをもたないということだ。そういう意味で、古代の人なんてものは、よく一部の人がいうように、働かされて、奴隷のように、下級の大工だとか、工人たちが職工さんが、働かされていたとは、こういう問題一つを見ても思えない。いいものを、ある時期には造ろうという気持ちが変わっていく、きれいな心でなければできませんね、ということを（その先生は）はっきりいわれたんですね。――『曹青通信』第四号・昭和五二年二月刊より［（　）内、引用者］

これは、三〇年以上前、「わが輩は、日本人」というテレビ番組の企画に杉山が関わった時のことを紹介している話である。大仏の蓮弁の二〇分の一のものを、古い形式の中で鋳造してみるという実験を番組で行なうことになり、芸大の鍛金、ないし鋳造という学科の先生方や学生によって試みたという。しかし、とうとう新しい技術を導入してはできなかった。その時携わった一人の先生のことばを杉山が紹介しているくだりである。

大仏というあのような形の大きなものを、もっと幼稚な技術と道具で造ってしまった。とても現代人のわれわれにはありえない。そうさせた要因の一つは〈心〉ではないかと専門家の先生が語ったことに杉山は感銘を受け、その点への注目を促している。

また、人間のあらゆる闇をも包摂するところに仏教の可能性を見出し、時代の枠組みを超えた普遍的な価値の在処を求めようとする。

……人間の悪どさというものを皆さんは軽蔑はなさるまいと思う。仏のみ心というものは、それらを包摂するものだと思います。

皆さんが一般庶民的な感覚乃至きわめてヒステリックな感覚で、これを指弾なさるとすれば、私はこの辺で申し上げておきたいんですけれども、これは仏につかえる身としては、そうあってはならない……

……今の法制史中で、あるいは社会の決めたルールの中で逸脱していることを罪人であるとすればまさしく罪人です。けれど常に決められた法制なんていうものは人間が、ある時期に実に都合のいい社会の中におけるルールにしかすぎないという場合が非常に多い。我々のように歴史といっても旧石器時代から、今日までといいますと、五十年とか三十年なんていうのは年代のうちに入らない、そういう年輪をへて消えてしまうものは、なんの意味もない。本当の意味は別のところにありはしないか。この一つの問題が実は重源、叡尊という人の中にはある。

——『曹青通信』第五号・昭和五二年六月刊より

ほんの一部に過ぎないが、ここに貫かれているのは、歴史は表から見ているだけではわからないというまなざし。あらゆる差別や偏見から自由になって、人間の尊厳から発想しようという姿勢といえる。

それは社会的に弱い立場の人間に対する愛情にもつながっている。間違いなく有馬の中にも脈打っていた息吹でもある。

さて、居酒屋での語らいのことであるが、あれから小一時間たったであろうか。

「じゃ行きましょう」

と、杉山に促されて立ち上がった。そして、店を出ると、

「じゃ、失敬します」

と、かぶっていたソフト帽を少し持ちあげると、杉山はスタスタと駅の方に歩いていった——。見送りながら、しばらく清々しい思いに浸っていた。さきほどの波立つ思いはすっかり静まって清新な興奮が湧いてくるようであった。一期一会(いちごいちえ)とはかくなる真剣勝負！——と、人との出会い方の稽古をつけていただいたようにも思えた。ちなみにこれ以来、何度かお会いする機会に恵まれている。

全曹青運動とそれに賭けた有馬の思い。そこに教団・宗派の論理を超えた新しい仏教運動の可能性と有馬の熱き志を感じていたからこそ、杉山はその時期へのまなざしを欠いた追悼というものを承認し難かったのかもしれない。

「ボランティアというのは嫌いだね。菩薩でいいじゃないですか」

と、あの日、杉山が語ったもう一つの言葉を思い起こす。あのとき、「同感です」と私は答えたはずである。本当にそう思っている。この時代にふさわしい菩薩の一つの表現形態としてボランティアやＮＧＯという形があるのではないかと思っている。有馬もそのように考えていた。

でも、杉山は、有馬にあのまま全曹青のような宗教運動を発展させてほしかったのではないだろうか。そののち有馬からＳＶＡを立ち上げたいと相談を受けた時、「ボランティアとなると、文化などはどこかへ行ってしまう。組織などはやがて一人歩きをしてしまう。大変だよ」と杉山は語ったという。それに対して有馬は、「石にかじりついてもやります」と応えたという。

「そのとき、これからお互いに食い違って行くのかなあと思った。でも、彼は途中で放り投げることなく貫いたからね」

と、杉山はしみじみと語った。

二人はその後も交誼（こうぎ）を続け、終生、信頼し合う朋友であり続けるのだが、その時期から別の道を歩き始めたのである。

全曹青の活動は現在も続いている――。組織形態のありようなど、紆余曲折を辿りながらも、阪神・淡路大震災以来、災害が発生したときには、全国各地からボランティアとして被災地に駆けつけ救援活動にも取り組んでいる。だが、はたしてあの草創期の強力なエネルギーに及ぶであろうか。

こうして、自坊を立て直し、「禅の集い」を手掛けたあと、有馬は「禅の文化をきく会」を立ち上げ、その一方で、在日朝鮮・韓国人の遺骨返還運動に取り組み、そして全曹青の発足に参画していった。ほぼ、同時期に進行していたことである。

民衆と共に歩む宗教の探究――有馬の前半期ともいえる軌跡である。

第三章

飛翔

——国際NGOへの挑戦

カオイダン難民キャンプの子どもたちと（1985年）

カンボジア難民キャンプでの活動――ＪＳＲＣの発足へ

――まるで、絵巻物の餓鬼草紙だ。

一九七九年（昭和五四）一二月、タイのサケオにあったカンボジア難民キャンプに初めて足を踏み入れたとき、調査団の誰かが思わずこう洩らした。その中に有馬もいた。

歴史に「もし」はありえないといわれるが、インドシナ難民が発生しなければ、有馬は山口の一僧侶として生涯を終えていたのかも知れない。この難民問題は歴史的な事件であったと同時に、有馬にはその人生を大きく変える事件となった。活動家としての新たな飛躍のときであり、新たな苦闘の始まりでもあった。

一九七九年、ポル・ポト政権の崩壊とともにタイに逃れた夥しいカンボジア難民の惨状は世界に大きな衝撃を与えた。飢餓に喘ぎ死線をさまよう難民たちの姿がテレビの画面に映し出されるたびに、難民救援への関心が高まっていた。

そのような世論のなか、曹洞宗においても、様々な審議会や会議の席でも話題になり、救援活動の可能性が検討された。

そして、タイに流れ込む難民の数が一万五〇〇〇人におよぶという報に接し、同じアジアの仏教徒に対して日本の仏教徒が傍観することは許されないという気運が高まり、一九七九年一二月七日、外務省カンボジア難民調査団団長として、タイの難民キャンプを視察して帰国したばかりの緒方貞子や、江口暢外務省アジア難民対策室室長を曹洞宗の総合特別審議会に招き、難民たちの実情について詳しい報告を受けた。「民間団体として、救援活動にぜひ協力を仰ぎたい」と、切々と訴えかける緒方の言葉は、曹洞宗の難民救援活動への道を大きく切り拓いた。

そして、一九七九年一二月、有志による第一次調査団二〇名を派遣することになった。団員は次の通り。そこに有馬の名前もあった。

吉岡棟一、安本利正、伊東豊饒、乙川良英、藤原正秀、留守哲山、細川祐保、村井禅祐、伍香浄天、吉田隆悦、佐藤俊明、佐藤泰惇、南　敬爾、金平祖隆、中野丈夫、稲垣顕正、谷　玉仙、井川悦道、有馬実成、小野崎秀通

団長はベトナム戦争当時から救援活動を行なって、カンボジア難民問題に深い憂慮を示していた吉岡棟一がつとめることになった。同時に曹洞宗宗務庁に難民救済対策室が設置され、曹洞宗内での救援態勢が整えられていった。

当時、難民救援はおろか海外でのボランティア活動に対する経験は皆無に等しく、すべて手探りで行なわなければならなかった。「とにかく現地に行ってみなければ」という思いで出掛けた調査であった。一二月二〇日、バンコクに向けて成田を出発。そして、翌二一日から関係諸機関と接触して情報を収集してはミーティングを繰り返し、対応策を検討した。

日本大使館では、難民の現状とインドシナ半島をめぐる国際情報の分析を、世界仏教徒連盟（ＷＦＢ）

支援物資に集まる難民（カオイダン難民キャンプ、1980年）

本部では、東南アジア情勢とタイ政府、タイ仏教界の考え方を、タイ日協会では、救済活動の具体的方法について、国連では国連自体の活動計画と必要とされている民間ボランティアの救援活動について、それぞれから意見を聴いた。同時に、タイ・トヨタなど、在留民間企業や報道関係者からの助言も得た。

さらに、總持寺留学僧が安居（一定期間外出を避け、修行に専念すること）し、曹洞宗と深い関わりのあるワット・パクナムを訪れ、協力関係を求めたいと打診したのだが、タイ仏教の性格、タイの国情からして、タイ寺院の社会活動には大きな制約があることを再認識し、日本仏教に課せられた使命の重大さを感じさせられた。

こうして、調査団の一行がサケオの難民キャンプに足を踏み入れた途端に発したのがまさに冒頭の言葉である。このような限界状況でも人間は生きられるのかと、一同、呆然自失してしまったのだ。

「開設以来、一カ月で六〇〇〇人が亡くなり、一晩で三二人亡くなったこともありました」と、サケオ難民キャンプのアナスタシャイン所長は告げた。

病棟には欧米の医療班が、疲労で眼の周りに隈を作りながらも、病との絶望的な闘いを続けていた。イスラエルから来たという医師が、「やっと日本人が来たね。タケダさんやトヨタさんはとっくに来ているよ」と言った。医療班の使う薬品はタケダなど日本の製薬会社のもの。キャンプを走る車もトヨタ、ニッサンという日本製。「物資は出すけれど、人間は出さない日本」と国際世論から批判を浴びていただけに、イスラエル人医師の皮肉は堪えたと有馬は振り返る。まさに、世界の現実を知り、日本の国際救援活動やNGOの未熟さの実態を嫌というほど思い知らされたときであった。

用心して食事を与えないとショック死することもあるという。人肉を喰って生きながらえた人もいるという。国境の地雷原で足を切断した女性もいた。

「日本の戦後もひどかった。でもこれ程ではなかった。飢えて死んだ人はいなかった」と、有馬は言語を絶する惨状を嘆き、鎌倉時代の仏僧叡尊の事跡を引用しつつ、次のように『曹洞宗報』を通して仏教者としての難民救済をひろく宗侶に訴えた。

　『文殊師利般涅槃経』という経典がある。経典はこう説く。文殊はこの地上に現れる時は、貧窮孤独の衆生となって現われる。故に、文殊を礼拝せんと欲せば、慈悲心を起こし、貧窮孤独の衆生を礼拝供養せよと。

　鎌倉時代に生きた南都の興正菩薩、叡尊は、般若野に無遮の大会を開き、らい患者や源平の戦火によって生じた流民、そして差別された人々に施食を行なった。そして、大釜に湯を沸かし、これらの人々を入浴せしめた。叡尊は、彼と共に文殊信仰に生きる門弟や信者にこう言った。「今、生身の文殊さまが入浴されている。さあ、お前たちは、文殊菩薩の背中の垢を流してさし上げよ」と。

　我々は禅堂において文殊を本尊とする。今、我々の前にある貧窮孤独の衆生とは誰か。それは難民キャンプにあえぐ人々ではないのか。文殊は、今、我々に悲心を起せと、問いかけておられるのではないのか。難民問題で存在を問われているのは日本の仏教者のありようについてではなかろうか。

――『曹洞宗報』一九八〇年八月号付録より

これは、そののち、講演や執筆などにおいて、有馬が幾度となく紹介し、力説した一節である。有馬が拠って立っていた行動の原点と言っていい。ただ、これを単なる信条や信念として述べたのではない。有馬らはたしかに難民たちの中に文殊を見るような体験をしたのだと思われる。事実、そののち現地で活動したボランティアたちは、当時行なった座談会（『曹洞宗報』一九八〇年九月号）において、難民たちとの出会いについて次のように報告している。

出席者＝安本利正（曹洞宗東南アジア難民救済会議事務局長）／**松永然道**（同会議現地駐在事務局）／**倉科利行**（同会議現地駐在員）／**司会＝有馬実成**（同会議企画推進委員）　※肩書きは当時のもの

有馬　ある難民の人が「そこにあんた達が時々来てくれるだけでいいんだ」と、「そうすると、心が落ち着くし、そしてその事に依って、その日一日喧嘩が無いんだ」といいましたよ。それからキャンプの中で礼拝しまして、その時倉科君と一緒だったんですけれど、「我々はあなた方がワット（礼拝所）の中で礼拝して下さったことに対して供養しなければいけないが、供養したいけれど、する物がなんにもないんだ。しかしながら、こうして皆さんがここにいて礼拝をし、色々な語りかけをして下さった。そういうことの中でこれだけ多勢の人々とあなた方とがこんなに心が一つにつながったではありませんか」と、「そのことだけが我々にできる最大のご供養なんだ、これは受けとめて欲しい」という言い方をいたしまして、大変感動しました。

やはり、我々がそういう気持ちで入っていって、そして同じ仏教者として活動するということの意義は計り知れないものがあるだろうと思います。

松永　仏教にも「応供（おうぐ）」という言葉がありますけれども、供養を受けるというのは大変な事ですね。やはりそういうものを受けとるというところに、こちらがやはり僧侶であるという所に感応道交（かんのうどうこう）する所があるんじゃないかと思いましたね。やはりその辺に原点を持ってやっていかなければいけないんじゃないかと考えます。

安本　あの時は驚きましたね。あの電話で供養を受けたという話しを聞いたときには、これは食糧を与えるために行った連中が、食を授かったというんですから……。（笑）

有馬　本当に貧しい食糧事情の中でミルクを出して来たり、それから安本老師はそうめんの供養を受けられたそうですけれど、本当に何もない中から出してくるんですね。で、それを頂く時に今、松永さんがいわれたような「応供」という言葉の重さですね。我々はその供に応ずる底（てい）という事を簡単に言ってますけれど、如何に大変なことかですね。

松永　我々が本当に応供をしているかどうかという事ですね。受ける方もあげる方も中々難しいことだと思います。ですから難民の人達もやはり私達にそういうものを食べてくれと出す時に、やはり自分達の食べるものを少し分けてよこすわけですからね。それを私達がつい不衛生だろうとか、何とか言うことはやはり現実に日本の社会に住んでいる者の考え方、見方で、きれいとかきれいでないとかいう話は問題になりませんからね。

すべてを失ってどん底にいるはずの難民たちが日本から駆けつけた有馬たちになんと供養をしようとしている。弱き者、貧しき者、孤独な者にこそ輝ける信仰の光と言えるだろうか。その眩さにボランティアたちはみんな一様に衝撃を受けている。難民たちを支援するというより、むしろ、自分たちの在り方が問われていることに気づかされる体験であった。

ランソン少年との出会い——教育支援の決断

難民キャンプの中でもとりわけ悲惨であったのは子どもたち。それも孤児院の子どもたちが顕著であった。前述の倉科利行は、当時を思い起こして次のように語る。

「カンボジアやタイの僧侶と一緒に孤児院を廻って、子ども向けに仏教の説話、法話を話してあげたんですが、終わると、子どもたちが手を合わせお経を唱えていることに気づきました。そして、僕らが帰ろうとすると、どっと集まってきて私たちの肌に触るのです。親との接触を全く失っていたんですね。精神的に温かみがあると思う人たちに触れて、温かさを感じ取ろうとしていたのだと思います。そのとき涙が出てしかたがありませんでした」

キャンプの家は、一棟の家がいくつかに薄い壁で仕切られているだけで、プライバシーなどまったくない状況だった。さらに驚いたことに、夜になると列をなして道路に寝ていた。

有馬も同じような体験をしている。一九七九年一二月、初めてサケオ難民キャンプを訪れた時、すぐに子どもたちが駆け寄って来た。一人の子と手をつないで歩いていると、いつの間にか空いている反対の手を、別の子どもが遠慮しながら握っている。有馬になついていた一人の少年がいた。その出会いが有馬の決意を促すことになった。有馬は次のように回想している。

ある一人の少年に出会いました。名前をランソンと言います。一〇歳です。父は撲殺され、母親とは国境を逃げる途中ではぐれましたが、銃弾に当たって死んだのを目撃した人がいると言います。少年は早い時期に保護され収容されたため、健康の回復も早かったようですが、どういうわけか、私の後を付いて歩くのです。聞けば、殺された父親に私がよく似ていると言うのです。一緒に歩いていると、ランソンは遠慮がちにそっと私の手に触れてくるのです。その顔を見ると、下から見上げながらニコッと笑いかけてくるではないですか。その笑顔で私の心は救われました。難民の目に、難民の表情に、二度と微笑みは戻って来ないのではないかと思っていたのです。嬉しくなって彼の手をぎゅっと握ると、ランソンも力一杯握り返してきます。思わず少年の肩を抱き寄せたのですが、そのとき、私は思ったのです。

……絶望のどん底に喘(あえ)ぐ難民たちに、いまのランソン少年の見せてくれたような笑顔を取り戻してやることはできないものでしょうか。子どもは未来への希望の象徴なのです。もし子どもたちが、この難民キャンプで元気で遊び、元気な歌声を響かせるようになれば、大人たちも明るい表情を回復するに違いありません。今、ここで必要な援助は食料と医薬品なのです。けれども、それを調達する能力は私たちにはありません。人々が少しずつ健康を回復したときに必ず必要となってくる精神的な援助を行なえるように、私たちは今からそれに取りかかろうと、そう思ったのです。

――「SVAと難民と私と――ボランティア触媒論」（月刊『バンキャン・ポスト』一九八五年四月号、曹洞宗ボランティア会）より

教育支援に取り組むべく決意した時であった。

おそらく一〇数年の間、カンボジアにおいて学校教育は成り立っていなかったはずである。ポルポト政権下、真っ先に抹殺されたのが、僧侶と教育者であった。難民たちが再び帰って行った時に、いったいカンボジアはどうなるのか。この幼い子どもたちにカンボジアの文化を伝承するお手伝いをするのが、われわれのできることではないか――。難民支援の方向性が有馬の胸中で明らかになっていった。

それにしても、「父と似ている」と、クメールの少年が手を握ってきたとき、有馬は約三〇年前のことを思い出してはいなかっただろうか。出征前の父に連れられて墓参りし、父に手を繋いでもらったときのことである。ランソン少年はあの日の自分、今の自分はあの日の父ではないか、と。

唐突ではあるが、古いイタリア映画、『自転車泥棒』（一九四八年）が思い起こされる。

戦後のイタリア、不景気のさなか、失業中の男は一家を支えるため、やっとポスター貼りの仕事にありついた。けれども、ある日、せっせと仕事をしている最中、せっかく手に入れた自転車が盗まれてしまう。男は思い余って、他人の自転車を盗んでしまうが、たちまち捕まって袋叩きにあう。その一部始終を見ていた息子は父を助け、傷心の父の手を引いて家へ帰る。たしか、少年と父のしっかり繋いだ手が大写しになって幕になったと記憶する。その場面が今も心に焼き付いている。

父は子を支えるが、子も父を支える――。そこに、古今東西を越えた父と子の普遍的な絆の情景を見る思いがする。そっと有馬の手に触れたのは、ひょっとすると、ランソン少年というより、ランソン少年の姿で現れた文殊菩薩だったのかもしれない。

いささか蛇足になってしまった。

第一次調査団は、帰国後、早速、調査報告を提出した。緊急を要する援助は、食糧、医療、衛生環境の整備、そして、その次に教育的、精神的な援助活動である。けれども、物質的な援助活動は、民間の力をしては限界がある。教育支援活動をこそ宗門は最優先すべきであると謳(うた)っている。たしかに、食糧や医療は最重要なのだが、莫大な予算や専門的な技術や知識も必要とされる。救援活動が未経験の団体には荷が重すぎる。曹洞宗には日曜学校や教育活動をしている寺院が多いので、そうした協力を得ることによって可能ではないかとも考えた。また、最重要の事業はすでに欧米のＮＧＯが手がけているという事情もあった。

この調査団に参加したのち、有馬は「カンボジア難民救援活動計画」と題した独自の私案を宗門に提出しようとしている。その手書き文書の冒頭には、次のようにある。

曹洞宗は、タイにおける「カンボジア難民救援活動」に可能な限り早急に決断を下し、対策本部を設置し、具体的活動に入るべきである。

(a) 難民の悲惨さは調査団のまとめた報告書に示すとおり、宗教者として、ヒューマニズムの問題として看過できない。

(b) 日本の救援活動の立ち遅れは、国際世論の反撥を招き、それは国内的に仏教界への批判となっているが、吾が宗門が活動に入るならば、各界の注目は間違いない。

(c) 吾が宗は、すでに大衆教化教団への路線を方向づけてすでに久しいが、その実をあげるところまで立ち入っていない。それは、教化活動が寺檀関係の枠組みの中に終始し、社会の底辺の不特定多数の民衆、大衆に目が向けられていないこと、社会の要請を活動の中でキャッチし、対応できないでいることに起因する。

今回、難民問題に宗門が立ち向かうとすれば、たとえ若干の困難があろうとも、それを補って余りある貴重な経験を学び得るであろう。そして、少なくとも宗門人の意識に改革をもたらす力になることは間違いない。

(d) 今なら、海外や社会活動に経験の少ない吾が宗門でも充分活動の場がある。機を失し、雨期に入ってしまったり、或いは、他のグループが先に活動を開始すれば、宗門としての活動はかなり質的にも量的にも拘束を受けようし、困難な問題をかかえこむことになろう。

決断は迅速であらねばならない。

……………

有馬の苛立ちが手に取るようにわかる。この提案書が実際に提出されたのかどうか定かでないが、その意見を受け止めたかのように、翌年、一九八〇年（昭和五五）の一月一八日、難民救済運動推進のための発起人会が開催され、翌一九日には曹洞宗内局もオブザーバーとして加わり、三五名の出席のもと、正式に「曹洞宗東南アジア難民救済会議（ＪＳＲＣ）」が発足し、宗門あげての支援態勢がとられた。そして、教育分野の支援、それも車輌による移動図書館の活動を行なうことが決まった。

暑さと騒音との闘い――移動図書館活動の準備へ

一九八〇年三月、ボランティアを派遣し、バンコクのスアンプルーに事務所を借りて、移動図書館活動への準備が始まった。

まず車を購入、印刷機を持ち込み、そしてキャンプの子どもに必要と思われる本をかたっぱしから収集した。とくに色彩的にも美しい絵本で、しかも詩的な内容をもつ本。イソップ物語や、アンデルセン童話なども揃えた。こうして購入した本は約二〇〇種類。それを、カンボジアの僧侶にお願いしてクメール語（カンボジア語）へ翻訳してもらって印刷した。中にはクメール語の物語も一〇〇種類以上あった。

その他、国連から委託された事業も行なった。一九六〇年代にカンボジアで出版されたクメール語

カオイダン難民キャンプ（1980年）

の本を復刻印刷。一〇種類以上製作し、国連に約五〇〇〇冊収めた、現地での印刷が不可能なものについては、日本に持ち帰って印刷。完成したものはサケオやカオイダンの難民キャンプに届けられた。

それからもう一つ、日本で出版された絵本をカンボジア語に翻訳して日本から送るという事業も併行して行なった。これには、在日カンボジア人協会の方々のボランティアによる奉仕を得て翻訳し、タイに送って印刷した。タイ語の絵本をクメール語に翻訳する場合、タイとカンボジアの僧侶の方々に関わっていただき、多い時で、二〇人以上が集まってくれた。これらを、およそ二週間ぐらいの交代制で、日本からボランティアが駆けつけて作業した。猛暑と騒音の中での作業は想像を絶する辛い作業であった。

「ねじり鉢巻で上半身裸になって頑張りました。クーラー使ってやりましたけど、暑さのせいでインクが溶けてきたり、漏れたりして、しかも汗が流れて、せっかくできた本にポタポタ落ちてくるような状態でした。その上、車の騒音がすごいんです。外からの熱気と内からの熱気というすさまじい状態での仕事でした。想像を絶すると思います」と、倉科利行は語る。

一方、松永然道も辛かった作業の様子を次のように思い起こす。

「私は暑さに弱いんで、まずそれが参りましたね。昼間は頭がガンガン、しかし、口に出すわけにはいかないし、じっと我慢しながらラベル貼りをしたり。それから、車やオートバイの騒音で夜は眠れないんです。仕事がたくさんある上に、仕上げを急がなければならないし、食べ物も日本と違いますから。色々な条件の中で、辛い仕事でした。実際に現地に行ってやってみないとわからないと思います。ですから、あのころのボランティアの中には、せっかく救援活動に行っても、難民たちと触れ合うこともなく、そういう印刷ばかりをやっているというんで、不完全燃焼のまま、帰った人もいたと思います」

そのような、状況を見かねてのことであった。有馬はボランティアたちへのメッセージを一文にしてＪＳＲＣバンコク事務所に置いた。有馬は次のようにボランティアたちに檄（げき）を送っている。

………。諸兄よ。

一度、中断された文化と教育を回復するのに、どの位時間がかかるか考えたことがあるか。おそらく一年の寸断を回復するには十年はかかろう。五年の中断は五十年の回復期間を必要としよう。我々は五十年先のクメールの文化のために働いているのだ。さすれば、我々の仕事は実に驚くべき歴史の展開に参画する仕事だということになる。そのことに誇りを持つべきである。

サムロンの騒音など〝糞食らえ〟である。

難民キャンプの巡回、スタート

苦労が実って、いよいよ、一九八〇年七月から移動図書館活動が始まった。

図書棚を設置した特別仕様の移動図書館車に図書を積んで、難民キャンプの方々を巡回し、子どもたちに読書の機会を提供しようとするものだが、そればかりでなく、子どもたちの心が和み、元気になり、勉学への関心も向けるように と、絵本の読み聞かせ、スライドや映画などの上映、音楽活動、ゲ ーム、レクリエーション、そしてスポーツなど、様々な活動を取り入れて工夫した。

絵本に夢中の子どもたち

七月三〇日、まず、倉科らボランティアたちはサケオの近くの農村、バンキャン村の小学校で皮切りの活動を行なった。初めての試みなので、歌をうたい、読書をして、スライドを見せる、という三つの活動に絞ることにした。タイの学生アルバイトを雇って、一緒にバンドを組んで、慣れないタイ語ではあったがボランティアたちも一緒に歌うと大合唱となり、拍手喝采となった。今後も、現地の歌や遊びを取り入れていく形がいいという感触を得た時だった。それから、読書の時間になってインクの匂いも真新しい本を開くと、子どもたちは微動だにしないで食い入るように釘づけとなっている。その熱中のほどは日本の子どもたち以上であった。そして、夜にはスライド上映を行なった。中国の仏教の物語をタイ風にアレンジしたものと、タイの王様と仏教の関係を説明しているフィルムで正味二時間の内容であった。その時は大人も集まって来て、ざっと一〇〇〇人ぐらいの数になっていた。その間、咳払い一つしないで真剣に見入っていた。

難民キャンプの支援なのに、なぜタイの農村の小学校で、タイの子どもたちへの活動だったのかと、疑問に思われる向きもあるかもしれない。でも、それには理由があった。難民キャンプが立地している周辺農村のタイの人たちの生活も困窮を極めていたからである。農村の子どもたちに朝食に何を食べたかと聞くと、セミを二匹つかまえて食べたなどと答えが返ってくるような現実であった。

とりわけ難民キャンプのある国境周辺の地域には、救援活動のため大勢の人がやってきて、それが物価の上昇を促し、人々は生活苦に陥っていたのだ。その年（一九八〇年）の二月から五月にかけて、タイとカンボジアの国境の町、アランヤプラテートでは、物価が三倍にはねあがっていた。そのため、現地のタイ人からは、あなたがた外国人は不法入国者であるカンボジア人のためには働いて、なぜ我々のためには何もしてくれないのかという反感が生まれ、その鉾先がカンボジア難民に向けられてしまう懸念があった。タイ人を助けないとカンボジア人が攻撃されてしまうという現実もあったのだ。

そのようなわけで、ＪＳＲＣは、当初からタイ国自体への支援も計画の中に含めていた。このようなタイの農村での計画は現地の人々から大変喜ばれた。村長や教育関係者、タイ政府関係者に見せると、大歓迎、ともかく来てほしいという返事であった。

さて、翌日の七月三一日、ついに、ＪＳＲＣの移動図書館車はサケオの難民キャンプに入った。

車を停めて後部のドアを開き、閲覧用に改造した図書棚を引き出すと、早速子どもたちが集まってきた。初めて絵本を手にする子がほとんどなのだろう。広場があっという間に子どもで埋め尽くされた。手に取った図書をむさぼるように読んでいる。当時、キャンプを視察した無着成恭（むちゃくせいきょう）は「蚕（かいこ）が音を立てて食べているようだ」と表現した。内戦によって閉じ込められていた子どもたちの知的好奇心を刺激し

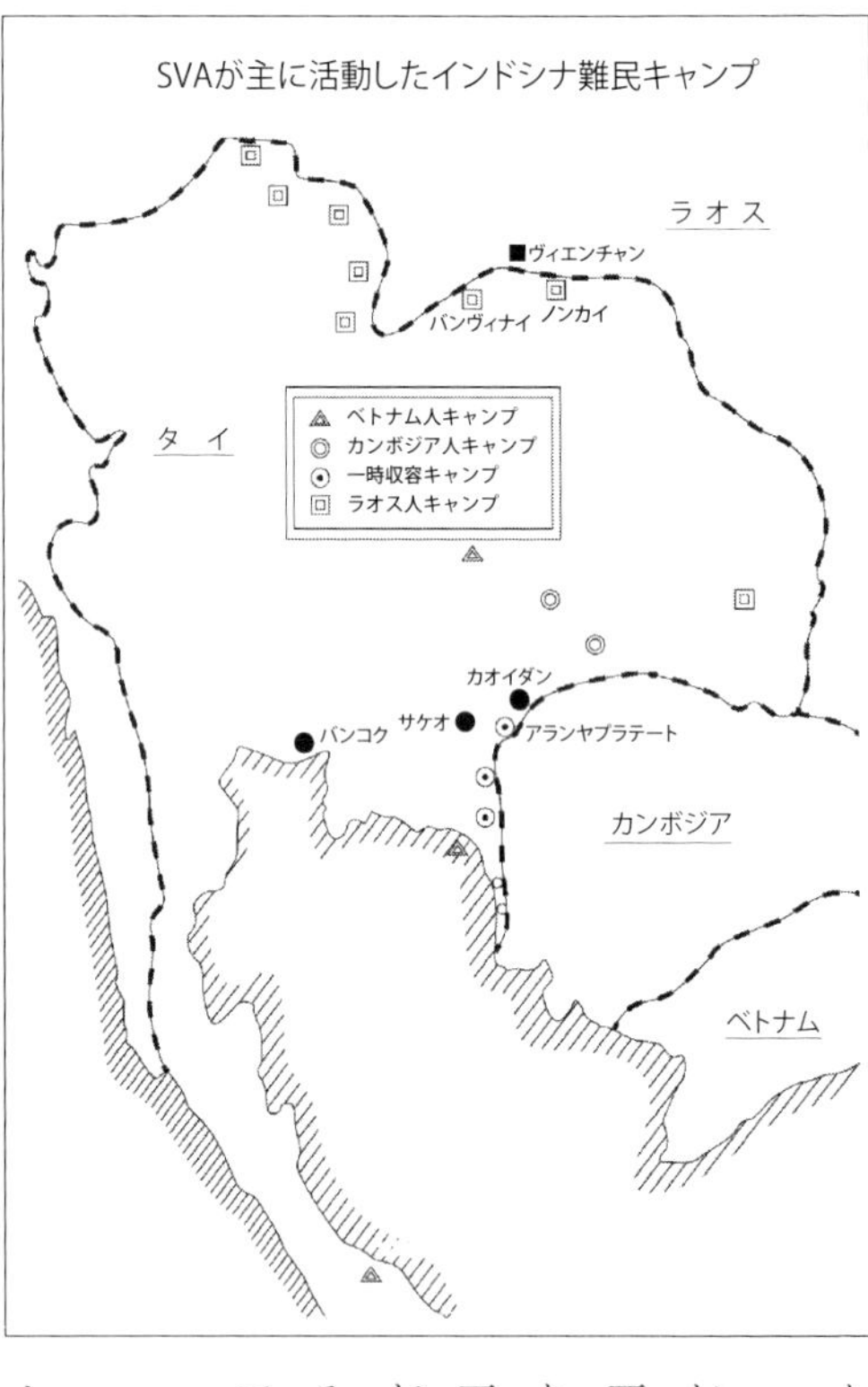

たのだと思われる。

車に駆け上がってくる大勢の子どもたちをボランティアたちが必死にとどめているうちに、たちまち時間が過ぎ去ってしまった。炎天下の活動であったが、難民の子どもたちとじかに接して活動できることに大きな充足感を抱いた時であった。

その後、移動図書館活動は、週一回のローテーションでサケオ、カオイダン、パナトニコムなどの難民キャンプや、キャンプ近くのタイ農村、そしてバンコク市内のスラム地区にまで広がっていった。とくに、難民キャンプでは、どこに行っても歓迎された。図書館のあるキャンプもあったが、英語やフランス語の図書しかなく、カンボジア語が主体の移動図書館は異色の存在だったのだ。この時期には、手品が得意なボランティアが参加したり、駒澤大学児童教育部のボランティアも参加し、ゲームや手遊びを行なうなど活動の幅も広がっていった。

「図書館活動などと、何を考えているのか」

今でこそ認知されてきたが、当時は難民救援といえば、食糧や医療の支援という印象が強く、「図書館活動などと、何を考えているのか」といわんばかりにマスコミに叩かれたこともある。面と向かって罵って帰って行く日本人ボランティアもいた。そして、宗門内にもそういう雰囲気は少なからずあったようである。また、逆に、新聞報道によって食糧事情も医療活動も好転したことが伝えられ、難民問題はヤマ場を越して片がついたのではないか、という意見もまことしやかに囁かれ、ボランティアたちは忸怩（じくじ）たる思いを噛みしめていた。

食糧が足りただけですむという問題ではない。難民たちは住む国土もなければ、文化もすべてを失っている。もし日本人が食糧だけ提供されて、そこに住めるかというと、とても、一日ももたないだろうと思われた。しかも、与えられている食糧が十分かというと、少なくともサケオのキャンプは決してそうではなかった。配給された〝めざし〟を食べずに取っておいて、干している家々も見受けられた。いい条件であれば米と交換しようと考えていたのだ。現地からの情報発信の不足を反省せざるを得なかった。

たしかに、一九七九年一二月に最初の調査団が入った時より、食糧、医療という面において好転していたのは事実であった。でも、それは死なないで済む状況になったに過ぎない。そして、衣、食、住が満たされれば、それでいいというものではない。人間としての生きがい、人間の尊厳というものをどのように確保するか。それが自分たちの行なっている教育支援活動であるという自負を有馬たちは抱いていた。キャンプの子どもたちの様子を観察するにつけ、ボランティアたちはひときわその思いを強くしていた。カオイダンのキャンプにおいて、昔、教育活動に従事していたカンボジアの人たちが四〇〇名ぐらい集まって、教育委員会のようなものを作り、キャンプ内の子どもたちを集めて学年組織を作ったという。その報告とデータを見せてもらって、ボランティアたちはショックを受けた。

約二万三〇〇〇人ぐらいの子どもたちの中で、第一学年に相当する学力しかない子どもがほとんどで、約二万一〇〇〇人であった。そして、二、三年生に相当するのが一二〇〇人、三、四年生に相当するのが約八〇〇人、それ以上が約六〇〇人であった。

こういう結果が表れたということは、おそらく、ほとんどの子どもたちは五、六年の間、戦闘から逃げることだけを考え、そして、逃げながら食糧を見つけ、生き延びるという、動物に近い生き方を余儀なくされたのではないかと有馬たちは推測した。

キャンプの子どもたちに絵を描いてもらって、それを見た途端、さらにショックを受けた。傷ついた子どもたちの内面を目の当たりにするようであった。有馬らはその時のことを次のように回想している。

安本 ショックでした。あの二月の末ですか、五百数十枚の絵を描いてもらい、それをキャンプから日本にもってきてあの絵を見た瞬間にですね、五、六歳の子供の絵と二、三歳の子供の絵を比較しても全然同じでちっとも発展がないという、ああいう結果がでてくる。これは結局放任された、ただ生きるためだけの生活の結果じゃないかと思います。

有馬 そしてあの絵を見て非常に驚いたのは、あの児童の絵っていうのはちょっと大人の感覚では解らない絵のように見えても絵の中に子供なりの物語があるんですね。

ところがカンボジア難民キャンプの子供達が描いた絵は、とにかく物語性がないんですよね。鳥がパァアといたと思えばそこに全然関係ない鉄砲がぽっとあったりして……。ただ目に映った光景、記憶に残った事象が絵に描かれているのですね。

安本　しかしその中にも、絵を整理しながら非常に感激したのは絵にならない絵、風景画にならない風景画なんです。魚が上にいっちゃったり、お日さまが下に描いてあったり、それらが関連なくポコポコあるんですよ。普通の常識からいったら逆をいってしまっている。まあ、めちゃくちゃな絵なんです。しかし、見ておりましてゴチャゴチャになりながらその中で一つのパターンがあります。それは花と鳥。これは平和のシンボルなんですが、必ず出てくるんですね。やっぱりここへ花と鳥を描いたのは、心の中では静かな安定した平和な世界をほしいという願いがそこに出てくる。太陽があるのは明るさを求めているといった、やはり深層心理的な面が出ておりました。

……（中略）

有馬　それにロープで首をつながれた何人ものカンボジア人が処刑場におもむいてゆくような絵がでてきたり、あるいは首をはねられた絵がでてきたりですから、願望を持ちながら深いところで傷ついた子供達の心理みたいなものがあの絵で感じられますね。

安本　ですから傷つけられた心の中は散漫でしょう。自分達の心をまとめるという力がおそらくないんじゃないですか。そこで総合的な基礎教育というものが必要になってくるんじゃないかと思います。

有馬　おそらく十数年の間、クメールのカンボジアの中では学校教育というのは行なわれておりませんでしょうし、ポルポト政権の中で一番最初に抹殺されたのが坊さんと教育者ですね。彼らがやがて帰っていった時にカンボジアの文化はどうなるのか。そのカンボジアの文化をそういう幼い子供達に伝承させていくお手伝いをするのが我々の出来る、わずかではあるが精一杯のところじゃないかと感じられますね。

――『曹洞宗報』一九八〇年九月号より

考えてみれば、こうした子どもたちの悲惨な現実は、当時のカンボジア難民にとどまるものではなく、あらゆる難民問題が発生する度に起きている現実である。とかく、より弱い立場の問題は見えにくいのである。

以前より、理解されるようになったとはいえ、二一世紀となった今もなお、難民支援においては衣食住や医療が大切であり、図書館活動などは優先度が低いと見られているふしがある。国連機関においてもそうである。たかが絵本や図書館活動、されど絵本や図書館活動。それによってどれほど子どもたちが活き活きするものなのか、目の当たりにした人なら必ずわかるはずである。それを体験した人々は世界の人々に伝えていく責務がある。

さて、話を戻そう。キャンプの状態が落ち着いてきて、緊急援助の段階がようやく終わったせいもあってか、移動図書館に対する他のＮＧＯや援助団体から関心も集まるようになってきたころ。カオイダン難民キャンプのある日のこと、移動図書館に使うために完成したばかりの絵本を持ち歩いていると、それを見た青年が「ワーッ」と言って建物の外へ飛び出して行った。しばらくすると、中年の女性と連れだって帰って来た。その女性はその本をひったくり、いまにも涙を流しそうに震えて立っている。青年に話を聞くと、その絵本の作者で、プノンペンで二〇冊ほど絵本を書いた有名な作家であった。ポル・ポト派がプノンペンを解放したとき、自分の本を一冊捨て、二冊捨て、そして一番大切にしていた本も捨ててしまって、殺される一歩手前でやっとの思いでカオイダン難民キャンプに入って来たらしい。喜ぶ婦人を見てボランティアたちも驚いたが、カンボジア語で書かれた本を出版することの意義が明らかになった瞬間であった。そして、この活動への確信を得たときだった。

転機を迎えたＪＳＲＣ

やがて、移動図書館の活動も軌道に乗り始め、手探りだったＪＳＲＣの活動も一つの転機を迎えた。長期ボランティアが定着し、展望を語れるようにもなった。

ブラジルやアメリカで曹洞宗の開教師を長く務め、海外経験の豊富な松永然道がバンコク事務所長として着任した。松永は、そののち、有馬とともにＳＶＡの活動を支え続けた人である。ＳＶＡの初代会長を務めた。松永は有馬との最初の出会いを次のように語る。

「社会の底辺を蠢(うごめ)く、ウジ虫に私と一緒になりませんか」と、私に向かって有馬さんは言うんです。びっくりしましたね。当時カンボジア難民の状況を何も知らない私にとって、かなりインパクトのある誘いの言葉でした。「それならやってやろうじゃないか」と、意気に感じる思いだったと思います。

難民キャンプでの活動は、難民に一番近く接しているボランティアたちの判断を尊重しようという雰囲気も生まれていた。ボランティアたちも、自分が素人であることを嫌というほど理解していた。カンボジア人と同じ視線で物事を考え、カンボジア難民の立場に立って行動しようという意識が芽生えていた。この姿勢が事業に対する姿勢となっていった。

一九八〇年の九月には、ＩＲＣ（International Rescue Comittee）というアメリカのＮＧＯから、「図書館を運営してみないか」という打診を受けた。移動図書館車の成功で、難民キャンプでもＪＳＲＣの知名度が高まり、教育支援団体として認知され始め、他のＮＧＯとの信頼関係ができつつあった。そこで、早速、その九月にサケオ難民キャンプに輪転機を持ち込んで図書印刷所を開設し、難民たちと一緒に印刷作業を開始した。翌月、一〇月には、サケオに初の常設図書館を開設。八一年三月には、カオイダンにも常設図書館が開設された。

けれども、師走が近くなったころ、有馬は頭を悩ませていた。というのも、曹洞宗当局がＪＳＲＣの活動停止の意向を固めていることを知ったからである。

せっかくここまできて、やめられるわけがない。今、撤退すれば、放棄になり、敗北になる。この活動は、宗門の意識変革のうえで大切であり、世界に向かって開かれる曹洞宗であるためには続けるべきである。いや、それ以上に、こうした活動が継続できないようでは、日本は世界から孤立してしまう——。恒久的な組織を作りたいという思いが強くなっていた。有馬はすでにこの時点で、次の受け皿をどう作るか、その時点まで何とかこの活動を引き延ばさなければと考えていた。

撤退か継続か

一九八〇年一二月、ＪＳＲＣの理事会が開催された。この場で撤退計画案が提案され、いよいよ、ＪＳＲＣの今後の方向性が決定される予定になっていた。

会長の吉岡棟一が座長として選出され、企画委員長の有馬が「カンボジア情勢とタイ難民キャンプ状況報告」と題した活動報告を述べ、現地駐在の立場から松永然道が「プロジェクト現況報告と問題点」を報告している。つづいて東京事務局からの経過報告が行なわれ、いよいよ今後の推進計画について検討することになった。

当時の記録によると、いつまで活動を続けるべきか、次のように吉岡から検討課題が提起された。

会議としては、ＪＳＲＣの使命は果たされたのではないかと考えております。曹洞宗では海外にボランティアを派遣したということがなかった。これまで事故がなかったことはきわめて有り難い。けれども、いつ不測の事態が起きるかわからない。何も起きないうちに終結したほうがいいのではないか。そこで、来年（一九八一年）三月をメドとして活動を打ち切ってはどうかという考え方が出ております。そして、いま一つは、こういう運動こそは曹洞宗の体質の改善に役立つことでもあり、世界に開こうとする曹洞宗としては何としてもやらなければということで、来年の一二月まで一年ぐらいまでかかるだろう、という考え方が出ております。来年の一二月まで延ばすのか、あるいは、三月あたりを一応メドとして打ちきるのか、そのあたりの検討をお願いしたいのであります。

吉岡は来年三月で打ちきる方向に収めたかった。有馬は、何とか来年一二月まで引き延ばして、受け皿をつくりたかった。プロジェクトを完成する前に撤退してしまうのは、〈敗北〉に等しいと、有馬は次のように何度も執拗に力説した。

私たちは、迂遠な道であるけれども、「おまえたちは、救援をやっているのか」、という非難は覚悟のうえで、あえて教育支援をやってきたわけです。完成とは何でしょうか。難民たちがいなくなることではなく、難民たちが自立の道を模索することをお手伝いし、難民たちがその道を歩み始めたときと考えました。私たちはいくつものプロジェクトをもっています。常設図書館に関しては、難民が継続できる状態です。それについては完成といえます。しかし、基本図書を増やして残す必要があります。本作りという仕事があります。難民が印刷機を使って自立して作れるようになるまで、時間がかかります。受け皿づくりにまだ時間がかかるのです。移動図書館を引き継いでくれるところを探す。その時が完成のときだと思います。耳障りかもしれませんが、受け皿がつくれないうちに撤退することは敗退だと思います。

それから、もうひとつはボランティアの問題です。中途半端な形の撤退は、ボランティアを失望させてしまいます。「活動を推進して難民たちに受け皿ができた。プロジェクトが完成したから撤退するのだ」「彼らに自立の道を与えよう」と言って撤退すべきです。でなければ、「われわれは難民のために活動しているのだ、教団のためにやっているわけではない」という気持ちにもなってしまいます。それでは、ボランティアの熱意を維持することはできません。

そのような有馬の気持ちを吉岡は重々承知していたが、地方寺院からの突き上げもあって宗門の内部事情が許さなかった。その苦渋の思いを吐露している。

有馬さんという方の明晰な頭脳からこの運動が成功したことは認めざるを得ない。だが、今度の運動で一番困難な点だったのは、寺院同士のアンバランス。ひじょうに熱心な県もあったが、ほとんど無関心な県もあった。どうしてわれわれがやらなければならないのか、という人々も多い。それをどう調整していくのかというのが、この会議の難しさなんです。有馬さんの理論には敬服し感心しますが、実情というものも把握しないと、あなたのような考え方の通りでいくと、パンクしてしまう恐れがある。

その後もしばらく議論が続いたが、有馬たちの思いを汲んであげたいという意見が少なくなかった。そして、二つの案を折衷した名案が一人の出席者から提起され、次のように収斂（しゅうれん）していった。

――プロジェクトは推進する。ただし、来年(一九八一年)の三月からは、今までのような活動ではなく、難民の受け皿づくりのための活動に転換する。つまり、難民が自主的な運営ができるような運動を推進する。推進方法については、事務局、執行部一任。実施期間など、重要な問題については、理事会を開催して決める。

延々と四時間にも及ぶ議論であったが、いい落とし所に落ち着いて吉岡は安堵の喜びを隠さなかった。有馬にとっても願った結末となった。

それにしても、「難民のためにやっているのだ。教団のためにやっているのではない」と、さりげなく洩らした有馬の一言はホンネであっただろう。宗教者として支援活動に取り組むべきであり、教団として取り組むべきではない。もしそうなると、教団の論理で動くようになってしまう――。それが終生変わらぬ有馬の姿勢であった。一人ひとりの人間の尊厳を尊重し、つねに民衆の要請から出発する。それが有馬が思い描いていた〈運動〉であり、宗教のあるべき姿であった。そして、歴史上、布教や伝道と称して植民地主義や帝国主義のお先棒を担ぎ、現地民や文化を蹂躙し破壊してしまった宗教の歴史は枚挙に暇がない。そのことも有馬の脳裏にはあったのかもしれない。〈はじめに教団ありき〉ではなく、〈はじめに民衆ありき〉。教団という枠を越えた視野で有馬は仏教を考えていた。曹洞宗の僧侶なのになぜそうなのか。その点が、一部の宗侶にとっては、了解し難く、鼻持ちならぬ人に見えたのかも知れない。けれど、宗侶として宗門の中に身を置きながらも、有馬は旧態依然とした宗門の体質を転換したかったのだ。出る杭は打たれる――、その苦闘は覚悟の上だった。

曹洞宗ボランティア会（SVA）の誕生

その後、活動は一九八二年いっぱいで終了と組織決定されたが、有馬は、ともかくJSRCのプロジェクトを引き継げるような受け皿を日本に作り、JSRCの活動が継続できるようにと腐心した。在日朝鮮・韓国人の問題に関わってきた有馬にとって、難民問題は民族のアイデンティティと文化の尊厳、そして人権問題に思えた。何とか恒久的な組織を作りたい――。日本国内での活動を開始したボランティアOBたちの姿を見ながらそう考えていた。

カンボジア語図書館、遠足交流会など、在日カンボジア人への支援を中心に新しい活動が具体化するにつれ、組織の方向も明確になってきた。ボランティア経験者や曹洞宗青年会会長など、主だった人たち一六人が集まって、仮称・ボランティア会を発足させることで合意にいたり、在京のボランティアたちが執行部となって、ボランティア会の運営や組織態勢を固めることになった。

一九八一年九月三〇日、仮称・ボランティア会執行部会が開かれ、正式に「曹洞宗ボランティア会（SVA）」と名称が決まり、設立総会に向けてさらに一歩前進した。

JSRCの活動停止時期は近づいている。一二月一一日には理事会が開かれ、プロジェクトの中止決定が濃厚な気配である。その前にSVAという受け皿を形だけでも作っておこうと、準備を進めた。そして、一二月一〇日、宗務庁の会議室を借り、「第一回曹洞宗ボランティア会総会」が開かれた。執行部会で検討され、提出された会則、事業案が承認され、会長に松永然道ＪＳＲＣバンコク事務所長が、事務局長に有馬実成ＪＳＲＣ企画実行委員長が就任し、正式に曹洞宗ボランティア会（ＳＶＡ）が発足した。ＳＶＡの第一歩である。

翌日、開かれたＪＳＲＣ理事会では、予想通り一九八二年一月にＪＳＲＣは撤退、事業は真言宗豊山派の援助で運営されていたバンコクのＣＢＤＣ（文化仏教復興センター）に引き継ぎ、残務整理のために、当面アドバイザー二名を残すことが決定された。全面的なプロジェクトの引き上げには至らず、ＣＢＤＣに引き継ぐという形になったのは、有馬の必死の戦略だった。ＳＶＡの組織基盤が整うまでは、ＣＢＤＣのプロジェクト運営を目的にスタッフを残し、何とか活動を続けようという苦肉の策だった。

その後、一九八二年六月七日、ＪＳＲＣが委託した小委員会で、次のような決定をみた。ＪＳＲＣの活動は六月二六日をもって停止。募金残高はバンコクの事務所に送金。そして、ＪＳＲＣの活動内容については、その任務を内外とも「曹洞宗ボランティア会」へ委嘱する。国際ボランティア団体、それも現地派遣型団体の第一歩が刻まれた時であった。

松永が、借りたばかりのＳＶＡの五反田の事務所に行って、早速その決定を告げると、そこにいたボランティアたちは、「やったー」と大きな声を挙げた。

市井の人と共に生きる

ＪＳＲＣからＳＶＡへと組織は様変わりしたものの、有馬は山口の寺を空けることがしだいに多くなった。土曜と日曜に集中して檀務を行ない、多いときには、法事や通夜など、三件、四件と重なって、帰って来ると夜の九時を回るのがザラだった。有馬にとってもそうであったが妻の周子にとっても辛い日々であった。有馬の身体のことも心配であったが、何より、「いつ行ってもオッサンいない」「ボランティアもいいけど寺にいてほしい」と、しだいに檀家さんの苦情の声も耳に入るようになり、役員もそのような檀家の思いを無視できなくなっていた。留守を守る身、間に入っての苦労はひとしおだった。

たまりかねた周子はある日のこと、

「ボランティアをやるには肉体的にも物理的にも無理なんだから、原江寺はやめたらどうですか。このまま行ったら自滅しますよ」

と、有馬に迫った。すると、

「何を言うか、宗教家だからやるんだ」

と、有馬は大変な剣幕で叱った。

「ボランティアをやるのであれば、寺のこともちゃんとしていきませんとね。そう思って言ったのですが、怒られてしまいました。でも、いつ頃のことだったでしょうか。『わしらにはできんことをしてくださっているんじゃから』と、檀家さんから言っていただけるようになった時は、ほんとうに嬉しゅうございました」

と、周子は微笑む。

そんな原江寺の檀家の一人に、河村よねというおばあさんがいた。ＳＶＡが本格的に始動して間もない一九八二年一〇月当時、六八歳。ある日、いつも愚痴をこぼしに行く原江寺の住職に談判に出掛けた。和尚（有馬）が難民問題に没頭するのを見て、たまりかねて署名運動を始めようとしていたのだ。つまり、和尚はもっと寺にいてもらわなければ困る、と思って、檀家を全部回って和尚に難民問題から手を引いてもらうようにと思っていたのだ。檀信徒からすれば、和尚がいつも不在というのは、それも和尚を慕っていればこそ堪えかねることであったろう。

でも、和尚に会いに行ったのが間違いのもと、返り討ちにあって、しぶしぶ日本語の絵本にカンボジア語の訳文を貼るボランティア活動を引き受ける羽目になってしまった。そうしているうちに、いつの間にか、おばあさんたちが三八人、多いときは五〇人ものボランティアが集まり、絵本づくりの集まりができてしまった。そして、土曜と日曜、一時から四時まで、よねは原江寺に詰めることになってしまった。相棒の明石和子（当時五五歳）は、土曜日の現場監督となった。

日曜日、目覚めたときからよねはソワソワしていた。弁当持参で寺に向かった。和尚はほとんどいたことはない。それでも、貼りつけ用の訳文の印刷をすべて、前日まで用意してある。まず、よねは、みんなを指図し、絵本、訳文、カッター、糊などを用意して作業開始である。高校生が訳文を切り、よねが糊づけ。カンボジア語の復刻印刷作業の時は高校生が裁断し、よねは折り、ページを整え、中学生がホッチキスで綴じ、よねが表紙の糊づけをする。この調子で、薄い本なら、二日で一〇〇〇冊、厚いもので、四日で一〇〇〇冊を仕上げた。

戦争で主人を亡くし、母手一つで大変な苦労をして三人の子を育てあげ、独居老人であった、よね。生きがいといえば、和尚にグチをこぼすぐらいで、将来は老人ホームへでも、と考えていたが、一転して寺へ。そして、考えてもいなかったカンボジア人のためのボランティア。「うちら、みたいなもんでも、役に立つんでありましょうかいのんた」が口ぐせであった。ある日、和尚の持ち帰った写真の中に、ボロボロになった手作りの絵本を見つけて、「どひょうしもなあ、よう読んだもんじゃ」と、つぶやいた。

有馬は、またしても、人々をその気にさせてしまったのだ。地域の人々がこうして海外の人々のために熱心に活動する姿こそ、有馬の思い描いていた理想のボランティア像であり、何にも代えがたい喜びであった。

地域の人々の活動と言えば、その後、ＳＶＡは、当時三〇万人といわれたタイ・カンボジア国境付近にいる難民に、日本人が着なくなった衣類を贈る運動、「慈愛の衣類を贈る運動」を展開した。衣類の配給がほとんどなく、乾期に気温の下がる難民キャンプにとっては格好の援助であり、日本人にとっては誰でも参加可能な活動であった。

全国の寺院が、檀信徒や市民を巻き込んで、一九八三年に開始したのだが、予想以上の反響があり、日本にこんなにもあるものかと驚くほど、たくさんの古着が集まった。ただし、この運動は、衣類を贈るというより、衣類に託して日本の市民の善意を贈る運動であると考えていた。衣類を贈るのは日本の市民自身であり、ＳＶＡはその仲介者であるという考えであった。一九九三年まで続く息の長い活動となった。

ＳＶＡの成長と発展

さて、有馬実成事務局長のもと、サケオやカオイダンの難民キャンプで活動を続けていたＳＶＡは、その後、難民キャンプ周辺の農村、バンコクのスラム、そして、カンボジア、ラオスへと活動の幅を広げていく。

一九八四年頃、ＳＶＡはこれからどのような方向に歩んでいくべきか、という岐路に立たされていた。というのも、一九八四年から八五年の年度初めにかけて、タイにおけるカンボジア難民キャンプが閉鎖されるのではないか、あるいは閉鎖されないまでも、定住促進施設へ移行する方向にいくのではないかという情報が流れ始めていたからである。キャンプの閉鎖や大幅縮小ということになれば、現場から撤退しなければならない。

そこで、一九八四年の六月、名倉睦生と秦辰也の両スタッフは、ユネスコのバンコク事務所を訪ねた。カンボジア難民への教育支援の今後について相談するためであった。そして、二人に対して、教育専門家のラタナイケは、「ＳＶＡがカオイダンでやってきた印刷プロジェクトを、バンビナイでは今必要としている」と語るのだった。

バンビナイとカオイダンは距離にして六〇〇キロ以上も離れている。それに、バンビナイ難民はラオスの少数民族であり、なぜ、ラオス難民キャンプでの活動なのか、という問題はあった。しかし、バンビナイの少数民族はラオス国内でアメリカＣＩＡの国家戦略に利用され、ラオスからはじき出されるという悲劇を背負って生きていた人々である。自らの文化や生活基盤が失われる典型的な例と見ることができた。そして、カオイダンで経験し、蓄積したノウハウを活かしたいというスタッフたちの意欲も高まっていた。そのような背景から、一九八五年二月、チェンカーンという町に事務所を構え、バンビナイ難民キャンプでの印刷事業を開始することに踏み切った。そして、バンビナイで活動するうちに、スタッフたちは、事務所を構えていたチェンカーン周辺地域の農村の貧困や教育の現状に関心を持ち始めた。スタッフたちの熱意を汲んで、有馬はチェンカーンでの教育支援活動も開始することを決断した。

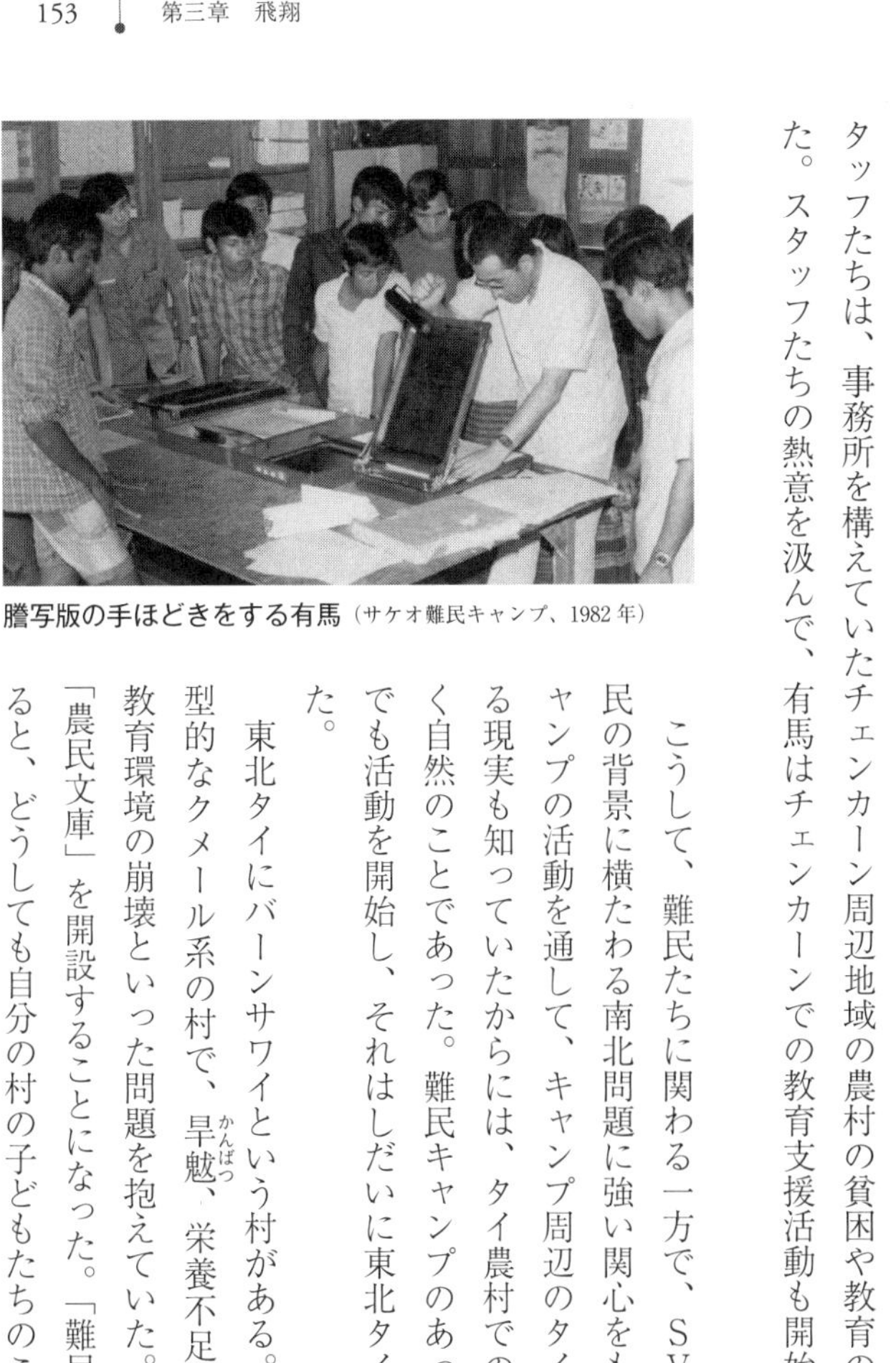

謄写版の手ほどきをする有馬（サケオ難民キャンプ、1982年）

こうして、難民たちに関わる一方で、SVAのスタッフたちは難民の背景に横たわる南北問題に強い関心をもち始めていた。難民キャンプの活動を通して、キャンプ周辺のタイの農村の人々の困窮する現実も知っていたからには、タイ農村での活動に着手するのはごく自然のことであった。難民キャンプのあったサケオの周辺の農村でも活動を開始し、それはしだいに東北タイへと広がりを見せていた。

東北タイにバーンサワイという村がある。この村は東北タイの典型的なクメール系の村で、旱魃（かんばつ）、栄養不足、労働力の流出、借金、教育環境の崩壊といった問題を抱えていた。一九八四年、この村に「農民文庫」を開設することになった。「難民の子どもたちを見ていると、どうしても自分の村の子どもたちのことを考えてしまう」と、この村出身のティラポン・スリントラブーンというＳＶＡスタッフの強い願いがあってのことでもあった。ティラポンは同じクメール民族の血を引くカンボジア難民たちの救済のため、一九八〇年からＳＶＡの活動に加わった人である。

この活動は、それまでの難民キャンプの支援からＳＶＡが農村の自立をめざす新たな領域への協力活動に一歩を踏み出した時であった。はじめは、「農民が本を読んでどうする」と反発していた村のお年寄りたちも、早朝に水牛の世話をする子どもたちが図書館に集まり始め、小学校の放課後は子どもたちでいっぱいになるのを目の当たりにして、しだいに考えを変えていった。そして、村長や寺の住職も関心を示すようになり、住民が参加する形の活動が展開しはじめ、教育活動だけでなく、農園づくりや農業研修センターなど、一九八八年からは本格的な農村開発への協力を開始した。

さて、これらの農村の問題は実はバンコク首都圏のスラム問題にも影を落としていた。つまり、近代化に伴う経済的貧困から、安定した生活や職を求めて多くの農村の人々が都会に流入し、そこにスラムを形成するというタイ社会の構造が生まれていたからである。そこで、ＳＶＡはスラムの調査も開始した。一九八五年にはバンコクのスアンプルースラムでの図書館活動に着手し、一九八九年には、クロントイ・スラムに職業訓練所研修所を設立。本格的にバンコクのスラムの問題に取り組むことになった。

一方、一九八九年のベトナム軍撤退以後、難民たちの故国、カンボジアの情勢は刻々と変化していた。一時、ポルポト政権に追われた市民もすでにプノンペンに戻りはじめていた。けれども、いつになったら都市の本来の機能を取り戻せるのか見通しは立たなかった。夕暮れになると、電灯のない表通りの歩道には、夕餉の仕度をする焚き火が並んでいた。カンボジア国内では草の根レベルで活動するＮＧＯへの期待も高まっていた。そうした状況下、一九九一年（平成三）三月から、ＳＶＡはプノンペンにおいて、カンボジア国内での支援活動を開始することとなった。まず、取りかかったのは市教育局の職業訓練センターの運営。そして、図書館活動、学校建設事業、文化支援事業などへと活動は拡大されていった。

さらに一九九二年、ＳＶＡはビエンチャンに事務所を構えてラオスでの活動を開始した。すでに一九八五年、ユニセフのラオス事務所の招きで、謄写版ワークショップを開催して以来、この国での活動を模索していたが、やっと政府からの認可がおりてのことであった。国土の七〇％以上の地域に電気が通っていないこの国においてこそ、日本で発明された電気の要らない簡易印刷器、謄写版が必要であることはすでに明らかであった。さっそく謄写版製作、印刷指導、図書館活動を開始した。

こうして、難民キャンプでの体験を活かし、ＳＶＡは、タイ、カンボジア、ラオスへと図書館活動を基軸とした教育・文化支援活動を次々に展開していった。そして、これらの活動が評価され、一九八四年には、「正力松太郎賞」、一九八八年には「外務大臣賞」、さらに一九九四年には「第六回毎日国際交流賞」をそれぞれ受賞し、日本を代表するＮＧＯの一つとして内外の高い評価を受けるようになっていく。それらの成果は事務局長としての有馬の牽引力と采配によるところが大きかった。

一九九四年一〇月一日、大阪市北区にある毎日新聞社大阪本社において、第六回毎日国際交流賞の表彰式が行なわれた。その場には有馬が出席し、記念講演を行なっている。その中でＮＧＯが大事にすべきものについて有馬は次のように述べている。

「私は、これからのNGOの在り方の中で、今大事にしていかなければならない視点がひとつあると思います。それぞれの地域における文化という問題を我々の中でどれだけ斟酌し、そして、活動の評価を行なう場合に民族の文化を侵すことがなかったかどうか、あるいは民族の文化というものが生き生きと展開するような支援になったかという視点をもつ必要があると思うのです。言ってしまえば極めて当たり前のことで、何を今更そんなことを言うかというご指摘を受けるかもしれませんが、これは非常に厄介な問題です。口で言うほど簡単な問題ではありません。

まず一つには、我々自身がその国なりその民族なりの文化研究というものをどれだけきちんとした形でしているのか、そしてまたそのような能力を我々が持っているかという問題が基本としてあります。そして、開発協力活動を行なっている地域は、貧困、飢餓、人権の侵害など、さまざまな具体的な問題を抱えています。そして援助を受ける人たちが置かれている状態は、文化などということを考えている余裕すらない、非常に逼迫した中にあります。その中では、まず生活ができるようになること、米が食べられるようになること、そして命を今日一日を生き延びることが最大の課題になるわけです。それが最優先するわけですから、文化やその民族のアイデンティティの問題を考えるよりも先に、まずすべきことは何かということになります。そして結果として落ち着いたときにふと振り返ってみると、大変な結果が発生しているというようなことが起こるのです」

〈文化〉という視点で斟酌する――。それが、有馬が大事に考えていた国際協力のありようであった。有馬のボランティア論、ＮＧＯ論の根幹にあるものである。考えてみれば、道憲寮で学んでいたころから一貫している関心でもある。

文化を尊重した人

さて、生い立ちから始まってＳＶＡの活動に至るまで、ここまで時間軸に沿って有馬の生涯を辿ってきたわけであるが、ここで切り口を換えて、有馬が取り組んできた社会活動、わけても、ＳＶＡにおけるボランティア活動を通して有馬はどのような思想や独自性を培っていたのか、しばらく考えてみたい。

毎日国際交流賞表彰式での記念講演で語っていたように、文化を尊重した社会的活動、市民運動こそ、まずは有馬の実践の特徴と言える。

思えば、「禅の文化をきく会」から、「全曹青」、そしてＳＶＡの活動に至るまで、有馬は文化を中心にした運動を展開してきた。とりわけ、難民キャンプにおいては、様々な批判や非難と闘いながらも、図書館活動を中心とした教育支援に取り組んだ。つまり、人間にとって、衣、食、住、医が確保されれば生きるに十分なのではなく、「アイデンティティ」や「人間としての尊厳」が大切にされねばならない。人間一人ひとりに、自分が自分として生きることの喜びや、生きる希望が確保されねばならない。そのためには、絵本や図書、図書館活動こそがふさわしい。傷ついた子どもたちや大人たちの心に栄養

タイの移動図書館にて（1990年）

を与え、生きる喜びや希望を育むことができる、と考えたからであった。活動を進めるほどにその確信を深める道程であったと言ってよい。

先ほども述べたが、かつてほどではないが、今でも、難民支援ということになると、衣食住の支援に比して、文化的活動の優先度は低く見られる傾向がある。はたして物質、経済至上主義、効率主義の人間社会になればなるほど、文化というのは余剰なものと映ってしまうのだろうか。そこに、人間の幸福や人生の目的をどのように捉えるのか、という、人間観の問題が横たわっているようにも思う。

かつて、「飢えた子どもの前で芸術はいったい何の役に立つか」と言ったのは、たしか哲学者のサルトルであったかと記憶する。その発言を知った時、「でも、本当にそうだろうか」と、なにか釈然としない思いがしたものである。けれど、ＳＶＡの活動に加わるようになり、難民キャンプの子どもたちの実状を知るに及んで、そのわだかまりが氷解した。困窮する子どもたちに文化や芸術が無益であるなどと決して断言できるものではない。

たとえば、かつて難民キャンプの子どもに、ＳＶＡのスタッフが質問したことがある。

「絵本とお菓子。どっちが好き？」

するると、その子はしばらく考えて、

「絵本」

と答えた。

「どうして？」

とさらに訊くと、その子は答えた。

「お菓子はすぐなくなるけど、絵本は何回も楽しめるから」――。


この子の言葉に、「自分たちの活動は間違っていなかった」と、当時のＳＶＡのスタッフたちはどれほど励まされたことか――。

言うまでもなく、衣食住は人間が生存する上での必要条件であることに違いはない。しかしながら、衣食住は生きるための手段であり、それによって生きる目的を考えたり、決めたりするというものではない。実は、文化というものこそ、人生や社会の目的を考え、生きる意味を味わうことに関わるものではないだろうか。

その意味で、評論家加藤周一の次の一文には、胸のすくような感銘を受ける。たとえ科学技術の時代になったとしても文学というものがなくなることはありえないと、明言している。

文学がなぜ必要かといえば、人生または社会の目的を定義するためです。文学は目的を決めるのに役立つというよりも、文学によって目的を決めるのです。そしてその目的を達成するための手段は技術が提供する。

いまはもちろん科学技術の時代ですけれども、手段と目的は混同しないほうがいい。科学技術がいくら発達しても、その目的は社会にとっても個人にとっても決まってこないと思う。自ら考えて生きていこうとすれば、考えるときには科学技術は助けてくれない。文学が助けてくれると思う。役立つかどうかではなくて、そもそも人生に意味があるかどうかが文学的問題でしょう。

…………

悲観的ではなく、私は文学はなくならないと思います。どういう環境の中にも喜びを見出すことのできる技術が文学です。喜びを見出すということも、感じることはすべて自然的なものだけではなくて、文化の影響を受けている。文化とか文明は文学を作り出し、文学は一つの芸術をつくり出すのです。

——加藤周一『私にとっての二〇世紀』より

有馬はこの文章を目にしていたわけではないが、もしこれを知ったなら、おそらく賛辞を惜しまなかったに違いない。有馬の文化の考え方に通じるものがあるからである。有馬が思い描いていた文化を尊重する活動とは、一人ひとりの人間が尊重され、どんな環境にあっても生きる意味や希望を感じ、一人ひとりの可能性が開花されることを命題としたものであった。つまり、内面の豊かさを尊重する営みである。そして、人間理解の上で文学がいかに重要であるか、その意義を認識していた。

文学に民衆の息吹を求めて――野中耕一との共感

そのような有馬が野中耕一（のなかこういち）と意気投合したのも大いに頷ける。

すでに紹介したように、野中は有馬と同郷の周南市の出身で、終生、有馬と親交のあった人である。タイ国カセサート大学への留学経験をもち、アジア経済研究所の創設当時の所員となり、そののち同研究所バンコク事務所代表や理事を歴任する。タイの農業や農村事情に精通する農業経済の第一人者である。

終生、有馬と親交のあった野中耕一

とりわけ、野中がユニークなのは、アジアの地域研究のためには、民衆の息吹きや生活を知らなければならないと捉え、農民をテーマにした小説の翻訳を精力的に手がけている点である。多くの訳書があるが、中でも、『農村開発顛末記』は、日本翻訳文化賞を受賞している。着眼といい詮議といい独特かつ新鮮で、民衆と文学というテーマから言っても有馬が惹かれるのも不思議はなかった。

ＳＶＡがカンボジア難民支援からしだいに東北タイの農村に関わり始めた初期のころ、野中から様々にアドバイスをいただいたこともある。そのような時期に行なわれたのが、当時のSVAのニュースレター、『バンキャン・ポスト』（一九八八年一月号）誌上で行なわれた次の対談である。有馬の関心の所在、とりわけ文化観の一端が浮かび上がってくる。当時、野中はアジア経済研究所の国際交流室長であった。

野中　六〇年代の初頭に『みにくいアメリカ人』という小説があって、アメリカの善意にもかかわらず、やればやるほどアジアの人に嫌われている姿が書かれていました。私もアジ研での研究がアジアの人に貢献し、役立つべきものと考えていましたが、研究していく過程で、これは『みにくいアメリカ人』に書かれたのと同じじゃないのかと思い始めました。アジ研は調査・研究機関ですから調査が本来の任務ですが、その調査がアジアの人にどう役立つのかと思うと時にりつぜんたる思いがしたのです。

有馬　アジア経済研究所の初代所長の東畑先生は、アジア研究を志す者はアジアの民衆の息吹を感じられるような研究をせよと、言われたとか。

野中　戦前のアジア研究の反省もあったのでしょうが、アメリカで〈地球研究〉という学問が興ってきて、研究対象地域の言語、生活文化をきちんと押さえてのフィールド・ワークを基本にして研究を進めるというやり方が生まれました。そんな方法論での研究は日本にはなかったし、設立時のアジ研はそんな学者を育てることを理想としていました。

有馬　先生がタイの文学、特に農民をテーマにした小説の翻訳に力を注がれているのも、アジアの民衆の生活や息吹を知ろうという先生の研究の方法論と関係があると考えていいですか。

野中　地域理解には、アジア社会の血なり、肉なりの部分を知ることから始めるべきなんだけど、学問は、血であり肉であるような部分は落としがちです。その社会での常識的な部分はつい捨ててしまう。例えば調査研究の骨組みだけを書いたものを読むと、タイ農村を知らない人は、日本の農村を想像しながら読む。するととんでもない誤解が生じてしまう。そこでアジアの血なり肉なりといった部分、アジア理解のバックグラウンドを広く日本人に知ってもらうために小説の翻訳を考えるようになりました。

有馬　そんな時、出合ったのが『ソーイ・トーン』という小説だった……。

野中　その通りです。私の専攻が農業だということもありますが、アジアを根底で支えている農村を理解するために、農村を書いた小説を探していて、『ソーイ・トーン』に出合いました。

有馬　私がこの活動に関わるようになった当初、タイの理解に一番役立ったのが『ソーイ・トーン』でした。特に訳注が懇切丁寧なので、百科全書みたいな感じで読みました。

野中　訳注が煩わしいという人もありましたが、そんな読み方をしていただける人がおられるとありがたい。あの本は私の最初の訳書ですが、これには二年の時間をかけました。翻訳することよりも現場検証に時間がかかったのです。例えば、あの小説の中に「おとり籠」のことが出てきます。すると実際に「おとり籠」を使っている現場を見た上で訳したいと思う。おかげで籠のことには詳しくなり、籠の本も読んだし、民俗学の研究所に調べにいったり、籠の編み方も勉強した。

有馬　随分と凝り性でいらっしゃる（笑）。でも農民の人生への哀歓や微妙に移り変わる自然の変化への情感といったものがわかってくると、タイで見かけるいろんな風景や人間の営みにも、何か愛情のようなものが生まれますね。

野中において社会科学と文学は表裏をなして位置づけられている。そこに有馬はたいそう惹かれていた。共通の関心を感じ取っていたからである。

若いころから膨大な書物を読み漁っていた有馬であるが、その愛読書の中には文学書も含まれていた。山本周五郎の小説を好み、ＳＶＡ在勤のころは、山口と東京の往復の車中で藤沢周平の作品もよく読んでいた。そういう点も、野中と意気投合したようである。野中も山本周五郎を愛読していたのだ。

山本周五郎と藤沢周平、ともに歴史小説の代表的な作家である。先輩格にあたる山本周五郎は、「さぶ」や「赤ひげ診療譚」「樅の木は残った」など、映画化やテレビ化された小説をはじめその作品は膨大であるが、名もない町家の男たちや女たちの人生のささやかな波立ちを描く市井もの、世話ものにかけてはひときわ抜きん出ているといわれる。久しく人気を保ってきた最大の秘密は、小説を人間学のテキストとして読む、そうした読み方にストレートに応えるものを持っていたからではないかともいわれる。事実、人間観や人生論を作中に盛ることをことさら好んだ作家である。

一方、後輩格にあたる藤沢周平はその作家歴を通じて、剣客や藩士の登場する武家ものと、町人や渡世人を主人公とする市井ものとを書き分けている。藤沢の描法は綿々と愚痴を並べたり、これ見よがしに嘆いたりして読者の同情を買おうとする話法とは類を異にしていた。人間の愚かさや哀れさや優しさ、また生きていくことの辛さや時折おとずれる一瞬の心躍り、それらの人生模様を多弁を弄して説き聞かせるのではなく、精妙な描写を通して伝えようとしている。最近、「たそがれ清兵衛」や「蟬しぐれ」などが映画化されて、新しいファンが増えているが、有馬が存命なら、いそいそと映画館に出かけて、おそらく、原作と映画を比較しての評論を熱っぽく展開していたに違いない。

有馬はこれらの小説を通して、庶民の哀歓に浸り、忘れられた日本人の心情を見出していた。そのような有馬が、タイの文芸を通して、タイの農民の生活や息吹を感じ取ろうとした野中の仕事に大きな共感を抱いたであろうことは容易に想像される。

野中も、若いころは文学青年であったという。山本周五郎の『青べか物語』の世界に魅せられて、千葉県の浦安や行徳を歩き回っていたこともあるという。今でこそ、高速道路の騒音がけたたましく、大きなマンションが立ち並んでいるが、そのころは、掘割（ほりわり）に「べか舟」がつながれたのんびりした漁村だった。このような文学好きのタイ研究者がタイの文芸を日本人にも読めるようにしてくれたのだ。

アジアの経済を論じる時、とかく数字に片寄ってしまうことが多いが、それを担っている人々は、固有の文化を背負った人々である。本来、経済は文化のうちに捉えなければならない。けれども、われわれは、しばしばそれを忘れ、人々の生き様や考え方を含めた人間像を理解することなしに経済の課題に近づこうとする。それでは、実態の理解には至り得ない。そうではなく、アジアに住む人々の息吹や生活を感じ取ってアジア論を構築しなければならない――。それが二人に共通していたアジア理解の姿勢であった。

その後の野中の歩みについて、少し触れさせていただきたい。

上述のようにタイの農民の息吹や生活を理解しようと小説の翻訳を始めた野中であったが、その後、仏教書の翻訳を通じて仏教そのものの探究に向かっていった。そのあたりの事情について野中は筆者に次のように語ってくれたことがある。

「はじめは、門外漢の私がよけいなことをしなくてもいいのではないかと思いましたが、とうとうここまできてしまいました。世の中にあるすぐれた叡智を多くの人々に知らせたいという気持ちでしょうか。私はずっと農村開発をやってきたので、仏教が開発というものにどう関わっているのか知りたいという思いがあったのです。タイの人たちの生活の中には驚くほど深く仏教が浸透しているからです。そして、パユットー師の本がその問題に対する一つの答えを出していると思ったのです」

パユットー師とはタイの著名な学僧である。その思想は社会活動に熱心に取り組むタイの僧侶たちの一つの理論的支えとなっている。その教説にいたくしびれたと語る野中は、『テーラワーダ仏教の実践』『仏法』『仏法の思考と実践』『仏教辞典（仏法篇）』（いずれも、サンガ刊）など、次々に翻訳本を出版した。そして二〇一四年に他界している。享年八〇であった。「仏教書の翻訳を成し遂げるまで、命の時間をいただいたのかもしれませんね」。葬儀のあと、奥様が明かしてくださった。じつは野中氏は九年ほど前から癌の病いと向き合っていた。それなのに医者も驚くほど元気に翻訳に取り組んでいたという。これらの仕事は日本におけるテーラワーダ仏教研究の一つの金字塔となっている。

芸能は魂に深く関わる——難民キャンプの太鼓づくり

さきほど紹介した一説の中で、評論家・加藤周一は、「どういう環境の中にも喜びを見出すことのできる技術が文学である」と述べていた。が、はたして文学だけであろうか。音楽や舞踊や演劇、そして美術なども、紛れもなく同様な喜びを見出すことのできる技術とは言えないだろうか。難民キャンプの中で、有馬はおそらくそのことをひしひしと感じていたはずである。

山口に伝わる猿曳き芸を復活させた村崎修二（猿舞座・主宰）との対談において、有馬は難民キャンプでの体験をこのように溌剌と語っている。

たとえ、国連様が何と言おうとね。やっぱり難民の人たちが嫌がることをやったってしかたがないのでね。難民の人たちに何がしてほしいのかって聞いたのですよ。そうしたら、一番先にやってほしいというのが踊りと太鼓でした。踊りと太鼓を、どう説得しよう。世界中から集めたお金で踊りと太鼓に使われたとなると国連も具合いが悪いのですよ。それで、うまいこと翻訳しまして、「民族とアイデンティティ復興のための支援活動」としたのです。そうしたら、国連も「よし」と言ったのです。

そして、何をやったかというと、毎日、太鼓の稽古です。でも、太鼓をやるといっても、太鼓を自分たちで作らないといけません。それで、どうしたかというと、蛇を捕まえてきてくれということになって、我々はタイ人と一緒にタイの村を歩き回って蛇を捕まえてきたのです。その蛇で太鼓を作っていたのですね。ボランティアに行ってなぜ蛇を捕まえなければならないのかと思いましたね。そして、トンツクトントン、太鼓を打ち始めたのです。そうしたら子どもたちが集まって来て歌を歌い始めたのです。太鼓だけしか楽器がないときに歌った歌はいつまでも耳に残ってメロディまで覚えていますね。そのときの感激というのは忘れられません。

その子どもたちの歌声を聞いて、飢えと病気で地面に横たわって「チュイポン、チュイポン（助けてくれ、助けてくれ）」と言っていた難民たちが起き上がって子どもたちの歌に耳を傾け始めました。しばらくして、歌が上手になってきて何を始めたかというと、祭りを始めたのですね。芸能というものが人間の心の深いところに与えていく大きな意味を感じます。それは、人間の心の奥底、魂の奥底にある宗教的な心情と非常に深く関わっているということを感じました。そのプロジェクトは、今でもずっと続けているのですが、大勢のボランティアたちはやきもちを焼くのです。「あなたたちは、難民の人たちと太鼓を叩いて踊ってばっかりいるくせに、なんで難民たちはあなたたちばかり信用するのだ」って。そりゃ、しようがないですよ。

——対談「中世のさすらい人たち」（「歴史フォーラム」、一九九一年九月二二日、山口県佐波郡徳地町　国立山口徳地少年自然の家において）より

有馬の得意気な顔が思い浮かぶようである。

素人同然の試行錯誤で赤面と冷や汗の連続ではあったが、文化を尊重するＳＶＡの当時の活動のありようをよく示す逸話であると思う。

今でこそ、芸術は、主として、コンサートホールや劇場、美術館といった、普段の生活から分け隔てられた非日常的空間において楽しむものになっている。ところが、かつて、古代においては、洋の東西を問わず、芸術は祭式と一体不可分のものであった。祭式は、神々など、超自然的存在の助けを借りて環境をコントロールし、共同体の人々と交歓し、魂の新しいエネルギー充塡の時でもあった。日本でも、

かつては人の住む近くに精霊がひそんでいると考えられ、家や土地につく悪い精霊を鎮めるために主は客神の力を借りた。客神がやってくると宴が設えられ、主が謡うと神が舞い始めると考えていた。そこに芸能の始まりがあるともいわれる。

たとえ時代が変わり、科学技術の現代となって、芸術の形態が変化しても、人々は音楽や舞踊を求め続けている。やはり、それらも、「いかなる環境にあっても喜びを見出せる技術」であり、生きる意味や目的に関わる、という魂の記憶を宿しているからではないだろうか。それゆえに、時代が変わってもなくならないのは文学だけでなく、音楽や舞踊や演劇、美術なども同様なのではあるまいか。

ともあれ、有馬にとってこの出来事は、難民たちから文化の根元的な意味について啓発を受けた貴重な体験であったといえる。それにしても、有馬自身が芸能や音楽が好きであった。とくにクラシック音楽が好きで、自坊に戻ったときなどステレオのボリュームを最高にしてレコードを楽しんでいた。山口から東京までの新幹線の車中で、ワーグナーのオペラのCDを最後まで聴けたと満足気に語っていたこともある。

〈人起こし〉〈地域起こし〉としての文化運動

音楽や芸能だけではなく、もともと仏教美術もこよなく好んでいた有馬は、難民たちの故郷であるカンボジアのアンコールワットをはじめ、東南アジアの美術にも並々ならぬ関心を寄せていた。

わけても、有馬が奮い立ったのは、難民キャンプで「やきものプロジェクト」を始めたときだったのではないだろうか。すでに紹介したように、茶道を嗜むと共に、やきものにも強い関心をもっていたからである。

ある日、Kという若いボランティアが難民キャンプ一帯を覆う赤土を見て、これを使ってやきものは作れないものだろうかと思いついて、試行錯誤が始まった。

そのうち、スタッフたちの心許ない手つきを見かねて「ちょっと貸してごらん」と言って、どこからか中年の女性が現れ、見るも鮮やかな手際で巧みに仕上げるのであった。キャンプに来る前は、やきものの仕事に携わっていた女性だったのだ。早速、やきものづくりの先生になってもらって「やきもの教室」を発足させた。そして、このプロジェクトはキャンプで最も活気ある活動に育っていった。

カオイダン難民キャンプのやきもの教室にて
(1985年、後方が有馬)

そののち、カンボジアのアンコール時代に釉薬を使った陶器が存在していたことが分かり、その陶器をキャンプで復活させようと大きな窯を設置することになった。そうなると、とても素人で手に負えるものではない。そこで、当時、チェンマイ大学で陶芸を教えていた加藤義守の技術指導を仰ぐべくお願いし、それによって、どうにか製作が可能になった。

そのとき、加藤の助手を務めていたのがタイ人、ソムラック・パンティブーンであった。

ソムラックは、タイ北部のチェンライ県の出身で、チェンマイの工業技術学校で陶芸を専攻していた人である。在学中にはタイ伝統のサンカロークというやきものの絵付けの技術を学んでいたのだが、一九八二年からＳＶＡのスタッフとなって、難民キャンプで陶芸技術や印刷技術を指導することになった。その後、同じく難民キャンプで活動していたスタッフの山内珠子と結婚し、山内の郷里である岩手県紫波町で紫波焼の大沼巖のもとで、一〇カ月間修業し、さらには唐津市の一三代中里太郎衛門の門を叩いた。ソムラックの才能を見抜き、中里に紹介したのは有馬であった。

一三代中里太郎右衛門は、オリジナルの絵唐津をめざす一方、〈叩（たた）き〉という技のルーツを探究するエネルギッシュな陶芸家であった。唐津藩の御用窯を継ぐ中里家は、古唐津を今に伝え、唐津焼きの伝統を背負っている。その中心的存在が太郎右衛門である。彼は人間国宝であった父、無庵とともに古唐津の発掘調査を行なって、一時途絶えていた〈叩き〉の技法の復元に成功する。

その技法の源流を求め、中里は、一九七〇年から、タイ、ミャンマー、マレーシア、インドネシア、ベトナム、中国など、東南アジア一帯に旅をした。かつては東南アジア各地に日本人町があったことでもわかるように、日本と東南アジアの繋がりは古く、やきものを通して、当時盛んであった交易の歴史が浮かび上がってくるほどである。タイのアユタヤから中国の磁器とともに古伊万里が出土するといわれるが、中里自身、チャオプラヤー川で調査した時、川の底から古唐津を発見している。室町時代から江戸時代にかけて輸入され、茶人が好んだ茶器、宋胡録（すんころく）は、タイのやきもの、サンカロークが訛（なま）った名前で、タイから伝わったといわれる。

こうした旅の途上、中里はタイのチェンマイの村で昔から伝わる〈叩き〉の手法を目の当たりにし、それ以来、何度もチェンマイを訪ねては作陶を試みていた。タイでも世界中でもこの技が廃れつつあることへの危機感を抱いていたので、ソムラックとの出会いは、願ってもないことであった。

「タイの〈叩き〉は、滅びる運命にあり、今のうちに技法を伝えていく必要がある。トゥイさん（ソムラックの愛称）には、土の探し方から、釉など、原始的とも言える方法から教え、蹴ろくろの使い方、窯の造り方まですべて教えたい」と中里は語った。そして、ソムラックも、「〈叩き〉にも世界のやきものにも詳しい中里先生は私が求める最適な方」と語っていた。二人の出会いは運命的だったのかも知れない。ソムラックの才気と能力は天稟のものがあったようである。めきめき腕を上げ、日展に出品すると、見事入選を果たした。唐津焼の指導を受けてわずか一〇カ月めの快挙であった。伝統的な要素と現代における実用性を融合しようとしたソムラックの製作姿勢が、日展の審査員の目を惹いたのだ。しかし、そのころから、ソムラックは、故国で、「工芸による村おこし運動」に取り組みたいという夢を描いていた。やがて、それは現実のこととなる。タイに戻って、ソムラックは、故郷チェンライ近郊の農村にドイ・ディン・デーン工房を開く。以来、現在まで、地域の青年たちに陶芸の指導をしながら地域おこしに取り組んでいる。

作陶するソムラック

「日本での修業で学んだことがとても生きていると思います。土を大事にする精神や禅の精神にも触れ、勉強になりました。徒弟の制度にも関心させられました。それから、日本には地方の小さな町にも博物館があるのですね。それも刺激になりました。タイには優秀なアーティストはいても、博物館はとても少ないのです」。一九九六年、筆者がドイ・ディン・デーン工房を訪ねた時、ソムラックはこう語るのだった。その作品は、日本の〈わび〉〈さび〉に通じる風雅な趣を醸している。そんな作風は、当初、華麗さや煌びやかな美を好むタイの人たちからなかなか理解されなかったが、アメリカやイギリスなど、世界から視察に訪れるようになり、世界的な陶芸家として知られるようになると、しだいにタイ人からも理解されるようになっていった。ソムラックはこうも語るのだった。「陶芸とは、ただ美を追求するのではなく、共同で力を合わせて作っていく美だと思います」。孤高の芸術家ではなく、陶芸による地域おこし、運動づくりをめざす活動家の面目がそこにあると思った。

身近な人の中から、こういう存在を輩出できたことを有馬はとても喜んでいた。かねてより柳宗悦の〈民芸運動〉にも強い関心をもっていた有馬からするなら、陶芸の探求を通して、〈人起こし〉、〈地域起こし〉に取り組むソムラックの生き方は、有馬自身が挑戦してみたい生き方であったかもしれない。亡くなる年、山口の病床にあった有馬のもとに、タイからソムラックの最新作の茶碗が届いていた。「トゥイさん、いいものを作るようになったねえ」。そう言いながら、ベッドの脇に置いたその茶碗を手にして、何度も何度もさすっていた。

伝統文化を愛するといっても、単なる骨董趣味や好事家趣味ではなかった。その思想や歴史を掘り下げて味わい、民衆の運動とどう繋げるかに有馬は意味を見出していた。「今の若い人たちに、運動づくりができる人がいないね」。事あるごとにそうぼやいていた。

アジアの人々は博物館の陳列品ではない

もう一つ、有馬の文化観が決して懐古主義的なものではなく、現実に根ざしたものであることを思い知らされた筆者自身の体験がある。それはこういうことである。

かつてSVAでは、月刊のニュースレターとは別に、年に二回発刊する『文化誌シャンティ』という定期刊行物を発刊していた。東南アジアの人々の生活、思想、伝統文化を紹介するビジュアルな冊子で、カラーのグラビアをふんだんに取り入れ、紀行文や識者の論文やエッセイなどで構成した、NGOらしからざる、やや瀟洒（しょうしゃ）な冊子であった。実は、それは民族学博物館で発行している、『みんぱく』誌を意識したもので、その向こうを張って、アジア紹介の文化誌として、広報ツールとして活用し、さらなる会員獲得につなげようではないかと、有馬が陣頭指揮に立ってずいぶん勢い込んで創刊したものであった。しかし、そう簡単に問屋は卸（おろ）さず、すぐに会員の増加につながるものとはならなかった。残念ながら、有馬が亡くなるとともに休刊となってしまったが、その終盤の時期に編集を担当していたのが他ならない筆者であった。

一九九九年、世界文化遺産でもあるラオスの古都ルアンパバーンを紹介する特集を組むことになり、カメラマンと一緒に取材に出かけたことがあった。

メコン河とカーン川の合流点に位置し、森と河に包まれたこの町は、長い間王都として栄え、多くの寺院が点在する風光明媚で歴史の香り高い町である。夕方、プーシーと呼ばれる高台に登ると、そちらこちらから、空に向かって夕餉の煙がたなびき、あたかも別の時代にタイムスリップしたかのようで、静寂と幽玄さが漂う町である。

この町は、新年の催し物の華やかさでよく知られる。旧暦五月（太陽暦の四月）のお正月には、全国各地からたくさんの人々が集まる。何と言っても、着飾った少女たちが歩くパレードがみものである。そのとき、赤い面をかぶった獅子のような存在が練り歩く。それは、プーニュー、ニャーニュー（ニューおじいさん、ニューおばあさん）と呼ばれる。天のカミであり、王さまの先祖であり、町の守り神でもある。年に一度だけ、ご開帳となり、祠から出されて、姿をあらわす。したがって、他の日には決してお目にかかることはできないはずのものである。

ところが、われわれが訪問した時、どういう思し召しであろうか、首尾よく話が進み、プーニュー、ニャーニューが大切にしまわれている祠に案内され、そこで拝観することができたのだ。その旅のガイドとなってくれたのは、ＳＶＡラオス事務所のスタッフだったのだが、そのスタッフは地元ルアンパバーン出身で、どうやら、その実家が、かつては王家の仕事に携わっていた由緒ある家柄だったようで、親戚や知己の間を奔走してくれて、特別な儀式を受けることを条件として、見せてもらうことができたのだ。

東京に戻って、以前より知遇を得ていた某国立大学の先生に、その様子を喜び勇んで電話で報告した。そして、プーニュー、ニャーニューを見たことを伝えると、

「えっ、うそでしょ？」

と、何度も問いただすのだった。それでもなお本当だとわかると、しばし絶句していた。

専門家である私たちが行っても見せてくれないのに、あなた方が行っても見せてくれるはずがない。

きっと、たいそうなお金を積んで、無理矢理そうさせてしまったに違いない。だからジャーナリストは困る。大変なことをしてくれた。ラオスの大切な伝統をあなたは壊してしまった——と、ほぼそのような言葉を浴びて、大変な顰蹙（ひんしゅく）を買ってしまった。さらに、他の先生方には言わないようにと念を押されてしまった。

先方のあまりの剣幕に気圧されて口を噤（つぐ）み、意気消沈した筆者は、取材内容を掲載すべきかどうか悩みに悩んだ。そしてたまりかねて、有馬に相談することにした。文化を尊重する人だけにきっと何らかのお叱りの言葉があるであろうと覚悟の上であった。そして、事情を話すと、その答えはまったく意外であった。

「堂々と掲載すればいい。あなた方に見せることを現地の人が判断し、選択したのだから、何も臆することはない。彼らは博物館の陳列品や見せ物じゃない。そんなものは文化ではない。後生大事にいつまでも変わらないでほしいと思うのはこちらのエゴというものだよ」

そう言って、筆者を励ますのであった。

意外な返事に一驚であったが、有馬の文化観の核心に触れたようで感嘆の思いでもあった。伝統文化の支援をというと、伝統は大事に守られるべきものであり、変化はいけない、変容をもたらしてはならないという議論が起きる場合がある。しかし、それでは、たしかに人間がもっている様々な文化は博物館に展示するものになってしまいかねない。しばしば、文化人類学者と国際開発学者が対立する論点でもある。それまで、どちらかといえば、有馬は前者のような見識なのかと思っていたが、そうではなかった。

といって、どちらに近いというのでもない。有馬は文化の内容ではなく、むしろ、文化のもつ社会的なはたらきの方を大事に考えていたのだ。

たとえば、たとえ文化の内容が変化したとしても、共同体の人々がその文化に〈誇り〉をもっているかどうか。外部からの影響を選択する能力をもっているかどうか。抑圧された時に抵抗するだけの方法論をもっているかどうか。そして、自分の生に価値を与えてくれる仕組となっているかどうか、などである。文化の中身が変わっても、これらのはたらきが息づいているとき、文化をもっているということになる。そして、これらのはたらきを維持し、これらに活力を与えるものこそ、文化を尊重した国際協力、開発協力であると考えていたと思われる。

それにしても、今、しきりに思うのは前述の『文化誌シャンティ』のことである。

費用対効果を考えたとき、予算が乏しい中、なぜこれを出し続ける意味があるのか――。とくに経理のスタッフからはずいぶん追及されて、担当者であった筆者はずいぶん肩身の狭い思いをしたものである。ただ、「アジアを理解するためには、そこに住む人々の生き様や考え方、固有の文化を理解しなければならない。アジアの文化を発信し、そこから学ぶことが大切なのだ。それは我々ＳＶＡならではの自己表現なのだ」。有馬はそう力説していた。それだけの使命感を抱いていた。そこまで理解が及ばない私たちであったことが今にして悔やまれる。

「開発協力に携わるうえで、その国の人々の文化や歴史、価値観を土台にすべきだと有馬さんは力説しました。そこは、とても大事だと思います」

アジア・コミュニティ・センター21、代表幹事の伊藤道雄は有馬をこう評価する。かつて、有馬が国際協力NGOセンターの理事長だった当時、伊藤はその事務局長として有馬と一緒に仕事をしていた人である。一九九六年から亡くなるまで、有馬はSVAの専務理事を務めながら同センターの理事長も務めていたのだ。

その国の文化を大切にする開発というのは、今や常識になりつつあると思うのだが、と言うと、「いやいや、本格的にやっているところは少ないです。有馬さんは事業として本格的に打ち立てました。そこは、日本のNGOがもっと学ぶべきだと思います」と伊藤に否定されてしまった。それが日本のNGOの現実だとしたら、光栄である反面、いささか切なくもあるが、文化を大切にした開発が、日本のNGOや開発協力の世界に果たした先駆的な功績でもあったことを再認識する思いである。

ボランティアは触媒である——有馬のボランティア論

有馬は、とりたてて国際開発学や海外援助論を専門的に学んだわけではない。山口で活動以来、目の前の弱い立場の人間に向き合って、試行錯誤を重ねて歩いていたに過ぎない。ところが、難民キャンプでの活動に至って、その体験の中から、文化を尊重した独特のボランティア論というものを結晶化させている。「ボランティア触媒論」という次の一文がある。そこに有馬のボランティア観がよく現われている。

難民を救うことができるのは難民自身なのです。難民が自立できるのは、難民自身が本来持っている能力によってなのです。本来その能力を持っている難民が、たまたま難民キャンプという状況のなかで、その可能性を閉ざされているだけなのです。

ボランティアはここを勘違いしてはなりません。ボランティアは「触媒」なのです。触媒は、化学反応においてそれ自体に変化がないのです。けれども、物質を活性化させ、化学反応の速度を速めます。化学方程式のなかには触媒は入り込む余地すらありません。でも、触媒が存在しない限り、化学反応はほとんど生じないのです。

ボランティア活動において、自らが主人公になることは慎しみましょう。難民こそが、主人公なのです。このことをもってボランティアの心得としたいですね。

——月刊『バンキャン・ポスト』、一九八五年四月号、曹洞宗ボランティア会

ボランティアは触媒である。主人公ではなく、黒子に過ぎない。相手と「共に生き、共に学ぶ」存在である——。有馬が思い描いていたボランティア像である。これは、その後、終生、有馬が信条としていた考え方でもある。

このような、犀利（さいり）で巧緻（こうち）な有馬のボランティア観、援助論は、アジアの地で出会った、計り知れない数多くの人々との出会いを通して培われたものに他ならない。

何と言っても、難民キャンプで初めて出会った上座部の僧侶たちから受けた衝撃は強烈なものであっ

平和行進を先導するマハー・コーサナンダ和尚

た。警策の三十棒より身に堪えたと、みずから述懐している。

タイのサケオ難民キャンプの近くにバンキャン村という村があった。ある日、有馬は、その村に止宿する黄衣の僧侶一群に出会っている。その中に、マハー・コーサナンダという一人のカンボジア僧がいた。インドに留学していたのだが、政変が起きて、祖国に帰ることができなくなり、以来、国境付近で同胞の救援活動を行なっていた。コーサナンダはその活動を続けるための資金集めに奔走し、死線をさまよう病人があれば、たとえ女性であっても腕に抱きとって病院へ運んでいった。上座部仏教では、僧侶が女性に接触するだけで破戒の行為となる。そう思って、有馬は訊ねた。

「破戒にならないのでしょうか?」

するとコーサナンダは、

「大丈夫。ブッダは眼をつぶってくれるよ」

と言い、片言の日本語でこう言った。

「マサカノトモガ、シンノトモ」

――まさかの時に手を携えてくれる友こそが真の友ではないですか、というのであった。

植林活動を指導するパンヤー和尚（右）

ナーン和尚

コーサナンダは、その後も、積極的に平和運動を続け、難民救済、和平実現、寺院復興、人権監視などに力を尽くしている。一九八八年、カンボジア仏教界大長老に任命され、一九九一年（平成三年）の和平協定締結後もカンボジア復興に精力を傾け、何度かノーベル平和賞候補にノミネートされている。

また、タイのスリン県で出会った僧侶、ナーンやパンヤーとの出会いも忘れがたいものであった。

ナーンは、極貧の農民を解放するためにはどうしたらいいか、自問を重ねた結果、村人に瞑想の修行を教え始めた人である。本来は、僧侶に伝授される修行なのだが、ナーンは村人の精神的な成長のためにはこれ以外にないと考えたのであった。

「農村問題を解決するのに、人間を開発しないで、いくらお金や物を与えても解決しない。人間の開発とは自分たちで問題を考え、自分たちで正しい選択の道を選ぶというプロセスを経ることである」という信念に基づいてのことであった。そして、ナーンのもう一つの努力は村人の借金をなくすことにあった。「サハバーン・カウ」という一種の米銀行をつくった。それは個人の利益が目的なのではなく、宗教的道徳に基づいた、村人の危機に備える保険のようなものである。

やはりスリンのバーンサワイ村に住む僧侶パンヤーは、村人の幸せと発展を考え、植林活動に力を入れていた。雨量が少なく乾燥の激しい大地が緑で覆われることによって、保水力を高め、農業を豊かにすると考えているからである。その他、村の女性や子どもたちのことも片時も忘れたことがない。女性たちの収入源を確保するため、この村に伝承されている絹織物の地場産業を育てようと努力し、子どもたちの奨学金を支給し、寺に子どもたちを集めて音楽を教えたりもしていた。

このほかにも、カンボジアやタイには、積極的に社会活動に取り組む〈開発僧(かいほっそう)〉と呼ばれる僧侶たちがいる。通常、上座部仏教は戒律が厳しく、僧侶が労働することは殺生に触れるとして避けられる傾向がある。そのような伝統からするなら、これらの僧侶たちの活動は僧侶らしからぬものである。実際、ナーンが活動を始めた当初、仏教界から、共産主義者だとか、キリスト教だとか、非難されたこともあったらしい。けれども、ナーンは語る。

「本来の僧侶たちは村人たちとの実践なくしてありえない。もし、ブッダが生きておられたら同じことをしたでしょう」

こうした行動的な仏教者の姿は、上座部仏教の僧侶というより、むしろ大乗仏教的でさえある。それらの姿を目の当たりにして、さすがに有馬は羞恥の思いを隠せなかった。

ナーン和尚や、私の出会ったパンヤー和尚の生きざまを見るとき、改めて日本の上座部仏教に対する理解のお粗末さ加減と、大乗を誇る日本の仏教者の奢り（おご）と怠慢を思い知らされるのです。

——前掲書

蓮の花を育てる泥になりたい——プラティープ発言の衝撃

僧侶だけではなかった。アジアの一般の市民との出会いから受けた衝撃も大きかった。その一人が、タイのバンコクのスラム、貧民街での活動に取り組んでいた女性プラティープであった。

プラティープは、ＳＶＡが活動を開始していたバンコクのクロント・イスラムに生まれ育ち、スラムの子どもたちの教育のために力を尽くしている人である。その活動が評価され、一九七八年（昭和五三年）には、アジアのノーベル賞といわれるマグサイサイ賞を受賞している。スラムでの活動以来、現在もＳＶＡとの連携が続いている。（その後、二〇二一年、タイ日の関係強化の功績が認められ、旭日中綬章を受章）

スラムの天使ともいわれる、プラティープ・ウンソンタム・秦

一九九〇年四月、プラティープは曹洞宗近畿管区教化センターの招きで来日し、京都で講演を行なった。そのとき、スラムの子どもたちの教育の問題や、スラムでの活動について話したあと、次のように語った。

「私は、美しい蓮の華を育てる沼地の泥になりたいのです」

この言葉に有馬は大変な衝撃を受けている。わざわざ一文をものしているほどである。禅では、食事の後や、さまざまな行事の後に〈後唄〉と称する次のようなお唱えごとをすることになっている。

処世界如虚空
如蓮華不著水
心清浄超於彼
稽首礼無上尊

有馬の言葉を借りて平易に述べるなら、――無辺に広がる大空のように、広々としたこだわりのない生き方をしたい。汚泥のなかに育ちながら、それに染まることなく、それを超越して美しい華を咲かせる蓮の華のような、清浄な心を持って生きていきたい――といったほどの意味になろうか。曹洞宗の僧侶たちは仏門に入って以来、この後唄の言葉を数え切れないほど唱える。有馬にしても然りである。ところが、プラティープが語るのは、私は蓮の華ではなく、蓮を育てる沼地の泥になりたいということであった。有馬ならずとも多くの僧侶たちが衝撃を受けたのも不思議はなかった。

プラティープの活動の場所は、文字通り、汚泥と悪臭に満ちた沼地の上のスラム。そこに住む子どもたちが美しい華を咲かせるように願って活動を続けてきたのだ。スラムの問題に真っ正面から取り組もうとするとき、スラムが内包する様々な問題は、プラティープに対しもっと泥にまみれ、汚泥そのものとなることを迫る。その生きざまに対する感動を有馬は次のように述べている。

「泥になりたい」という言葉の向こうに、第三世界のさまざまな矛盾のすべてを凝縮させていると言っても過言ではないほどのスラムの深刻さを感じるとともに、スラムの苦悩を共に担おうとしているプラティープさんの生きざまに感動を覚えるのです。

そして、同時に、その言葉を日本人自身に向けられた厳しい問い掛けであると受け止めたいのです。

曹洞宗ボランティア会は、同じクロントイ・スラムに新しい事務所を移転し、「スラム研修センター」を建設しました。さて、あなたたちは、どんな覚悟でスラムに取り組もうとしているのですか。人の生命を担いで生きることの本当の重さを分かっているのですか。

プラティープさんの言葉は、喉元に刃を突きつけられて返答を迫られているような恐ろしい言葉なのです。

——月刊『地球市民ジャーナル』、一九九〇年六月号、曹洞宗ボランティア会

触媒論の現代的意義——調停者、仲介者としての宗教者像

こうして、ここで紹介しきれないほど、アジアの多くの人々との出会いによって培われていったのが

有馬の「ボランティア触媒論」である。そこに、一つの独特のボランティア像が示されている。と同時に、虚心に探究するなら、これからの時代にふさわしい新しい仏教者像、あるいは宗教者像が提起されているようにも見える。

そこで、少し脇道に入るようではあるが、二つの例をあげて、ボランティア触媒論が内包する宗教者像について考えてみたい。

まず、筆者自身がカンボジアで出会った仏教寺院の社会活動とそれを指導する僧侶の姿について紹介してみたい。

カンボジアにバッタンバンという町がある。プノンペンに次ぐカンボジア第二の都市であるが、そのバッタンバンにノリア寺という寺がある。この寺は、孤児救済活動やエイズ／ＨＩＶ患者のケアに取り組んでいることで知られる。寺の境内に、「ノリア寺平和子どもの家」というＮＧＯがあり、孤児院が併設されている。そこには、両親がエイズ／ＨＩＶで亡くなったり、親から養育を拒否された子どもなどが、生活したり、教育を受けている。変動はあるようだが、私が訪ねた二〇〇五年二月の時点では、約六〇人の子どもたちが住んでいた。

触媒のはたらきを果たすムニー・ワンソヴェート和尚

「発足当時は、非難や批判もあって苦労しましたが、やっと軌道にのってきました」と、ＮＰＣ代表の僧侶ムニー・ワンソヴェート（二〇〇五年現在、三四歳）は語る。とくに感銘を受けるのは、彼らが宗教の垣根を越えた救援活動に果敢に挑戦していることである。

「このノリア村には、仏教、キリスト教、イスラームの信者たちが共存しているのです。ですから、エイズ／ＨＩＶの啓蒙教育もそうですが、地域の人々が抱える様々な困難に力を合わせて取り組みたいのです」と、ワンソヴェートは語る。実際に、二〇〇五年の一月、ＮＰＣがとりもって、三つの宗教のリーダー層の人々に集まってもらって最初の会議を開いた。そして、エイズ／ＨＩＶや人権など普遍的な問題についてはー緒に取り組むことに合意したという。その後も、一般住民を対象にした研修会も開いて、覚せい剤、人権、女性の権利、家庭内暴力などに関する意見交換も行なっている。

ワンソヴェートにイスラームとキリスト教徒の集落に案内してもらった。イスラームの集落は、数にして三七三世帯、約一九〇〇名、ほとんどがイスラームで、ノリア村全体の約三〇％に相当するという。到着すると、世話役たちがずらりと顔を揃えて待っていた。そして、「最初、話を聞いた時は驚いたがね。でも、困っている人を助けたいから、今年中に研修会を行ないたいと思っています。やがては全部の家庭に受講してほしいね」と長老は熱を込めて語った。

次に訪ねたキリスト教会では、エイズ／ＨＩＶ患者のケアを担当している一人の世話役が、このように語った。

「他宗教との協力ということをうかがって、少し戸惑いましたが、マタイの福音書の一節、『貧しい人に仕えなさい』という教えを実践することなのだと思いました。宗教は違うけれど、同じ村人だから助け合っていきたいです。宗教は違っても傷ついている人を助けることであれば、乗り越えることができると思います」

こうして、ノリア村では、現在NPCが仲立ちとなって共通の問題解決のため、各宗教の信者の代表、数人ずつから成る、「諸宗教協力委員会」を立ち上げようとしていた。別れしなに語ったワンソヴェートの言葉に大いに触発された。

「宗教対話や宗教協力といわれますが、具体的な問題に取り組むことが大切だと思います。私たちのような仲立ちを通した信仰のありようがもっとカンボジア内外に広がればいいと思っています」。

このカンボジア僧侶たちは、異質なものを〈仲介〉し〈調停〉している。他ならぬ〈触媒〉のはたらきを果たしている一つの実例がここにあるように思われる。

力の対決、民族の葛藤、宗教上の対立などからテロや紛争が相次ぐ現代であるが、そんな時であればこそ、時代が必要としている一つの人間像、宗教者像を目の当たりする思いである。

さて、もう一つの例は、稲垣繁美（国際日本文化研究センター助教授）の提起する人間像についてである。宗教学者山折哲雄は、その著『日本文明とは何か』の中で、「文明間の対話」という国際会議（二〇〇一年、京都、国連大学主催）で発表された稲垣繁美の報告を紹介している。そして、文明対話の最前線における「調停者」の困難な役割とその重要性の指摘がとくにつよく印象にのこったと述べている。孫引きの形になってしまうが、その一部を紹介すると、稲垣は文明対話の「調停者」の一つの例証として、南アフリカ出身のイギリス人作家、ローレンス・ヴァン・デル・ポストのことを取り上げている。

ポストは第二次大戦中、特別攻撃隊に加わって日本軍の捕虜となり、西と東の価値観の対立に悩まされる。しかし、その窮境をくぐり抜けるのに、南アフリカで幼少年期から得てきたサン＝ブッシュマンたちの生活の知恵と生き方が役立ったという。捕虜収容所内における東西の対立和解に有効に活用されたのだ。ポストが連合軍の捕虜と日本軍をとりもつ有能な調停者になったこと。そして、そのような役割を果たす調停者はしばしばおのれの生命を危険にさらし、ときにその危機を犠牲になることもあると稲垣は指摘しているという。稲垣の指摘するポストなどの「調停者」の姿にも、〈触媒〉のはたらきを見る思いがする。

さて、先ほどのカンボジアの僧侶ワンソヴェートが、カンボジアの一地域における異宗教を〈仲介〉しているとすれば、稲垣が指摘しているのは、文明対話の〈調停者〉の姿であるが、局面は異なるものの、そこに共通した一つの人間像が浮かび上がってくるように思われる。

人々の抱える苦難に飛び込み、面倒を引き受け、間をつなぎ、時に汚れ役となって問題を解決する縁の下の力持ち――。それは、地域、社会、民族、そして文明の間をとりもつ、「仲介者」であり、「調停者」の姿である。それは、時には危険を伴い、絶えざる自己変革を迫られる営みでもある。この時代に必要とされている一つの宗教者像がここにあるとは言えないだろうか。そして、出家や在家の区別なく、本来、仏教者こそそのはたらきにふさわしいとは言えないだろうか。さらには、ひょっとすると、現代の〈地涌(じゆ)の菩薩〉というものの一つのイメージもそのあたりにあるのではないかと思うのだが、いかがであろうか。釈尊が説法している席に大地から忽然と涌いてきた無数の菩薩。『法華経』に登場する菩薩たちのことである。大地から涌いてきたこの菩薩たちは実際に大地の生活をした人々、この現実の苦しみを味わった人々である。そのような人々こそ仏法を弘める資格を有するといわれる――。

さて、いささか大風呂敷を広げてしまったが、有馬の提起した「ボランティアは触媒」というテーゼは、今述べたような「仲介」や「調停」という問題群に連なり、さらには〈現代の菩薩〉とも言うべき人間像、宗教者像を照らし出しているように筆者には思われる。

第四章

菩薩——有馬の仏教観

弱き人々の救済者、叡尊への思い

外出のときはベレー帽をかぶり、長身を駆って颯爽と闊歩し、座って話せば機知に富んだユーモアで人を笑わせる有馬は、一見、お坊さんらしく見えなかったが、仏教者、宗教者としての中心軸をはずさない人であった。ここでは、有馬の仏教観とその意義について考えてみたい。

有馬の執筆した文章や講演に最もしげく引用され登場する人物は、何と言っても、鎌倉時代、社会救済事業に身を挺した仏僧叡尊（一二〇一～九〇）、その弟子忍性（一二一七～一三〇三）、そして、東大寺の大仏再建に活躍した仏僧重源（一一二一～一二〇六）であった。そこからもこの三人の影響がいかに大きかったかがうかがえる。というより、この三人の精神を現代に甦らせることを畢生の仕事と考えていたのではないかとさえ思われる。

現実の諸問題への対応力を失いかけ閉塞しつつあるかに見える現代仏教を転換する鍵がその三人にあるとみていた。民衆一人ひとりが主人公となり、その可能性が開花され、共生し協働する社会。そのような来るべき時代を開くヒントを三人の軌跡の中に感じ取っていた。もし、三人がこの現代に生きているとしたなら、どう考え、どう行動しているだろうか、と、おそらく何度も何度も思考実験を繰り返したに違いない。学問の対象としてではなく、現代や未来に通用する仏教的社会活動のモデルをそこに見出していた。有馬にとって、叡尊、忍性と重源は、すぐれてかけがえのない同時代人であったのだ。

さて、三人のうちでも叡尊を取り上げることが多かったように記憶する。とりわけ思い入れが強かったのかもしれない。

熊本県玉名市、蓮華院誕生寺の住職で、真言律宗の僧侶である川原英照は、ＪＳＲＣ（曹洞宗東南アジア難民救済会議）が難民キャンプで活動していたころ、初めて有馬と出会ったときの鮮烈な印象を語る。

「昭和五四年カンボジア難民が発生した時、これを座視してはいけないと、昭和五五年、先代の川原真如が全国信者に向けて、一食布施の募金運動を提唱したのです。そして、たちまち浄財が集まったのですが、これをどうやって現地に届ければいいのか、できれば、仏教系のボランティア団体に託したいと考えていました。

そんな時、寺を訪ねて来られたのが、シャンティ国際ボランティア会（ＳＶＡ）の生みの親、有馬実成師だったのです。当時はその前身である曹洞宗東南アジア難民救済会議の企画実行委員長でした。先代と共に当時副住職であった私が対応したのですが、有馬師は、何時間にもわたって難民たちの悲惨な状況と現地での活動の様子について切々と語られました。そして、最後に私は尋ねたんです。『有馬さん、あなたがここまでなさるバックボーンは何ですか』と。すると、すぐに答えられました。『真言律宗の開祖、叡尊上人の生涯と生き方です』と。頭にガーンと一撃を喰った気がしましたね。私は今まで何をやっていたのだろうと思いました。それが私の心の中にボランティアの道が開かれた時でした。それ以来、ＳＶＡとの交流が続いているわけです」

真言律宗は、叡尊を宗祖とする宗派である。一身を抛（なげう）って活躍する他宗、曹洞宗の僧侶から、自宗の宗祖を尊敬していると聞いて、川原は恐れ入ったという。また、この時を契機として、先代川原真如が中心となって、「蓮華院国際協力協会」が発足されて、二〇〇三年（平成一五）からは、「特定非営利活動法人れんげ国際ボランティア会」となって、現在もアジアの教育文化支援の活動を続けている。

その叡尊とは、鎌倉時代、当時、頽廃（たいはい）していた僧侶たちの姿を憂い、「釈迦に帰れ」と、戒律の護持をめざし、同時に社会救済活動に身を挺した仏僧である。「興法利生（こうぼうりしょう）」（仏法を興し、衆生を救済する）を掲げて、戒律復興の中心道場として奈良の西大寺を復興させ、多くの人々に戒を説き、授け、またハンセン病者の救済、橋や港湾の整備、寺社の修造、尼寺の創建など、様々な社会救済事業を行なった。

貧窮孤独の人々に対するこの叡尊の献身的な行為に有馬はいたく感服していた。本書でもすでに紹介したが、機会あるごとに、有馬が何度も繰り返し引用し、力説していたのが、叡尊が語ったとされる次の一説である。

> 『文殊師利般涅槃経（もんじゅしりはつねはんぎょう）』に生身（しょうしん）の文殊菩薩に会おうと思うなら慈悲心を起こせと書かれています。なぜならば、文殊菩薩がこの地上に出現するときは、必ず貧窮孤独（びんぐうこどく）の人々の姿となって現われるからです。貧窮孤独の人に出会い、無関心であったり忌避したりして慈悲心をもたない人は、文殊菩薩と出会いながらもついに文殊菩薩と出会えない。

さて、この般若野には差別され、抑圧され、家庭からも社会からも見捨てられた貧窮孤独の人々が肩を寄せ合って生活しています。しかし、その人たちこそ我々に慈悲の心を起こさせるために地上に現われ給うた文殊菩薩なのです。

――「戦後の仏教界におけるボランティア」（『日本仏教福祉概論』）より

こう語って、叡尊は風呂を沸かし、竈（かまど）を作って、入浴と施食（せじき）を行ない、病の介護を行なったという。ここに有馬は、菩薩僧の輩出をめざした宗教家叡尊の面目を感じ取ると同時に、慈悲心に依拠した仏教的社会活動の思想的根拠を見出していた。有馬の思想と行動の素地はこの一節にあると言っても過言ではない。

実は、有馬はインドのカルカッタを訪ね、マザー・テレサに会っている。一九七九年、カンボジア難民への救援活動を開始するにあたって、長期にわたる取り組みは必至であった。でも、そんな力はなく、マザー・テレサに勇気をもらい、その生きざまに触れたいと思ったからであった。有馬がその思いを直接本人に伝えると、「あなた方がそうなさりたいと思うならきっとできるでしょう」。一言、そう答えたという。そして、最も驚き感動したのはマザーテレサの足元を見た時であった。次のように述べている。

叡尊像（西大寺所蔵／奈良国立博物館提供）

「質素なゴムのサンダルを履いた素足の小指と薬指は大き

く外側に曲がり、真上を向いて直立していました。カーストという不条理を孕んだインドの大地に立って、徒労にも近い活動を続けるとき、愛を信じ、愛を注ぐことに神の意志を感じていたとしても、くじけそうになったり、煩悶するようなときもあったに違いありません。ひたすら祈り、祈り続けることによって勇気を取り戻し、大地を踏みしめて前に向かって歩み続けようとする強い意志、それを足の指に見出したのです。そして、インドにも叡尊がいたと思いました

――「NGOが地球市民を育む」後半、『「地球市民」が変える』より）

マザー・テレサの姿の中に、そしてタイの開発僧（かいはつそう）ナーン和尚の姿の中にも、有馬は〈叡尊〉を見出していた。有馬にとって叡尊は歴史上の先達であると同時に、宗派や宗教を超え、弱き立場の人々を救う宗教者、活動家のモデルであったのだ。

ただ、叡尊らのこのような文殊信仰に拠った救済活動は、必ずしも叡尊らが最初に行なったというわけではなく、すでに「文殊会（もんじゅえ）」として早くから行なわれていたようである。「三人寄れば文殊の智恵」という諺（ことわざ）があるように、文殊菩薩はもともと智恵を象徴する菩薩として知られているが、天変地異を防ぎ、国家護持の祈祷の本尊とされる場合もあった。また、古代から中世においては、貧民を救済する存在としても理解されていた。たとえば、八二八年（天長五）、二月、元興寺（がんごうじ）の僧泰然（たいねん）らの申請によって、太政官が諸国に命じ、毎年七月八日に、全国の村々において、文殊菩薩を供養し、貧民に食を施す、「文殊会」が行なわれることになった。それは一二世紀半ばにおいても、東寺（とうじ）・西寺（さいじ）で年中行事として行なわれていたという。

しかし、叡尊らが行なった活動は、このような従来の「文殊会」とは異なっていた。従来のものは、毎年、七月八日に行なわれる一回だけの事業であったが、叡尊らが行なったのは、毎年一回にとどまらず、随時、斎戒の授戒を行ない、恒常的に病気の治療も行なっていた。そして、治療のための施設を建設して長期的な救済活動も行なっていた。一時期盛大に行なわれた年中行事としての「文殊会」は、しだいに形式化していくのだが、その精神を再興させ、徹底させたのが叡尊らの文殊信仰に拠った救済活動であった。ここにいたって日本の文殊信仰は、一つの頂点に達したともいわれる。

ただ、この信仰は日本仏教という枠の中に留まるものではなく、視野を拡げてみると、そこに、他の宗教とも通底する普遍思想が脈打っているように思われる。いささか脇道に入るようであるが、重要と思うので少しお付き合い願いたい。先ほど、マザー・テレサと有馬との出会いのことについて触れたのだが、他にも、たとえば、一人のキリスト者の言葉の中に次のようなものがある。

開発途上国と呼ばれる世界には、極貧の人たちがあふれている。「彼らは、働く意欲も体力もない人間なのだから貧しいのは当然だ」と決めつけている人たちがいる。このような人たちは、律法学者やファリサイ派の人たちと同様、選民意識でそり返っている富める人たちである。

現代社会のいろいろな構造が生み出した悪が、こうした貧しさをつくり出していることに気づいてもいない。自らも構造悪に加担して構造的罪を犯していることを自覚していないのである。

イエスは教会の外の貧しい人たちのなかにたたずんでおられる。イエスに出会うことは、聖体拝領においてだけと思い込んでいる人たちは、教会の外にたたずむキリストを貧しい人たちのなかに

カトリック吉祥寺教会、後藤文雄神父

見いだしていない。
どこに派遣されようとも、教会はそこにいる貧しい人びとに、今までの仕打ちを詫び、赦しを乞い、かかえてもらって、苦しみと悲しみをともにしながら、必要なら怒りすらあらわにしてでも彼らと共生しなければならない。イエスがそのなかにおられるのだから。こんな生き方をするためには勇気が必要である。通常の生活様式すら変えなければならない。

——後藤文雄『ともに生きる世界』より

この言葉の主は、カトリック吉祥寺教会の神父、後藤文雄である。後藤は、ひょんなことからカンボジア難民の子どもたちの里親となって、一四人の里子を育て上げ、そののち、困窮にあえぐカンボジアの人々に助けを、と、現地の僧侶から届いた切実な願いに答えて、カンボジアの学校建設や教育支援、売春少女の自立支援、米銀行の米の備蓄などの支援活動に取り組んできた人である。後藤は記念すべきSVAの第一号の会員でもある。クリスチャンなのに、仏教系のNGOに関わることに抵抗はありませんでしたかと、尋ねたことがあるが、「人間が人間になるお手伝いをすることがわれわれの仕事です。宗教の違いは関係ありません」と答えたものである。

誠に僭越ながら上記の〈イエス、キリスト〉を〈文殊菩薩〉に、〈教会〉を〈寺〉に置き換えたなら、先述の叡尊の言葉と後藤神父の言葉はさほど変わらないように私には思われる。〝貧窮孤独の人々は文殊菩薩の出現〟と救済活動を呼びかけた叡尊。そして、〝イエスは教会の外の貧しい人の中にたたずんでおられる〟と、困窮するカンボジアの人々を支援している後藤。二人の立っている所はさほど隔たっていないように思われる。いや、時代や宗教の違いを超えた、ある〈同じ場所〉に立っていると言えるのではないだろうか。人間の苦悩の現実を直視し、そこに大いなる存在との繋がりを感受し、後藤の言葉の借りれば、〈人間が人間になるためのお手伝いをしよう〉との地平に立った時、人は宗教の違いを超えて、支え合い、協力し合えるのかもしれないと、深く考えさせられる。

今は、これ以上立ち入って考究する余裕も能力もないのだが、このあたりに、宗教の違いを超えた、普遍的な救済思想の一つがあるのかもしれないと感じる。さらに探究してみたい意欲をかきたてられる。

加えて、もう一つ着目したいのは、「釈迦に帰れ」と、当時の僧侶たちの頽廃を嘆き、叡尊が戒律復興の運動を展開していた時、その拠り所としていたのが、『悲華経』であり、そこで説かれる釈迦の大願を範としていたことである。一般には、あまり馴染みのない経典かもしれないが、この経典は、釈迦如来が、過去世に宝海梵志と呼ばれていた時に、宝蔵物の御前において五〇〇の大願を起こし、菩薩道〈他者の救済〉を行ない、穢土で成仏したことを説く経典である。ここで注目されるのは、阿弥陀信仰が〈西方極楽浄土〉での成仏を説いているのに対し、この経典では釈迦が五悪逆罪を犯した者、非人までも救済することを誓って、〈穢土〉で成仏している点である。叡尊らは、このような釈迦をモデルとみなし、浄土に往って成仏するのではなく、この穢土において成仏し、他者の救済を願った釈迦の五百願にならおうとしていたのだ。当時、浄土での成仏を主張する阿弥陀信仰が高揚していることに対抗して強調していたともいわれる。

有馬自身が、この『悲華経』について語ることを耳にしたことはないが、「いかに時代の苦悩というものを自分の課題として受け止めるか。それが、釈迦が教え示した道」と折りに触れて語り、また、先述のように、「蓮の花を育てる沼地の泥になりたい」とのプラティープの言葉に共鳴していた姿を思い起こすとき、おのずから『悲華経』的釈迦を範として歩いていたように思われる。

慈悲に過ぎた忍性

さて、有馬が強く惹かれ、その精神的、思想的バックボーンにしていた叡尊について考察してきたが、実は社会救済事業については、叡尊よりもむしろその弟子である忍性の方がよほど積極的であり、徹底していた。日本版のマザー・テレサと評されるほどに、忍性は奈良や鎌倉でのハンセン病者の救済において中心的な役割を果たした。有馬がこの忍性にも強く心惹かれていたことは疑いない。

思うに任せぬ苦境に立たされたとき、あるいは思案に暮れるとき、山口と東京を移動する途中、有馬はよく一人で奈良の「北山十八間戸(きたやまじゅうはちけんど)」を訪ねている。「北山十八間戸」とは、かつてその忍性が創建したともいわれるハンセン病者のための施設、文字通り十八間ばかりの小さな長屋のことである。

奈良市の北手に奈良坂といわれる一帯があり、そこにコスモスの寺として知られる般若寺がある。このあたりは、かつて、いわゆる非人と呼ばれた貧窮孤独の人々が多く住んでいたところといわれる。奈良にいたころ、忍性はこの一帯に住む貧民の救済活動にも取り組んでいた。師匠の叡尊も般若寺で大がかりな施食会を行なったことがある。

さらに、そこから少し坂を下った所、住宅地の家並みの一角に「北山十八間戸」はひっそりと建っている。遠く眼下に東大寺の大仏殿の偉容も見える。かつては景観を遮るものもなく、おそらくもっと眺めがよかったことであろう。

忍性にまつわるこのような話が伝わっている。

奈良坂に一人のハンセン病者がいた。病がひどくなって歩けなくなり乞食に出かけることができなかった。そのため、食物をとれないでいた。そのころ西大寺に住していた忍性は哀れに思って、そのハンセン病者を背負って大和の町へ連れて行き、夕方になるとまた背負って連れ帰った。それを一日おきに、数年間、風雨、寒暑にかかわらず続けたという。そのハンセン病者は、臨終に際して、忍性に言った。「私は必ず生まれ変わって来て、あなたの手伝いをし、あなたの徳に報います。その時は、顔に一つの瘡があるのできっとわかるでしょう」。はたして、忍性の弟子の中に瘡のある者がいて、忍性によく尽くしたので、人々は彼をその生まれ変わりと見なしていたという。西大寺から奈良坂までは二里ばかりもあるであろ

忍性像（称名寺所蔵／神奈川県立金沢文庫保管）

うか。それをはるばると往復したのだ。他に類例を聞かない倫を絶した行ないである。

このような由緒のある場であることを、むろん有馬はよく知ってのことである。その場に佇んで、有馬はどんな思索に耽ったのであろうか。現在と歴史の出来事を交互に心に描きながら、忍性から何らかのインスピレーションがやってくることを待ち望んだのであろうか——。講演や文章に取り上げる機会は叡尊ほどではなかったが、紛れもなく忍性の生涯も有馬の大きな精神的支えとなっていた。


忍性は一二三九年（延応元）、叡尊と出会い、そして、翌、一二四〇年（仁知元）、二四歳のとき、叡尊について戒を受け、出家している。しかし、叡尊に出会う前から忍性は熱心に文殊菩薩を信仰していたようである。一九歳の時から六年間、毎月、生駒（いこま）の竹林寺（ちくりんじ）に参詣していたといわれる。竹林寺は行基（ぎょうき）が開いたと伝えられ、行基を文殊菩薩の化身とする信仰に基づいた寺である。そのことからも、忍性がいかに文殊菩薩を熱心に信仰していたかがわかる。さらには、忍性が加わるまで叡尊教団に文殊信仰は見られないといわれるので、先ほどの一説に見られるような、行基を文殊の化身として崇拝し、救済活動のモデルとした叡尊らの文殊信仰のありようは、忍性によってもたらされたのかもしれない。

やがて、一二五二年（建長四）、三六歳のとき、忍性は叡尊のもとを離れ、関東に赴く。東国に伝道しようとしてのことであった。まず、常陸の国に入って戒律の教えを弘めた。そして一二六一年（弘長元）、四五歳のとき、当時の政治の中心地であった鎌倉に入る。彼の名声はすでに知られていたようで、執権北条時頼から手厚く遇される。やがて一二六七年（文永四）、極楽寺に移り、そののち三七年間、この寺の住職となって、いよいよ目覚ましい救済活動を繰り広げることになる。ハンセン病者の療養、貧民救済はじめ、港である和賀江嶋の修築・維持、由比ヶ浜の管理、道路・橋の修築・維持などにも取り組んだ。現代風に言えば、都市鎌倉の公共・福祉事業を鎌倉幕府に代わって行なったとも言えようか。

極楽寺の盛時（鎌倉末期）を偲んで江戸期に作成された極楽寺絵図というものがあるが、そこには、これら忍性が率いて行なわれた救済活動の施設が一覧できるように描かれている。その中には、坂下馬病舎というものがある。つまり、彼の慈悲心、救済の対象は動物にまで及んでいたのだ。

こうした忍性の活動は、師匠の叡尊をして〈慈悲に過ぎた〉と言わしめるほど、積極的で徹底したものであった。それでも、忍性の活動の本質は「慈悲」の一語に尽きる、と、叡尊はその活動を賛嘆もしている。実はこのあたりに叡尊と忍性の分岐点があるようだ。つまり、叡尊も社会事業を行なったのだが、律宗の戒律と矛盾しない範囲内で行なおうとしていた。しかしながら、忍性は、土木事業を起こし、経済活動さえも盛んに行ない、知らず知らずのうちに、律宗の範囲を逸脱していたようだ。あるいは忍性には戒律を破っているという意識はなかったのかもしれない。

献身的、精力的な大事業を行なっただけに、忍性は、やがて将軍から庶民に至るまで、多くの人々からの尊敬を集め、生身（しょうしん）の如来とも仰がれるようになる。けれど、同時に激しい非難や批判も浴びせる人物が現われた。それが日蓮である。二人はあたかも宿敵と思えるほど激しく対立する。その背景には、鎌倉という都市における信者獲得をめぐる競争心もあったようであるが、日蓮はとくに忍性が時の政権と結びついたことを非難している。

だが、考えてみれば、忍性が行なったような大規模な土木事業は、到底、村人の勤労奉仕というレベルのものでなしうるものではない。そして、多大の経済力も必要としたはずである。たとえ、政権と結びつき、国家の諸機関を利用してでも、人々を救済することこそ慈悲の精神に叶っていると考えていたのかもしれない。むろん、当時の支配階級が民衆の生活不安からくる混乱を防ぐため忍性を利用しようとした向きもあったかもしれない。いずれにせよ、清濁併せのんで事業を達成しようとする忍性の政治力、経済力をこそ高く評すべきように思われる。実際、忍性は、師の叡尊よりも現実的で経営の才覚にすぐれた人だったようである。

また、日蓮は、「布絹財宝を貯え、貸し金業を営んでいるのは、教と行ないが既に相違している」と、忍性を批判してもいる。おそらく、忍性は集まったお金を慈善事業に充てようとしていたのだと思われるが、たしかに、この一点だけは律宗僧侶としての忍性の弱点を突いているといえるかもしれない。と言うのも、四分律などの伝統的戒律によれば、仏教教団の修行者は経済行為に関係してはならないことになっているからである。忍性が経済力を準備し、土木事業を行なうごとに、戒律を破ることにつながっていたようだ。師匠の叡尊が、〈慈悲に過ぎた〉と忍性を難じたのもそのあたりを指していたのであろうか。それほどまでに忍性は慈悲の実践に徹底していた。ただ、忍性は終生、叡尊を師と仰いで生き抜いた人である。

忍性とフランチェスコ

さて、このような叡尊や忍性は、同時代に活躍した道元や親鸞や日蓮などの仏教者に比して取り上げられることがあまりに少ないのだが、中には、「彼は当時の諸高僧にはあまり見られない意義をもっている。彼は世界的視点において問題にされるべき人なのである」と、ひときわ忍性を高く評した人がいる。それは、インド学、仏教学、そして比較思想の世界的な泰斗であった故中村元（なかむらはじめ）である。中村は、日本の知識人の常識を憂い、次のように述べている。

「人々のために献身的奉仕をするという精神が日本仏教には欠けている」と批評を下すのが、現在の日本知識人の一般の流行のようである。それと対照的に彼らはキリスト教徒の活動を讃美する。これは直接には西洋における思想家の批判を継承しているのである。

——中村元『日本宗教の近代性』より

しかしながら、中村は「このような見解に全面的に肯定することはできない」と述べて、忍性の生涯を紹介し、献身的な大事業を行なった忍性の生涯こそ、そのような西洋思想家たちの東洋宗教の特徴と指摘するものに対する偉大なる反証である、と忍性を賛嘆している。

さらには、「現代のわれわれにとっては、日本の宗教を外国の宗教と対決させるための一つの手がかりとして、また今後の日本仏教の進展に示唆を与えるためにも、彼（忍性）は重要な人物であるといわなければならない」と指摘する。

中村は、「物質的自然にはたらきかけて人々を救済しようと努めた点では、日本仏教史上、忍性にまさっている人はおそらくいないであろう。貧民救済・利用厚生・病人への奉仕というでの慈悲行についていうならば、鎌倉時代の高僧である道元も親鸞も日蓮も、何ら著しいことを行なっていない」と、日本仏教史の中での忍性を位置づけている。すなわち、中村は、様々な社会奉仕活動のうちでも、〈外界の物質的自然に合理的にはたらきかける活動〉にこそ、世界の宗教と対決しうる日本宗教の近代性があるとみていた。その近代性とは、言い換えれば、現代、未来の諸問題に通用しうる諸要素とも言えるだろうか。その実例を忍性の中に見ていたのだ。

そして、さらに中村は、忍性の生存年代が、西洋におけるフランチェスコ（一一八一～一二二六）とほぼ同時代であることも歴史的に非常に興味深いものがある、と語り、次のように指摘する。

> 人々に対する献身的奉仕に生涯を終始したという点では、忍性は聖フランチェスコに比較されてよい。しかし慈悲の実践という点では、忍性律師のほうが聖フランチェスコよりもはるかに徹底していた。……のみならず、身を清くたもちながら世俗的活動において大事業を完成したという点では、忍性のほうがはるかにフランチェスコよりもすぐれている。ところでフランチェスコの周囲には帰依者の団体フランシスコ会が結成された。……ところが忍性の周囲には、このような社会活動のための組織が形成されなかった。だから、忍性個人の死没とともに、おそらく幕府の後援もなくなったために、あのような偉大な社会活動も死滅してしまった。この相違は個人としてのフランチェスコや忍性その人に帰することのできないものではなかろうか。
>
> ――前掲書

こうして、中村は、忍性の活動が、彼の没後、ほとんど発展せず、途絶えてしまった歴史的事実を悔やみ、日本に伝わるこのような伝統を新たな分野で生かされなければならないと述べる。

学術研究の議論としてのみではなく、世界的視野をもち、日本仏教の進展を希う立場からここまで忍性の現代的意義を評した人は中村をおいておそらくいないのではないだろうか。慈悲心こそ仏教の精髄であると捉え、なおかつ比較思想の開拓者でもあった中村の炯眼に今さらながら感嘆させられる。

余談になるかもしれないが、中村は、東京大学における最終講義において、「思想研究とは民衆のうめき声を聞くものである」という言葉を残している。そして、晩年、仏教講座のテレビ番組に出演中、忍性のくだりになると、中村は一人涙ぐんでおられたという。当時、一緒に出演されていた奈良康明（駒澤大学名誉教授）が伝える話である。

さて、ここで有馬の話に戻るのだが、この中村の問題意識を最もよく共有できる人物は、おそらく有馬だったのではないかと思ってしまう。というのも、中村が言ったような課題。すなわち、中村の言葉を借りれば、物質的自然に合理的にはたらきかけて人々を救済しようとする日本宗教の伝統を、現代において、新たな分野において生かそうと試行錯誤していたのが、まさしく有馬に他ならないからである。有馬は、叡尊や忍性を仏教的救済事業のモデルとして捉え、現代日本にその精神を甦らせようと、市民運動やＮＧＯ活動に挑戦していたからである。

有馬実成と中村元の交流——カンボジア仏教復興と日本の役割

実は、有馬と中村には接点があった。一九九〇年代、ＳＶＡがカンボジア語版の『南伝大蔵経』を復刻出版する事業を手伝った時期がある。その際、中村に監修をお願いし、その打ち合わせのため、有馬

復刻されたカンボジア語版『大蔵経』

は中村に幾度となく会っているのだ。そこで、少し脇道に入るかもしれないが、稀代の活動家と仏教学者がどんな対話をしていたのかを知ることは貴重だと思うので簡単に触れておきたい。

ポルポト政権下、カンボジアでは教師や僧侶など知識人層がほとんど殺害され、仏典や書物なども次々に焼却されてしまった。伝統文化がほとんど完膚なきまで破壊されてしまった。日本とは比較にならないほど僧侶が信頼され、篤い信仰が残っている仏教国カンボジアのためには、まず、仏典の復刻と僧侶の育成が急務と考えての事業であった。

一九九四年、当時、SVA理事であった無着成恭を代表世話人とした特別プロジェクトチーム、「トリピタカ（南伝大蔵経）復刻救援委員会」がSVA事務局内に組織され、それから一年後、宗派を超えた多くの仏教関係者と一般の方々の支持を集め、全一一〇巻を一二〇〇組、冊数にして一三万二〇〇〇冊を復刻し、カンボジアに贈ることができた。

一九九五年六月二〇日、国会を休止してカンボジアの国家行事として贈呈式が行なわれた。当時の国家元首であったシアヌーク国王以下、首相、閣僚全員が出席。カンボジア側の招きによって、日本からも支援者など八六名が出席した。この国にとって仏教がどれほどかけがえのないものであるか、実感する時であった。同時に、文化を尊重し、人々の精神的励ましとなる国際協力、復興支援の意義を確信する時でもあった。日本ではまったく報じられず、知られていないことが残念でならない。

ちょうど、その事業の準備が始まっていたころの一九九二年、有馬と中村は「カンボジア仏教復興と日本の役割」と題して、「仏教タイムス」紙上において対談しているのだ。有馬がカンボジア仏教復興の現状について語り、仏教書復興は現代の印施運動であると提起すると、中村は比較宗教的、仏教史的な観点からカンボジア仏教復興支援の意義について語り、期待感を寄せている。次のやりとりからだけでも片鱗がうかがえる。

有馬　日本の木版刷りの仏教書は江戸時代からお金のある人からの印施によって出版されてきましたね。そこで、カンボジアの仏教復興、特に仏教書の復興はこうした日本仏教の伝統を継承する意味も込めて、現代における印施の運動と捉えたいと思っています。

興正菩薩叡尊は「生きた文殊菩薩に会いたくば慈悲心をおこせ。生きた文殊菩薩はどこにいるかといえば、それはまさに貧窮孤独のなかにあえいでいる衆生のなかにいるのだ」とおっしゃった。マハーヤーナを誇りながらそこに目が行かないなら、生きた文殊にも釈迦にも会えないのではないかと。

中村　まさにその通りですね。インドのビヴェーカナンダやラーマクリシュナは「宗教の本質はどこにあるのか。それは、教義にあるのではなく、人を愛することの中にある。飢えて苦しむ人に教義を説くことは、パンではなく石を与えることだ」と言っていますが、カンボジアの方が苦しんでいる時まず救ける、その中に仏教が現われてくるということです。

カンボジア語の本を届けるということで、生活も向上するでしょうし、文化も復興する。ありがたいことです。彼らはなまけているから苦しむんだという見方があるがそうではない。世界中の強国が害を与えたのですから。そう思えば、カンボジア救援に参加しなければという気持ちになると思います。

——「仏教タイムス」(一九九二年七月三〇日号)より

後年、有馬は感激の面持ちで洩らしたことがある。

「中村元先生が、思想研究は民衆のうめき声を聞くことであると書いているんだ。すごいね」

〈うめき〉とは、サンスクリット語で「カルナー」(karuṇā)。「慈悲」の〈悲〉のことである。仏教ボランティアの行動原理として「慈悲の社会化」を標榜していた有馬からすれば、まさに、わが意を得たりという心境だったのかもしれない。

中世のさすらい人、重源にならいて

さて、有馬が仏教的社会活動のモデルとしていた仏教者の話に戻る。叡尊、忍性とともに、有馬が私淑したもう一人の仏教者、それは平安時代から鎌倉時代にかけて活躍した俊乗房重源(一一二一~一二〇六)である。重源は大学受験で日本史を選ぶ人などにとっては正しく答えねばならない人物の一人である。平重衡による南都の焼き討ちで灰燼と帰した東大寺を復興した中心人物として知られる。しかし、大寺に住む高僧ではなく、〈聖〉という半僧半俗の仏教者で、常に民衆に向き合い、仏教界ではアウトサイダーだったこともあってか、怪しげで、いかがわしさをもっていた人であるとも言われる。

東大寺の俊乗堂に安置されている重源坐像は、重源が八六歳で没したころに造立されたものと言われるが、細い目で眼光鋭くじっと前を凝視し、念珠を爪繰るその姿は、ミイラがそのまま坐像になったのではないかと言う人がいるぐらいに生々しい。写真で見るからにも並々ならぬ意志力をもった人物であったことがうかがわれる。先年、東大寺を訪ねたとき、北河原公敬（きたがわらこうけい）執事長（当時）が語ってくれたことがある。

「今でも重源さんの祥月命日である七月五日に、俊乗堂の重源さんの坐像の前で、私たちは『法華八講』を唱えます。そして毎月五日にも法要を行ないます。そのときは『理趣経（りしゅきょう）』を唱えます。その時、コの字型に座るのですが、中堅どころの立場の人間が座る場所がちょうど坐像の真っ正面の位置なんです。顔を上げる度に目線が合います。ドキッとしたものです。ぱっと目を開いているわけではないんですが、鋭い生気を感じます。六〇歳を過ぎたお年になってから、あの役職をお引き受けになるというのは、よほどの意志の強さ、信念の強さをお持ちの方だったのだと思います。坐像に向き合わせていただく度に思います」

重源像（東大寺所蔵／奈良国立博物館提供）

たしかに重源が大仏復興という大事業の勅命を受けたのは六一歳の時、それから二〇年以上かけて力を尽くし、見事に復興造営を成し遂げたのが八三歳の時、じつに二二年かけて目的を果たし、その三年後、八六歳で亡くなっている。そのパワーは並大抵ではない。現代の中高年の人々にとって心の支えとなる人物の一人かもしれない。生前、有馬はときおり重源の名前を口にしていたが、有馬が元気なうちは正直言ってそれほど気に止めていなかった。真剣にその人柄や事跡について繙(ひもと)いてみる気になったのは有馬が亡くなってからのことである。そして、その並々ならぬ歩みを知るにつけ、有馬がなぜ重源に惹かれ学ぼうとしていたか得心できた。と同時に、もっと早くに知っていたなら、もっと様々な見識を聴けただろうにと、自分の怠惰が悔やまれた。

重源は、一一二一年（保安二）下級貴族紀季重(きのすえしげ)の子として生まれ、一三歳の時、醍醐寺(だいごじ)で出家している。真言密教の僧としての出発である。そののち、醍醐寺の伝統にのっとり、山林での激しい修行に出発し、四国の霊地や、大峰、熊野、御嶽、葛城、高野山などの霊山で修行する。重源の生涯を通じての特徴は一カ所にとどまることなく、同行者とともに常に歩み続けたことである。諸国を渡り歩くことは〈聖〉と呼ばれた修行者の常のことであったが、重源の行動は卓越していた。修行のために訪れた聖地は、近畿一帯から四国、北陸までに及んでいる。そして、重源は大陸の宋の国に三度渡ったといわれる。自ら「入宋三度(にっそう)」と語ってその功績を誇示して語るのが常だったという。さらに、こうした厳しい修行とともに、重源は如法経(にょほうきょう)や千部経の勧進(かんじん)をしていた。つまり、人々に法を説き、写経供養をすすめ、道路や橋、寺や仏像を造るための資金集めに奔走していたのだ。

重源は〈聖〉という修行者で、各地を渡り歩き勧進をしていたと述べたが、重源とはどんな立場でどんなはたらきを担っていた仏教者であったのか、いま少し立ち入って見てみよう。

当時の正規の僧というのは、国家が認めて、戒を授けた、いわゆる国家公務員としての僧侶のことをさしていた。日本に伝来された仏教は、中国の隋、唐の仏教であり、その仏教は国家仏教であったために日本の奈良、平安の仏教も自然にそれにならった。それに対して、国家公務員ではない僧侶たちがいた。その一つが〈聖〉である。聖たちは、諸国を遊行し勧進していた人たちである。〈勧進〉とはどんな意味であろうか。もともとこの言葉は、人に仏道を勧め、写経や仏像を造るなどの善行にいざなうという意味であった。ところが、しだいにそのような行為のためにお金の寄付を求めることを意味するようになった。したがって、寺や仏像を造ったり、時には道路や橋を造ったりするための寄付を募る行為を〈勧進〉と考えていいようだ。勧進を行なっていたところから聖たちは〈勧進聖〉とも呼ばれる。

この聖たちが、たとえば、高野山、善光寺、長谷寺、四天王寺、東大寺、鞍馬寺、清涼寺などの、どこかの寺に属し、その寺の勧進に従事していた。と言って、その寺の専属というわけではなく、お互いに交流したり遊行したりしていたようである。そして、その中でも、とくに有名なのが高野山に属していた「高野聖」である。彼らは、弘法大師のご利益とともに、当時流行していた念仏も取り入れて信仰化し、「病気なおしにはお大師さまの加持祈祷を。死者に対しては阿弥陀如来の本願を慕う念仏を」と語って諸国を歩いた。えてして彼らは多芸多能であったといわれるが、それは勧進のために人心をつかむための方便やテクニックである場合が多かったという。こうして仏法や喜捨の功徳を語る聖たちの説経はしだいに芸能化し、一面では日本の民間芸能をも豊かにしていった。

そして、このような高野聖のうちでも最も巨大な存在が他ならぬ俊乗房重源なのである。重源の生涯は、ひたすら勧進に精魂傾けた軌跡と言ってもいいかもしれない。当時、日本で最も長い橋のうちに入る瀬田の唐橋（からはし）や大阪の渡辺橋の修築も行ない、湯屋（ゆや）（大衆浴場）を各地に建てる勧進を行なった。そして、何と言っても大仏復興のための勧進という大事業を完遂したのである。

重源にしたたかな一面を感じるのは、これら全国規模の勧進を行なう上で、様々な信仰を取り入れていることである。真言密教をもとにしながらも、法華経を書写し供養する儀礼を取り入れたり、一方では南無阿弥陀仏の念仏もすすめた。当時の仏教信仰の潮流であった密教と法華経と浄土教という三つの要素を包括させたこのような信仰は人々の気持ちを引きつけるに十分効果的であった。

こうして高野山や醍醐を中心に修行と勧進に取り組んでいた重源が、一躍歴史の表舞台に登場するのが大仏再建の勅命を受けてからのことである。

焼き討ちに遭って灰燼と帰した東大寺を再建する事業はまず国家プロジェクトの体裁を整えることから始まる。しかし、事実上、その事業は重源の主導によって進められる。なぜそうだったのか。その最大の理由は、再建のための人員、技術、経費、そして資材の調達がきわめて困難であったからではないかといわれる。国政では何ともならない状況を民間活力やノウハウに期待し、その白羽の矢が重源に立ったということである。それだけ見込まれていたということになる。事実、当時、重源は〈仕度第一〉と言われていた。おそらく、それまで多くの土木建築事業を行なってきたこともあって、仕事の段取りや組織運営にすぐれた手腕をもっていたのではないかと思われる。いわば現代の経営者が業務内容に通（つう）暁（ぎょう）し、それぞれの部署で、それぞれの専門技術者が効率的に働くようにマネージメントする知識や才覚のことである。重源は総合プロデューサーとして抜擢されたのだ。

では、四半世紀に及ぶ東大寺の再建という大事業がどのように展開されたのか、そのプロセスを概観してみたい。

朝廷から東大寺造営勧進の宣旨（せんじ）を賜ると、重源はまず一輪車を造って配下の聖たちに引かせ、近畿地方はもとより、七道に派遣して精力的に勧進活動を開始する。朝廷をはじめ、鎌倉の源頼朝からも巨額の寄進を得て、さらに広く庶民にも寄進を求めて旅した。このような勧進聖の集団というのは一種の企業体のようなものであり、歴史学者の中には「資本家の先駆」であるとさえ言う人もいる。

いよいよ工事にかかると、様々な技術者を集めなければならなかった。重源は日本と宋の国の鋳物師（いもじ）集団を採用し協力させた。日本人一四人に加え、宋の鋳物師として著名であった陳和卿（ちんなけい）ら七名が関わった。しかし、工事の進捗は順調ではなかった。溶かした銅を流し込むと、突然大爆発を起こすという事故が起きてしまった。そして人間関係におけるトラブルも生じた。重源が河内国（かわち）の鋳物師を加えたところ、宋人鋳物師たちが不快の色を示したといわれる。日本と宋の技術者間における確執である。結局、和解に至ったようであるが、異文化の交流においてしばしば生じる衝突、混乱であったのではないかと推測される。鋳造には総勢七二人同心合力したとあるので、先ほどの二一を加えてもまだ五〇人の鋳物師がいたことになる。日本と宋の間だけではなく、日本人の鋳物師においても、出身地域や所属する寺社が異なっていたので、大人数からくる様々な困難とその調整は並大抵でなかったと想像される。また、多くの宋人石工も加わっており、その中でも光彩を放っていたのが、伊行末（いぎょうまつ）の一派であった。

さて、東大寺再建の第二の段階は大仏殿の建立であった。ここでも、重源は様々な困難に直面する。その一つが用材の確保であった。とくに巨木を入手するのは容易なことではなかった。どこに良材があるか各地の調査が急がれた。そして、結果的に、これらの用材は東大寺の近郊ではなく周防国（山口県）に求められることになった。けれども、当時、この国の人々は、源平の戦乱で疲弊し、流亡する人や飢餓を訴える人も多く、困窮の極限状態にあった。労働力を期待する以前に、この人々の生活の安定をはかることから始めねばならなかった。重源は米を与えたり、野菜の種を取り寄せ、耕作を励行させるなどして国府の繁栄をはかった。

さらに重源は様々なアイディアを駆使してその手腕を発揮していく。重源たちが入植したのは、今の山口県徳地町（現・山口市）である。今も山林が鬱蒼と茂っている。重源は杣人に良木を探させるために米一石の懸賞を出した。これは飢えていた人々にとって効果てきめんで、谷や峰を歩いて探し回り、長さ約三〇メートル、口径約一六五センチの巨木の在処を報告してきたという。次にこれらの巨木の運搬をすることも困難をきわめた。そこで、山や峰を引き揚げるとき、二基の轆轤を造り、巨木の両端に付けた大綱でこれを引く、という方法を重源は考案した。これによって、それまで一〇〇〇人以上を必要とした人夫の数が、七〇人で済むようになったという。この他、過酷な労働で疲労した人々を癒すための施設として、今のサウナに相当する石風呂を方々に設置した。これらを見るだけでも、重源の斬新な知恵や細かい配慮というものをうかがうことができる。

このような活動の拠点となったのが、周防国衙であり、阿弥陀寺であった。重源は、東大寺再建のための現地拠点として諸国に七つの〈別所〉というものを設けたのだが、その七つとは、この阿弥陀寺のほかに、東大寺内の東大寺別所、高野山新別所、摂津の渡辺別所、播磨の浄土寺、備中別所、伊賀新大仏寺である。広辞苑によると、別所とは、「本寺としての周辺に結ばれた草庵の集落化したもの」とあるが、重源の設けた別所の場合、寺院という宗教施設であると同時に、資材調達の出先機関であり、厚生施設であり、職業訓練センターでもあるという複合的な施設と言えるものであった。

その中でも最大の拠点であったのがこの阿弥陀寺である。有馬の自坊のある徳山（現周南市）から近いせいもあって、有馬も幾度となくここを訪ねている。山口県防府市、ＪＲ防府駅から大平山の方角に向かってしばらく車を走らせると、麓から中腹にかけて東大寺別院、阿弥陀寺の僧坊が建っている。ここは周防別所といわれ、後白河法皇の現世安穏を祈って、文治三年（一一八七）に重源が創建し、東大寺再建のための木材切り出しの拠点となった所である。今は「あじさい寺」として知られ、シーズンになると長蛇の列をなして車が並び、道が渋滞するほどに参拝客で賑わう。

車を降りて参道を登ると、緑の木立ちに包まれた茅葺きの仁王門が建っている。その穏やかな佇まいに思わずほっとする。門をくぐると右手に石風呂や湯屋がある。この石風呂は、前述のように東大寺の用材の伐り出しに従事する人夫たちの病気治療や疲労回復のために重源が設けたものと伝えられる。入浴の方法は、内部で枯芝を焚き、残り火を掻き出し、石菖を敷き、その上に筵を置いて着衣のまま横たわるのだという。僧坊の多くは長い年月の間に廃退し、今では本坊のみが残る。およそ三三〇〇坪の境内は、樹木に包まれ、その中に本堂、護摩堂、開山堂、念仏堂、経堂、庫裡、仁王門、石風呂や湯屋が点在している。予約をしておくと重源坐像などが安置されている宝物館を見学できる。阿弥陀寺の重源像は東大寺のそれに比べると幾分穏やかな表情に見える。が、ここにいた時の重源は浄土信仰を核として人心を集約しつつ、事業の展開、人々のケアや教育に精励し、文字通り物心両面に八面六臂の活躍だったはずである。

そして、いよいよ東大寺再建の最後の段階は、戒壇院（かいだんいん）や南大門が完成し、諸仏菩薩像も彫像されて、往時の景観が復元され総供養が行なわれるまでである。

記憶に新しいところであるが、一九八八年（昭和六三）から二〇〇三年（平成五）にかけて、南大門の二体の金剛力士像が解体されたことがあった。そのとき、体内や持ち物のあちこちに、数百人に上る人々の名前が墨書されているのが発見されたという。それは運慶、快慶に率いられた仏師であったり、重源配下の勧進聖であったり、結縁（けちえん）した高僧から庶民までの名前であったという。人々の信心というものが響いてくるようだ。南大門だけではなく、東大寺の再建全体が、このような無数の人々によって支えられていたのだ。為政者の支配によって奴隷のごとく働かされたというのではなく、人々の信心によって支えられていたことを思わずにいられない。

さて、駆け足で一瞥したが、東大寺再建という事業がいかに膨大なスケールであったか、そしてこれを完遂させた中心人物、重源がいかに並はずれた才覚や意志力の持ち主であったか、以上からだけでも偲ばれるのではないだろうか。これは鎌倉時代という過去のことであるが、単に歴史上の出来事であろうか。少なくとも有馬はそう考えてはいなかった。深い感動、共感とともに、重源の事跡を現代に活かせないものかと真剣に思考していたのである。そして、そこに日本のNGO活動の源流を感じ取っていたのである。では重源のどこに有馬は惹かれたのであろうか。それは重源が行なった大事業そのものというより、その裏にあったネットワークの面白さ、そして、〈別所〉という存在にあったようである。そのことを次のように語っている。

重源に惹かれるのは、一大建設工事をなし終えた人という点にあるのではなく、その建設のプロジェクト、事業の遂行の裏にあるネットワークの面白さにあります。各地に別所を造ったと言いましたが、この別所こそが重源の本当にやりたかった仕事であったのではないかと思えるのです。……中略……各地に造った別所。これは多様な機能を持った施設でした。重源は仏教僧ですから、信仰と道場という性格を持っていたのは当然として、それ以外にホームレスの人の無料宿泊施設であり、食事を提供する場所でもありました。そして、その人たちの健康を癒す医療サービスも行ない、職業訓練も行ないました。渡辺では、瀬戸内海から運ばれてくる木材を淀川に引き込み、木津まで運ぶという仕事を提供し、そのための操船技術や筏を操る技術訓練を行なったことでしょう。備前では、瓦の製造技術、周防では、木材伐採技術や河川改修、木材を筏に組む技術を教えました。そして、これらの別所をネットワークさせ、東大寺の再建という巨大なプロジェクトに統合させていくのです。

別所とは、今で言う総合福祉センターであり、職業訓練センターであり、職業斡旋所でもありました。また、技術者集団のターミナルであり、飯場であり、寄せ場に近い性格を持っていました。

道路改修、河川改修、港湾改修も行なっていますから、建設省（現在、国土交通省）の地方事務所みたいな性格もありました。別所に集まってくる庶民の求めているニーズ、要望に応えていくのですから、ニーズ、要請の数ほど業務は作られたと言うほうが正しいのかもしれません。

——「NGOが地球市民を育む」（『地球市民が変える』）より

〈別所〉のもつ意義や可能性について、これほど見事に活き活きと描いた文章はそうお目にかかれるものではないと思う。〈現代にこそ別所のような総合センター、総合施設が必要である〉との熱意のほどがこのように筆を運ばせているのだと思う。学術的な関心というより、現実の諸問題を解決し、切り開くための、すぐれて現代的なモデルとして重源を捉え、〈別所〉というものに可能性を見出していたからであろう。

重源は〈ひらめ〉か〈大すかぶら〉か

さて、話は変わるのだが、かつて有馬が村崎修二（むらさきしゅうじ）という人物と重源について対談したことがある。この対談は、有馬がその重源像を披瀝した数少ない機会であった。二人は意気投合して、重源の人間像に迫ることを通して、仏教や歴史はもとより、芸能、文化、ボランティア、教育など、幅広い領域にわたる斬新な視点が提示され、とても刺激的で興味深い。そこで、ぜひともここで紹介しておきたい。

この対談は、一九九一年、山口県佐波郡徳地町（現・山口市）で開催された「歴史フォーラム」において、「中世のさすらい人たち」というテーマで行なわれた。徳地町は先述のように、東大寺の造営用材切り出しの場として選ばれた地。重源ゆかりの地である。この町は重源の事績を顕彰し、東大寺サミットを開いたり、千年の美林を守り育んでいる。有馬は村崎のことを「眼中の人」と呼んで、一度会ってみたい人として前々から思い焦がれていたようだ。とうとう本人と会える時がやってきて、有馬は乗りに乗っていた。その村崎修二がどのような人物なのか、紹介しておきたい。

村崎は俳優の小沢昭一や今は亡き民俗学者の宮本常一の指導を受け、猿廻し研究と復活の活動に取り組み、さらに京都大学の今西錦司の指導を受け、ヒトとサルの学問的研究に入った人である。そして、一九八一年、本格的な猿廻しの復活継承をめざして、山口県周東町に「猿舞座」を発足。「半芸半学」を標榜し、日本全国を旅して活動している。その言葉の端々から、独創性の光彩というものが感じられる。

猿という動物を支配するのではなく、目をかけて育てていくのです。心を燃やして、命を輝かせていくこの原理のようなものを徹底的に教え込むのです。

昔だったら、おじいちゃんが「猿曳(ひ)き」を呼んだら、孫に「ちゃんと見なさい」としつけました。学校のない時代には、ちゃんと猿を見るということは子どもたちへの命懸けの躾(しつけ)だったのです。

……昔は、「猿曳き」を見るということは、とても大事な学校でした。

……このごろは、猿廻しは「見せ物」です。これは芸術とは言いません。芸術というのは一緒に作るものです。ですから、僕は絶対テレビには出ません。

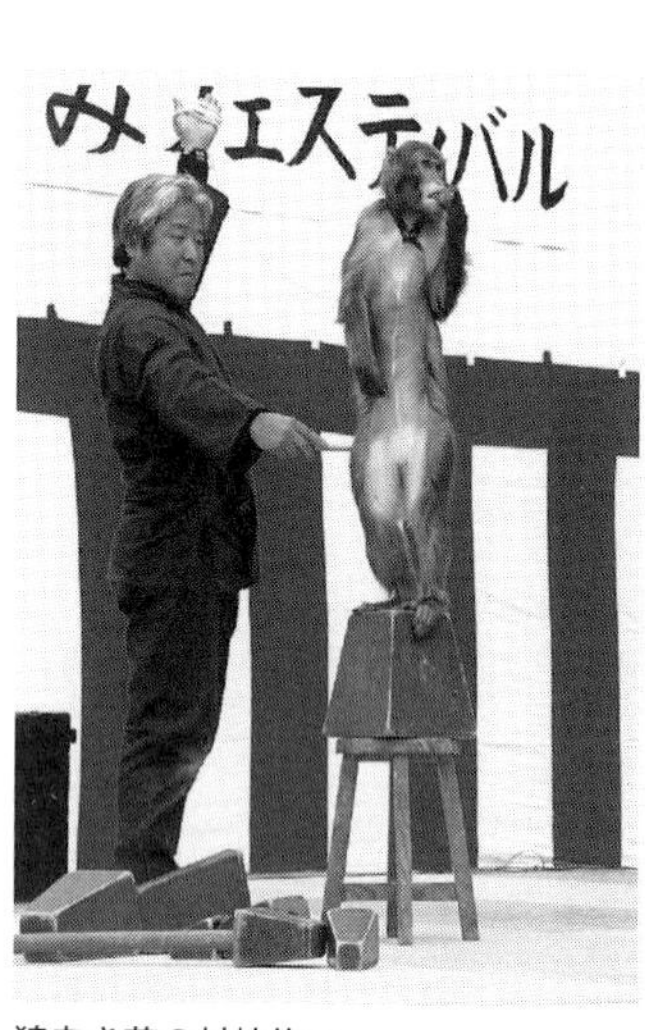

猿曳き芸の村崎修二

……僕らは〈風の民〉といいまして、一カ所に一日しかいないのです。なぜかと言うと、世間は狭いものですから、留まって淀み、穢れを生じます。その穢れを全部引き受けるのが私たちなのです。猿と僕の仕事なのです。僕自身が真っ黒になって汚くなるのです。「浄める」ということは、穢れることです。「穢れの人間」なのです。

……安登夢（猿）と一緒に、先ほど、あの子どもたち頑張ったですよね。普段はあんまり頑張らない子どもたちが……。ですから、先生たちもあんな子どもたちを見たことないわけです。あれを「浄め」と言います。

――有馬との対談「中世のさすらい人たち」（歴史フォーラム、一九九一年、於・国立山口徳地少年自然の家）より

動物と人間の共生や平等。生きる知恵を学ぶ学校としての猿曳き。そして浄めとしての芸――。村崎の猿曳き芸が、いわゆる見せ物としての猿廻しでないことはすでに明らかである。

村崎は、師と仰ぐ宮本常一の助言に従って、猿曳きの復活を単なる伝統芸能の復活に終わらせず、すぐれた文化運動に発展することをめざしてきた。テレビなどのマスコミを通して商業的な芸能に席巻され、地域固有の生活文化が衰退している現代の日本。猿曳きを持ち込むことによって、地域の中に共同

の生活文化が生み出される契機になればと考えているのだ。そして、商業的な芸能と違って、親子三代、老若男女を超えて楽しめて、輪の中でみんなの心が一つになる経験を大切にしている。さらに、日本全国を股に掛けて歩くことによって、地域の人や情報を繋ぎ、地域の文化を担う仲間の輪ができることも意識している。それゆえ、猿曳きはやはり道行く芸、旅する芸でなければならないのだ。

　重源が中世の聖でさすらい人なら、村崎は現代の聖、さすらい人ということになるだろうか。村崎はかつて、師と仰ぐ宮本常一から「君自身が一遍さんなのだ」と、叱咤激励されたことがあるという。一遍（一二三九～一二八九）とは、やはり鎌倉時代、阿弥陀信仰をもって遍歴遊行の旅を続けた僧で、念仏信仰の時宗の祖とされている。熊野本宮に参籠したとき、熊野権現の神託を受けて悟りを得たという。弥陀の本願を信じて、「南無阿弥陀仏」と口で唱えれば極楽往生できる、と人々に「南無阿弥陀仏、決定往生六十万人」という紙を配って廻った。そして、踊りながら念仏する、踊り念仏を始めたことでも知られる。

　諸国を遍歴する現代の一遍聖、村崎と、中世の巨大な聖、重源に憧れた有馬が出会ったからには盛り上がらないはずはなかった。当意即妙、自由闊達に有馬は自らの重源像を語っている。

　重源という人は、「聖」という階層の人で、高い位のお坊さんではありません。むしろ「ヒラメ」みたいなお坊さんです。「ヒラメ」というのは海のヘドロの底にへばりついて、泥をかぶってその保護色でいるかいないか分からないのです。ところが、目玉だけはキョロキョロ出して餌がきたら、パッと食いつきます。そのヘドロのなかを這いつくばって歩いているような階層のお坊さんなのです。そういう「ヒラメ」のような坊さんを見抜いた頼朝はたいしたものですね。

……中略……要するに、歴史を作り、時代を切り拓（ひら）いていく担い手というのは、いつも、「ヒラメ」のようにヘドロと一緒に汚れながら這いつくばって生きている人なのです。ところが、そのような草の根の人たちの一人一人は残念ながら力がない。その人たちにどういうふうに活力を与え、歴史の主人公になるように呼び起こしていくか、そういう役目を担っている人たちが実はボランティアなのではないかということです。

——同上

まさに、こう語る有馬自身が〈ひらめ〉のようなお坊さんにほかならない。よほど意気投合したのであろう。この対談以降、有馬はしばしば村崎に電話を掛けていたようだ。

「これといった用事もなかったようですが、電話がときどき掛かってきましたな。なんか、迷ったり、悩んでおられるときが多かったように思います。話しているうちに、元気になっておられましたよ。生前、有馬さんを宮本常一先生にお引き合わせしていたら、さぞ面白いことになっていただろうと思うと、残念です」

と、村崎は思い起こす。このときの対談は自分にとっても原点でもあると村崎は語る。有馬亡き後、その『遺稿集』をまとめるために、この対談を原稿化して村崎に送ったら、すぐに電話がかかってきた。そして、電話口で興奮しながら村崎はこのように語るのであった。

「僕はこういう話をしていたのですねえ……。これは僕の原点です。ここに、僕の伝えたいことがすべて出ているような気がします。相手が有馬さんだから、このように話せたんでしょうなあ。これを仲間たちに見せたいなあ。これから旅をするときは、いつもこの本を持って歩いて、色んな人に伝えたいと思います」

その言葉通り、この対談では村崎もまた、乗りに乗っていた。まさしく、現代の聖と思いたくなるほどにその発想は刺激的である。村崎は重源のことを次のように語っている。しばらく有馬とのやりとりを味わっていただきたい。

村崎　もともと宮本常一さんという方も、お百姓さんでどっかチャランポランで、そういうふうに見えるのですけれども、そういう生き方、自由の精神、自由の魂を大事にしていかないといけないと思います。僕は「いかがわしい」という言葉が好きで、ちゃらんぽらんとか、このへんの言葉で言えば、「ささらもさら」。あいつは「〈ささらもさら〉みたいなやつやのう」。一番格好いいのが、一人ひとりが「すかっとぶらぶらする」「すかぶら」ですかね。「すかぶら」というのがとても好きなのです。

山口県出身で上野英信という人がいて、筑豊地方で一緒にいたとき、炭鉱の話を聞いたのですが、「芸人は大すかぶらです」と言うのです。炭鉱は大変な労働らしいです。でも、一〇人働いていると、そのうち一人ぐらい、全然働かないやつがいるらしいのです。世間話ばっかりしながら、全然働かないのです。世間話をしながら、みんなその人のことを認めているのです。その人によってきつい仕事に耐えていける。必ず、「おい、ご飯だぞ」と、そういうことしか言わないそうです。ところが、事故が起こったり、危険なところがあると、その人がたいてい見つけるらしいのです。避難させるのです。そして、事故で亡くなるのは、たいてい「すかぶら」だそうです。ですから、その「すかぶらのなかにすごい奴がいて、だいたいそういう奴が芸人になったもんだよ」と、こう言うのですね。「芸人っていうのは、すごいんですよ」。そう言うのです。ですから、芸人というのは単純に言うと「心人」だと僕は思うのです。「すかっとぶらぶら」というのはいいですね。なんか、チャランポランでいかがわしくて、「何をしてるんだ、あいつは」というのが狭い世間に一人か二人いると、風通しがよくなって社会がよくなるのですね。それを僕は奨励するのです。つまり、公（民衆の世界）を取り戻そうという戦略にとって戦術的にはですね、「すかぶら」たちが日本に五〇〇〇人とか一万人とかになったら、この日本は風通しのよい、頭の賢い、よい国になるのではないかと思います。

有馬　重源さんも、「すかぶら」だったと思います。

村崎　そうだと思います。道化師のようなね。

有馬　それで、あの人はやたら歩き回って、どこにいるか分からないのですね。八六歳で死ぬのですが、それまで、とにかく尾張国（愛知県）にいたかと思えば、西海道（九州）に飛んでいます。

村崎　私の師匠もそうなのですが、僕より僕のことをよく知っているのですよ。僕なんかは、孫悟空みたいなものなのです。尊敬してしまうようになるのですね。世間のことをよく知っています。深くそして広く。そして、その人間がやらなくてはならないことを指摘することができるのです。ですから、重源は、「大ペテン師」であるでしょうけど、土木をやる人も、歌を歌う人も、いろいろな人が、「あいつはすごいやつだ、なんでも知っている」と。そういう人ですよ。〈勧進聖(かんじんひじり)〉って言うのですが。

有馬　何もやってないですね。仕事は。

村崎　何もやってないのです。人に全部やらせているのです。自分はできるだけよく物を見てよく物を考えて、風のようにバカを言って歩いて、こういうのが日本のボランティアの伝統です。

有馬　そして、重源は、いよいよにっちもさっちもいかなくなってくると、後白河法皇を恐喝するのですね。すると、後白河法皇は腹を立てるのです。「あのペテン師が俺をいたぶる」と言って。後白河が怒ると、「じゃあ、さようなら」と言って重源は姿を消すのです。姿を消されると、たちまち仕事が動かなくなって、「さあ、探して来い」ということで探しに行くと「アジール」の中に駆け込んでいるのですよ。引き摺(ず)り出して来て、何とか頼み込む。後白河法皇が頭を下げに来ないと出てこないのです。そんなことを三回ぐらいやっているのですよ。

村崎　ですから、天皇から乞食まで付き合いがあるのですね。なんか呪術使いのような、顔のわからない男と思っていただければいいのですよ。重源さんというのは。実態がつかめない。ただ、なんだかこいつが来ると元気になる。そして、なんとなくみんなが成長する……そういう人ですよね。〈大すかぶら〉ではないでしょうか。

――同上

徳山で行なわれた有馬の追悼式以来、筆者自身も村崎との知遇を得て、その後、村崎が関東の旅の途上、埼玉県の大宮市郊外にある児童施設のイベントにやって来た時、実際にこの目で村崎の猿曳き芸を見たことがある。（二三二頁写真）相棒の安登夢君（猿）の機嫌をうかがいながら、子どもたち、大人たちに語りかけ、アドリブを交えて場を沸かせる熱演に、時を忘れてついつい引き込まれてしまった。まるで〈中世〉という時代から抜け出てきたような村崎の生きざまや至芸。それに触れるなら有馬ならずとも心惹かれることであろう。

有馬は、重源、叡尊、忍性らに着目するとともに、彼らが生きていた時代、聖たちや民衆が主人公となって輝いていた〈中世〉という時代にも惹かれていたのだ。村崎と出会うことで、有馬は中世への憧憬の思いを満たすことができたのかもしれない。そのような有馬の心情が次の言葉からもうかがうことができる。

実は日本の中世という時代は、日本の歴史のなかで最も民衆がいきいきと生き、「ボランティア」という言葉はなかったのですが、お互いが相互扶助の助け合いの世界を築いていた時代だったと思っています。そんなことはない、鎌倉時代は武家社会が成立した時代で、武士が支配するようになった時代だと言われるかも知れませんが、それは政治史だけで日本の歴史を見ているからそう見えるのです。試しに、そのころに描かれた絵巻物の何点かをご覧になってみてください。びっくりされることでしょう。『伴大納言絵巻』では、火事の現場に駆け付ける群衆が描かれていますが、一人ひとりの個性的なことといったらありません。『一遍聖絵』では、物語の主人公は一遍上人ではなく、名もなき民衆ではないのかと思われるほど、登場する庶民が輝いています。名もなく貧しい庶民、路傍で物乞いする乞食たちまで独特の風格を持っているのです。

この時代に、庶民がネットワーク、人脈を持っていました。大工、左官、冶金(やきん)、石工という技術者、傀儡(くぐつ)（操り人形）まわし、猿まわし、遊芸者という遊行の人たち、その他、胸叩(たた)きとか乞食に至るまである種のネットワーク、相互扶助の関係を持っていたのです。いくつかの『職人絵巻』を見ると、このことがわかるのです。とにかく面白い時代なのです。そして、これらの人たちの世界を〈公界(くがい)〉と呼んだのです。つまり、自分たちの世界こそが公、パブリックだと言うのです。今では、公権力という言葉があるように、政府の行政が公の世界として権力化していますが、昔は違うのです。公界の場所は、「治外法権」として警察権力は立ち入ることができなかったのです。

――「ＮＧＯが地球市民を育む」（『地球市民が変える』）より

こうして中世に憧れ、学びつつも、中世とはまた違った意味で、来るべき時代も民衆一人ひとりが主人公となって活き活きと生きる時代になるように、と有馬は思考をめぐらしていたのだ。

「仏教には期待しない」「仏教の出番である」――有馬の仏教観

道元と瑩山(けいざん)を両祖と仰ぐ曹洞宗の宗侶でありつつ、なぜ、それほどまでに叡尊や忍性、そして重源に惹かれたのであろうか。その背景にあった有馬の考えが次の言葉にはっきりと示されている。

たとえば、面白いのは、曹洞宗の寺院の場合、大きく展開していくのが室町時代です。この時代のお坊さんは、全国を旅して歩く雲水（所を定めず修行をする禅僧）ですから、いろいろな情報を持っているのです。その土地に合った稲の品種を導入したり、農業用水の管理の指導をしたりしています。稲作農民の共同体の中心にお寺が位置していたのですね。

ところが、江戸時代は、お寺の機能が檀家との関係に縛り付けられて、活力を削がれていったのです。さらに、近代とくに現代になって都市集中や都市化が起こり、〈地縁共同体〉というのが壊れていくのです。それと同時に、寺というものが機能を果たせなくなりました。

でも、こうなったのは、お坊さん自身が、僧侶である以前に、個たる人間としての市民意識を持っていなかったからなのです。だから、安住していた共同体の崩壊と一緒に役割を見失ってしまったのです。

お寺をどうするとか、仏教をどうするかという話はどっちだっていいのです。永遠に続くものはこの世には一つもないというのが、お釈迦さんの教えなのです。とすると、仏教も世の中の役に立たない、存在意義を失っているとするならば、無常の流れのなかで消えていくのはきわめて当然でしょう。

大事なのは、宗教者の一人一人が時代の苦悩というものを、自分の問題としてどう受け止めるか。それが問われているのだと思いますね。

――「有馬実成の世界三――仏教は死んだか」（朝日新聞夕刊、東京本社、一九九五年一二月二〇日）より

ここに端的に有馬の仏教観が表明されている。根元的という意味でも、急進的という意味でもラデ

ィカルな発言と言えないだろうか。日本のあらゆる仏教者の胸に刻んでほしい言葉でもある。有馬は、「仏教には期待していない」と語ることがあったが、そうかと思えば、「これからが仏教の出番だ」と語ったこともある。矛盾しているようだが、両方が有馬の真意であったに違いない。

静かな仏教ブームともいわれ、潜在的に仏教に関心をもち、何らかの心の拠り所をそこに求める人は少なくないようだ。つまり仏教自体は時代から、人々から必要とされている。けれども、それを迎えるべく、受け皿としての僧侶や寺院などの教団仏教が依然として旧来の陋習（ろうしゅう）のままでは、人々に見限られ、存在意義を失ってしまう。仏教者一人ひとりが宗教者として、わがこととして、時代の苦悩に全身全霊で向き合い、関わらなければならない。その一点に有馬はこだわっていた。そして、その探究心が、有馬をして叡尊や忍性に辿り着かせ、重源を発見させるに至らしめたのだろうと思う。至極、自然なことであったのではないだろうか。そして、宗派や教団人としてのアイデンティティではなく、時代の苦悩に向き合うべきことを、あらゆる仏教者にも訴えていたのだ。有馬は日本仏教史を眺め渡した上で、近代の日本仏教は、社会の苦悩、時代の苦悩を真っ正面から直視することを避けてきた、と、次のように指摘する。

> 日本は明治維新の開国によって近代への歩みを始めました。明治政府は強権的な手法で中央集権的な近代国家の成立を図り、富国強兵と殖産興業によって欧米列強に追い付くことを国是として、お雇い外国人の招聘（しょうへい）によって近代化のための技術導入を図りながら、産業の育成を進めるのです。
> また、長州藩は、江戸末期の「天保の改革」において続発する農民一揆の抑え込みに成功し、疲（ひ）

弊した藩の財政を一挙に好転させました。それは、農民が一揆の際に拠り処とする宗教を藩の完全な支配下に置き、思想や信仰の自由を結果として奪おうとする巧妙な政策でした。それは、「淫祠論」と言われるものです。政治体制に奉仕する宗教を正しい宗教、お上にまつろわざるものを「淫祠」となす、いかがわしいものを葬ることという乱暴な考え方で、民衆の信仰する塩釜神社、蚕神社といった「国つ神」の祠や路傍の野の仏、無住状態の寺院の小庵は徹底的に破壊されたのです。薩摩と長州の明治政府は、おそらく長州の「天保の改革」の国家レベルによる採用を考えたのでしょう。明治初年の廃仏毀釈、天皇家に繋がる「天つ神」による神々のヒエラルキー、ピラミッド型の階層組織を構築し、それによる国民の思想支配を考えました。

廃仏運動の嵐の中、教団の存続に奔走した当時の仏教者たちは、政治体制に奉仕する道を選ぶことによってこの嵐を切り抜けました。このことは、日本の仏教の近代化を大きく損なう結果になったのです。

朝鮮半島の植民地化が進められていたとき、海外開教の名のもとに大勢の開教師たちが朝鮮に出掛けていくのですが、開教師の一人一人が意識していたかどうかは別にして、結果としては皇国日本の宣撫活動の一翼を担うものでした。創氏改名を強いられ、経済的にも極貧の生活に喘ぐ民衆の呻きを当時の仏教者は正面から見ようとはしなかったのです。

国内においても、近代産業の発達とともに貧富の格差は拡大し、農村の疲弊は目を覆うばかりでしたが、イギリスにおけるような社会正義を求める運動は起こらなかったのです。

……ボランティアとは、人が直面している苦悩を自分自身の問題として受け止め支援の手を差し伸べるとともに、その問題解決のために行動する行為ですが、近代の日本仏教は、社会の苦悩、時代の苦悩を真正面から直視することを避けてきたと言えるのです。

——「戦後の仏教界におけるボランティア」（『日本仏教福祉概論』）より

たしかに、有馬の言うように、近代の日本の仏教は時代苦、社会苦を直視してこなかった。けれど、まったくその兆(きざ)しも挑戦もなかったわけではない。そのことに少し触れてみたい。
たとえば、浄土真宗大谷派僧侶高木顕明(たかぎけんみょう)や曹洞宗僧侶内山愚童(うちやまぐどう)、そして妹尾義郎(せのおぎろう)などは生涯かけて時代苦に向き合い行動した数少ない仏教者といえる。

高木は一八六四年（元治元）、愛知県の商人の子として生まれるが、真宗僧侶となり、やがて、和歌山県新宮の浄泉寺に入る。門徒は被差別部落の人が多く、貧困と差別に苦しんでいた。高木はこれらの人々に深く心を寄せ、部落解放運動や廃娼運動の先頭に立ち、日露戦争の際などは徹底した反戦を主張するようになった。高木の行動は、その遺文、「余が社会主義」に明らかなように、真宗の信仰に基づく社会的実践であったが、社会主義者との交流もあり、「大逆(たいぎゃく)事件」に巻き込まれてしまう。一九一〇年（明治四三）、他の逮捕者二三名とともに死刑の判決を受ける。しかし、高木ら一二名は減刑されて終身刑となるが、一九一四年（大正三）、秋田の監獄で縊死(いし)してしまう。真宗大谷派は死刑判決の当日付けで高木を「賓斥(ひんせき)」処分とする。が、一九九六年、「賓斥」処分を取り消し、じつに八五年ぶりに名誉回復するに至った。大谷派が一九六〇年代に始めた「同朋会運動」が浸透する中で、再評価の気運が生まれてのことであった。阿弥陀仏の慈悲の実現においては、時代や社会の課題を分析し、最も有効な方法を見出してゆく必要がある――。その方法として、高木が全面的に依拠したのが社会主義であった。高木は浄土教の中に社会主義を読み込もうとする。浄土真宗の立場に立ちながら、そこから、どのように社会主義が可能であるか、その可能性を開こうとしている。

内山愚童も、「大逆事件」に連座した人である。高木よりは中核的な位置にいたといわれ、内山の場合は死刑が執行された。内山は、一八七四年（明治七）、新潟県小千谷に生まれる。父は仏具の彫刻などを生業とする人であった。幼時から佐倉宗吾郎を慕い、少年、青年時代は、土地解放や婦人参政権などについて論じ合っていたといわれる。知的に早熟な人であったようだ。一八九七年（明治三〇）、得度して曹洞宗の僧侶となり、やがて一九〇四年（明治三七）、神奈川県箱根、林泉寺の住職となる。内山は、高木よりももっと先鋭的に無政府主義運動に傾斜していたが、その原点は、僧堂の生活を現実社会に適用しようとするところにあった。初めて中国に赴き、そこで目の当たりにした僧堂の生活から触発されての理想であった。すなわち、僧堂では、私的所有物を徹底してそぎ落とし、無駄のない簡素で合理的な暮らしをしている。何と言っても雲水が平等で生活に必要な物資を分かち合っている。内山は、このような僧堂生活の規範が社会にも受け入れられるならば、現実社会で困窮する多くの人々が解放されると信じた。〈サンガ〉における私有財産否定、平等主義、貪欲（とんよく）の否定、精神生活の充実を、世俗社会にも求めたのである。

こう考えていた内山は折からの社会主義運動に共鳴し、幸徳秋水（こうとくしゅうすい）、石川三四郎、堺利彦らの社会主義運動の開拓者とも親交を深め、彼らの信頼を得ていった。そして、やはり、天皇の暗殺を企てたというかどで、大逆事件に連座し、一九一一年（明治四四）、処刑されることになる。内山は、宗門に対して厳しい批判的な見方もしており、既存の仏教には絶望的な見方を持っていたのかもしれない。獄中で書かれたといわれる「平凡の自覚」という草稿があるが、そこに個人の〈自覚〉の上に社会問題を考えようとしていることがうかがえる。やはり禅者としての面目を感じるようで興味深い。

この事件は、当時日本社会に台頭してきた社会主義者、無政府主義者を一掃しようと国家権力によって利用され、演出された事件であった。当時の曹洞宗当局は内山を〈賓斥〉の処分としている。宗門とは無関係の人間としたのである。しかしながら一九九三年、曹洞宗は、教団としてその処分を正式に取り消した。じつに八三年ぶりに内山愚童は名誉回復が公にされたのだ。

これらの僧侶に対して、安易に仏教と社会主義を折衷したものであるという批判的見方もあるようであるが、ただ彼らは理論や学説を探究したわけではない。現実の苦悩と格闘しながら実践的な思想を模索していたのだ。それが、純粋理論より劣っていると断じることはできないように思う。

もう一人、僧侶ではなく、在家の人間として仏教復興運動に身を挺した仏教者がいる。妹尾義郎という人物である。

妹尾は一八八九年（明治二二）、広島県比婆郡東城村（現在東城町）の造り酒屋を営む家に生まれた。妹尾が仏教信仰に目覚めるのは高等学校二年生の秋のことである。闘病生活で悶々としていたある日、松崎久太郎という人物と出会う。松崎は、一介の豆腐屋の老人であったが、町では「法華久」とか、「坊主久」とか呼ばれる熱心な法華経の信者であった。妹尾は松崎の手引きによって法華経を通した仏道修得への道に参入するのである。やがて、妹尾は日蓮主義を標榜し、〝仏陀を背負いて街頭〟へというモットーを掲げて日蓮主義青年団の運動を立ち上げる。そして、浅草や南千住、品川などを次々巡回して、子ども会を催したり、信仰、その他の相談にも応じたりした。寺院に収まりかえっていないで、街頭に出て巡回教化すべきであるという実践であった。

しかし、やがて路線をめぐって対立を生じることとなり、妹尾は新たに「新興仏教青年同盟」(以下新興仏青)を組織し発足させた。妹尾はこの同盟の運動の目的を、堕落した既成教団を排撃して仏教の真価を発揮し、分裂した仏教を統一して醜い宗派争いを絶ち、仏陀の精神に反する資本主義経済組織の改造運動に参加して、愛と平等の理想社会を実現することにおいた。妹尾の提唱したこの理想に賛同し、他宗派の若い僧侶や、学生、一般市民の仏教者たちが次々に加盟し、この運動を活気づけていった。新興仏青の発足の年、一九三一年(昭和六)は、折しも満州事変が発生しており、仏教界と社会へのアピールは反戦から始まった。そして、水平社運動にも連帯し、部落解放の問題にも取り組んだ。そのほか冠婚葬祭の虚礼を廃止する生活改善運動や協同組合運動などにも取り組む。しかし、あまりの仏教界の無関心に業を煮やし、妹尾は左翼系の人々との関わりを深め、人民戦線へも参加する。それが命取りの形となった。人民戦線の発想による『労働雑誌』の発行・編集名義人であったという理由で妹尾は検挙され、長い留置と入獄の生活を送ることになる。そして新興仏青の関係者も次々に検挙され、ついに、解散のやむなきに至るのだ。

こののち、妹尾は辛うじて弾圧下の死を免れて、戦後も一九六一年(昭和三六)まで生きるのだが、妹尾の活動の頂点は、日蓮主義青年団時代の後半と、新興仏青の時代にあったといえる。

さて、近代の日本仏教において、時代苦、社会苦を直視して行動したと思われる仏教者の何人かを取り上げてみたが、いま見たように、高木、内山、妹尾のいずれもが実践の途上で社会主義運動に連動している。当時の時代背景を考えたとき、民衆の苦悩に向き合い、その解決をはかるための運動となると、それは自然な成り行きであったのかもしれない。と同時に、いのちがけの覚悟を伴う選択であったことがわかる。このような仏教者がいたとはいえ、近代日本の仏教は、やはり、有馬が指摘するごとくその大勢は教団存続に奔走し、時の政治体制に奉仕し、皇国日本の宣撫(せんぶ)活動の一翼を担う方向へと走っていたと言わざるをえない。そして、社会苦、時代苦を直視しない轍(わだち)をさらに踏むならば、再び同じこと、戦争加担への道を繰り返さない保証はない。この三人の歩んだ軌跡はそのようなことも問いかけている。

ところで、在日韓国・朝鮮の人々への差別などに対してあれほど義憤を抱いて行動した有馬が、これら三人のように社会主義的運動にのめり込んでも不思議はないように思うのだが、有馬は決してそうではなかった。何ら政治的イデオロギーに与(くみ)することはなかった。その気配は微塵もなかったと言っていい。上記三人のことを、もちろん有馬は知っていたはずであるが、有馬から耳にしたこともなければ、文章に書いたものを見た覚えもない。なぜそうであったのであろうか。社会主義は時代遅れとしてその限界を感じていたのか。唯物論的思想は許容し難かったのか。あるいは、教条的に発想することは誤謬と思っていたのか。今となっては確かめようがない。有馬はあくまで〈大衆〉、〈時代苦〉、〈社会苦〉に向き合い、そこから発想しようとしていた。そこに、大衆主義者、民衆主義者とでも言いたくなるような、有馬らしい地歩を見る思いがする。驚嘆するばかりに様々な思想や哲学や文化に親しみ、博識多才であったが、何ら特定のイデオロギーに肩入れするということなく、仏教そのものに軸足を置いていた人であることを改めて思う。

さて、ここまで有馬の仏教観を辿ってきたのであるが、有馬が思い描いていた仏教者像も浮き彫りになっているように思われる。そのことを少しはっきりさせて、この節を結びたいと思う。

有馬が、自嘲的に、なおかつ矜持を漂わせながら、自らを「とび職」と呼んでいたことは本書の冒頭で述べたが、有馬が意識していたか否かはともかくとして、その言葉にこれからの仏教者像を考える一つのヒントがあるように思われる。

和尚の仕事とは、むろん、仏法を守り、寺を嗣ぐことにあるが、壇信徒や寺や教団という範囲にとどまらず、今に苦悩している人々に寄り添い、手を差し伸べることにあると有馬は考えていた。それゆえ、時には全国各地に、そして世界にも駆け付けて行動しようと考えていた。まさしく、〈寺の外の弱き人々、悩める人々にこそブッダがおられる〉、〈私が寺である〉〈旅する寺でなければならない〉と言いたいかのようである。その旅とは、人々と共に生き共に学ぶ旅である。それが、〈とび職〉という言葉に込めていた有馬の隠された信条ではなかったか。もし、有馬が中世に生まれていたなら、叡尊や忍性のごとく、弱き立場の困窮する人々の救済に奔走していたかもしれない。あるいは重源のように、勧進聖として諸国を歴訪していきいきと活躍していたかもしれない。そう考えると、有馬の考えや生き様じたいが、これまでの教団仏教の論理に拘泥（こうでい）されない自由な発想に立った仏教者像を提起しているように思われる。

たとえば、一つには、教団に属し、住職として地域に根差し、檀務をこなすだけではなく、地域の人々の様々な苦悩に寄り添うと同時に、宗派や宗教を越えて、国内や世界の問題にも関心を向けて支援し、時には自ら赴いてその解決に力を尽くす仏教者。そして、そのような人々が連携し力を合わせるネットワークである。すでにそういう人々や動きはないわけではない。

けれど、次に述べるもう一つについてはどうであろうか。出家、在家にかぎらず、既成仏教のあらゆるしがらみから自由な立場で、まさしくかつての聖のように、苦悩のある所どこへでも飛んでゆく、正真正銘の〈とび職〉としての仏教者である。そのような〈現代版の聖〉が必要とされてはいないだろうか。そのような仏教者の出現など、現代の教団仏教としては到底容認し難いのであれば、現代版の私度僧や別所、もしくは、この時代にふさわしい自発的、自立的な新たなタイプの在家仏教のネットワークが誕生してもいいのではないだろうか。

ただ、こう述べながらも思われることがある。それは、今述べたような、現代版の〈聖―とび職〉、現代版の〈別所―在家集団〉としての可能性を、おそらく有馬はボランティアやＮＧＯという存在形態に見ていたのではないかということである。さらには、ＳＶＡというＮＧＯを、たとえ一時期であれ、そのような方向で構想していたのではないかということである。今となってしきりに思われてくる。

もう一つの日本仏教史の発見

さて、叡尊、忍性、そして重源に着目した有馬の視点は、日本仏教史に流れるもう一つの系譜、社会活動的な仏教者の系譜を浮き彫りにする契機にもなっている。

日本仏教を代表する名僧といえば、よく挙げられるのは、最澄、空海、法然、道元、親鸞、日蓮などである。今まで一番多く、仏教学者によって研究された人々である。というのも、これらの仏教者がいずれも現在、存在している仏教諸宗派の開祖である、という背景がある。宗派の成立事情や発展過程、または宗派の教学的立場を解明しようとして盛んに研究されるのは当然なことである。さらには、多くの歴史学者がそうであるように、日本の歴史的、社会的発展に即して仏教史を理解しようとすると、やはり、上記の仏教者に注目せざるをえないのも頷けるところである。でも、それでは、これまで光彩を放ちながらも歴史の陰に隠れ、埋もれていた宗教活動が無視されてしまう。叡尊、忍性、重源というのは、どちらかといえばそれに近いのかもしれない。知る人ぞ知る仏教者であった。それでも、最近になってやっと一般の読書人も入手できる紹介書が発刊され始め、今後、多少事情は変わっていくのかもしれない。

それにつけても、有馬がこの三人に着目したのは、学術的な関心からではなく、現代の苦悩を解決する上で、今に、未来に通用する仏教者を探究し、その息吹を現代に甦らせようと考えていたからである。探究する者の視点や姿勢によって、これまでと異なった光が照射され、これほどに異なった視野が開かれる。有馬の仏教探究はそのいい例ではないだろうか。そうは言っても、有馬が着目した人々はいわば恣意的な選択によるもので、そこに何の脈絡もないではないか、と指摘する向きもあるだろうか。でも決してそうではない。そこにひと筋の法の伝承の系譜が浮かび上がってくるように思われる。

それはこういうことである。有馬が私淑した、叡尊、忍性、そして重源は、いずれも、行基（ぎょうき）（六六八

〜七四九）を思慕していた。すでに平安末期には、行基を文殊菩薩の生まれ変わりとする信仰が定着していたが、これら三人はいずれも行基を文殊の化身として崇拝し、救済活動のモデルとしていたのだ。

では行基とはどのような仏教者だったのか。行基は、奈良時代に活躍した「行動」の仏教者である。一五歳で出家し、唯識を学び山林修行に励んだが、やがて官僧としての栄達に背を向け、閉鎖的な学問仏教、体制仏教の寺院を出て、街頭や村々で困窮する民衆の救済に力を尽くした。国家から弾圧を受けるものの、それに屈することなく布教活動と社会事業を続け、彼の信望は厚く、人々から菩薩と呼ばれた。東大寺大仏造営の勧進として起用されてもいる。

一二四五年（寛元三）、叡尊はこの行基誕生の地を寺とした和泉国家原寺清涼院の住持職を得ると、行基に対する強い信仰を抱くようになり、行基を範として、橋、池、道路の構築・整備のみならず行基ゆかりの寺院の復興にもいっそう努めるようになる。

一方忍性においては、かなり若い時期から行基に対する思慕の思いがあったようである。竹林寺所属の僧侶でもないのに、一九歳の時から毎月行基の墓所生駒竹林寺に六年間詣でている。そして、忍性の民衆救済の活動は行基の活動に酷似しているといわれる。

では重源はどうかと言えば、重源は宋に渡り、困難をきわめつつも五台山を参詣したといわれるが、そこが、重源の有していた文殊信仰の菩薩の霊場、文殊の生まれ変わりである行基が住する地といわれていたからである。天平時代、大仏建立のとき、行基はのちの重源と同じ立場にあった。重源はそのような行基を思慕し、自らを行基に準えていた面が少なからずあったといわれる。行基ならどう考え、どう行動するかと、いつも思考していたのであろうか。

さて、さらに遡るのであるが、このように崇められていた行基の師匠は道昭（どうしょう）という仏教者といわれる。道昭（六二九〜七〇〇）は、白雉（はくち）四年（六五三）に唐に渡り、玄奘三蔵（げんじょうさんぞう）の教えを受けた人である。同房に住むことを許されるほどに玄奘に愛顧され、唯識論や瑜伽（ゆが）論など法相宗（ほっそう）の教学を学び、多くの経典を携えて帰国し、やがて飛鳥寺（法興寺）の東南隅に禅院を建て、弟子を導いた。その一方、諸国を歴訪し、社会福祉施設造りにつとめ、路傍に井戸を掘り、渡し場に渡し船を設け、そして、橋を造ったといわれる——。

さて、駆け足でなぞったに過ぎないのだが、ここに、次のような法の伝承、もしくは仏教者の系譜が浮かび上がってくるように思われる。

玄奘―道昭―行基―重源―叡尊―忍性

そして、筆者としては、他ならぬ有馬もこの系譜に連なる人であると思えてならない。叡尊、忍性、重源の三人をこよなく思慕し、探究し、現代のＮＧＯ活動の思想的拠り所とし、具体的なヒントも学びとろうとした事績を思う時、有馬も、事実上、この法の系譜を継承した仏教者でもあったと言っても過言ではないように思うのだ。

いずれにせよ、こうして有馬が心血注いだ歩みを辿ってみると、期せずして日本仏教に流れているもう一つの系譜を発見できるように思われる。

ところで、話は変わるのだが、最近、様々な所でイスラームを含めた宗教対話のシンポジウムが行なわれるようになった。世界を揺るがすテロや戦争に刺激されて、イスラームなどの宗教理解抜きに現代の国際問題は考えられないとの切実感が生まれてきたのかもしれない。そして、そのような場でよく耳にするのが、先ほど中村元も指摘していたように、「仏教はキリスト教などにくらべて社会性に欠ける」という見解である。たしかに、キリスト教にくらべて、仏教はそれほど社会的活動に取り組んでいないと言わざるを得ない。でも、そのような発言に対して、仏教者側から、「仏教は己事究明（こじきゅうめい）。社会性のない宗教だと割り切って考えたほうがいい」と、応じられたりすることがある。でも、果たしてそうなのだろうか。

仏教の理想を追求しようとするなら、あらゆる民衆、あらゆる生きとし生けるものの幸福をめざすのは自明のこと。〈自利利他（じりりた）円満〉と言われるように、釈尊の生活やその後継者たちの足跡を見ても明らかである。仏教におけるあらゆる教説や学説、そして実践の徳目も、端的に言えば、自他の理想の完成という一点にかかっている。東アジアにおいては、宗教儀礼や教理の解釈などが表に現れたため、どうも実践という面が稀薄になる傾向があったとはいえないだろうか。仏教の根本は教理ではなく、自己と他者の完成のための実践にある。

日本の仏教は、はじめから支配者階級と結びついて発達してきた。多くの変遷を経た今でもその特質から脱却できたわけではない。しかしながら、一方で厳密に本格的な仏教を確立した人々がいる。そのような高僧は、超世俗的で冷淡な態度だったのではないかと想像しがちであるが、事実はその反対である。ほとんど例外なく、民衆に関わり民衆の利益を増進した人たちである。

先述の僧侶たちがいい例である。唐に留学して最初に本格的な仏教を伝えた道昭は、坐禅にいそしみ、内面的な理想を追求しながらも長い旅の途上、路傍に井戸を掘り、渡し船を設け、橋を架けた。行基もまた、内面的な深さと社会活動が調和した例であろう。唯識を学び、山林に入って坐禅を修めながらも、旅に出て、先々で、橋を架け、堤を築き、民衆の信頼を集めた。平安時代にも、社会事業に僧侶が努力した例は多い。最澄もこれに心を用いたが、空海は満濃池（まんのういけ）の築造、青年の教育機関の設立や運営はじめ、多くの社会事業に活躍した。鎌倉時代においても、民衆の幸福のために力を尽くしたのは、多くは戒律を重んじ、禅定（ぜんじょう）にいそしんだ人たちである。禅の実践はつねに慈悲の実践と結びついていた。その顕著な例が叡尊である。当時一般に戒律が乱れていた風潮を憂いて、「釈尊に帰れ」と、人々に戒律を授け、貧窮の人々の救済に力を尽くした。忍性はさらに、積極的に社会事業に取り組み、師にまさる成果をあげている。そして、重源、空也、一遍など、枚挙すれば切りがないほどである。

ここに、自己の向上と民衆の救済とが一体となった姿、〈自利利他〉に向かった人々の姿を見ることができる。むろん、この他にも有名無名の数多くの実践者がいる。それゆえ、「仏教そのものに社会性がない」というより、むしろ、近代以降、日本の仏教は社会苦、時代苦を直視することを避けてきたと言ったほうが正しいのではないだろうか。「仏教そのものに社会性がない」という発言自体が、そのような現実を反映しているように思われてならない。

曲がり角に立つ現代仏教

――時代の苦悩に自分のこととして向き合うことこそ、宗教者に問われている。と、有馬は語った。では、この時代はどのような苦悩を抱えているのであろうか。

二〇世紀は科学技術の発展と経済の成長・拡大がめざましかったが、同時に、人間や地球上の生命に重大な脅威をもたらす事態が次々に出現した。大量破壊兵器の開発による大量殺戮戦争、深刻な公害と地球環境破壊、自然災害の都市災害化の傾向、産業事故・交通機関の事故の続発、薬害医療事故の多発などなど、惨憺(さんたん)たる状況である。そのような負の遺産は人間の精神形成の面にも及んでいるようだ。老後の病や経済的不安によって命を絶つ人が増えている。ＩＴの時代といわれる現代、若者たちが見ず知らずの相手とネットで交信して、ある日、集団自殺したり、少年や少女による残忍な殺人事件も相次いで起きている。二〇〇四年の統計によれば、中高生の校内暴力事件は減少傾向にあるものの、小学生の場合は過去最悪となっているという。こうして、現代が抱える諸問題は枚挙にいとまがないが、そこに心の拠り所を失って求めて彷徨(ほうこう)している現代人の相貌が浮かび上がってくるようでもある。

そのような現実を反映しているのであろうか。近頃は「仏教ブーム」であるといわれる。たしかに、たくさんの仏教書が書店に並び、四国遍路をはじめ全国の霊場や京都、奈良の有名寺院をお参りする人たちが増えているようだ。寺院で開かれる坐禅会や写経会への関心も高まっている。こうした、ブームが信仰につながれば喜ばしいのであるが、何冊もの仏教書を乱読しつつも、飽きてしまう人も多いと聞く。

そして、とくに都市部においては、葬儀の宗教離れが進行し、僧侶たちは、寺院経営に危機感を感じ始めている。葬儀を行なうことに自信がもてない若い僧侶も少なくないと聞く。自分が信じていないのに、死者儀礼を行なって他人に死後の存在について説くことはできないというのだ。その現象には現代の仏教研究の事情が大きく影響しているように思われる。

もともと、ブッダは、葬儀の執行を弟子たちに説いたわけではないが、歴史の途上、民衆の必要に応える形で、仏教者が死者儀礼の祭司の役割を引き受けるようになり、現在まで至っている。言うまでもなく、死者儀礼は、人間の死後の存在のありようを前提としているものである。しかし、現代のほとんどの仏教学者は、死後の世界や霊魂のような不変の実体を認めようとしない。あるいははっきり述べようとしない。その理由として、しばしば言及されるのが、「仏教は無我を説くものであり、不変の実体は存在しない。ゆえに、霊魂などというものも存在しない」という説明である。では、輪廻転生(りんねてんしょう)する主体は何か、と聞くと、「カルマが輪廻する」と、やや苦しい答えが返ってくることもある。いや、輪廻転生じたいが仏教本来の教説ではない、後世になって付け加えられた迷信であると指摘する向きもある。おそらく専門の大学などでこのような講義を受けて僧侶になっているからには、死後の存在のありようや死後の世界を前提とする葬儀を行なうことに自信がもてないという僧侶がいても無理もないように思われる。

現代仏教は大きな曲がり角にきているように見える。時代の大きな変化に戸惑い、新しい時代の僧侶はどうあるべきかと、仏教界の各所で模索が始まってもいる。「仏教には期待しない、でも仏教の出番である」と語った有馬の言葉が思い起こされる。現代に、未来に開かれた宗教として、仏教はどうあるべきなのか。何を変えなければならないのか。今ほど問われているときはないのかも知れない。

では、仏教者にどんな出番が来ているのだろうか。何が期待されているのだろうか。災害救援の活動に長く関わっている福田信章という人物がいる。福田も現代における仏教者のはたらきに期待を寄せる一人であるが、福田が体験した逸事を通して、何が期待されているのかその一端を考えてみたい。

現在、「東京災害ボランティアネットワーク（以下、東災ボ）」の事務局長として活躍している福田信章は、阪神・淡路大震災の際、ＳＶＡのボランティアとして活動したことがきっかけで、災害救援に関わるようになった人である。東災ボにスカウトしたのも、実は有馬だった。以来、幾度となく、被災地の救援活動に関わってきたのだが、二〇〇四年の新潟中越地震での体験は自分にとって格別に大きい転換点になったと語る。

二〇〇四年一一月、大勢のボランティアとともに福田が新潟県の小千谷市を訪ねた時のこと、一緒に現地入りしたボランティアのＳが、「大変でしたね」と声をかけると、地元の町会長は、「大変だけど、自分ががんばらないと」と言った。「辛かったら辛いと言っていいんだよ。がんばり過ぎちゃダメだよ。町会長さんを応援している人、たくさんいるからね」とＳが言うと、町会長はその場で泣き崩れてしまった。そして、二、三日のうちにＳは地域の人気者になって、「うちに泊まれ」「いや、うちの方に」と、あちこちから声がかかり、すっかり地元の人々の人気者になってしまった。

福田はその様子を目の当たりにして激しいショックを受ける。Ｓは特別なことをしたわけではなく、心配している思いをふつうに伝えただけなのに……。それに比べて今までの自分は、災害が起きると、まず被災地のニーズ調査をして、ボランティアセンターを立ち上げて、と事を進めてゆく……。もちろんそれは大切なことだけど、でも、ただのテクニックになっていなかっただろうかと、原点を見つめさせられる思いであったと語る。

実はSは三宅島の島民で、火山噴火で被災された島民の支援活動にずっと携わってきた人である。被災した者としての共感の心が新潟の人々に通じたのかもしれない。

「Sさんはいつも真剣に人生を考えて生きている人です。だから、人の心に届く言葉を語れるんじゃないか。ふだんから一生懸命生きている人こそ、被災した人に寄り添い支援できるのではないか」と福田は言う。福田によれば、災害ボランティアは日常生活に戻ると、被災地で燃えていた気持ちも萎えてしまいがちであるという。「この一〇年間の各被災地での気づきや体験を、日常生活の中でどう生かすか。それが僕の命題だということがはっきりしました」と、今回の体験の意味をかみしめていた。

福田のこの体験は、救援活動に関わるすべての者にとっての大きな教訓であると思っている。被災して家族を失い悲嘆に暮れている人に、「がんばって、前向きに」などという立派な激励は、むしろ酷である。心底、悲しみを分かち合ってくれる人がそばに寄り添うだけで、どれほど慰めや励ましになることか。〈共苦〉〈共悲〉というものを教えられる思いである。また、福田はこのようにも語った。

「悲しみのどん底にいる人の心に寄り添って支える。そういうことができるのは、本当はお坊さんだと思うんです」

自分の未熟さを省みるとともに、やや皮肉を込めながらも僧侶に対する期待感を語っている。福田の思い描くお坊さんとは、住職として寺の仕事にいそしむばかりではなく、地域や社会の抱える諸問題に向き合い、災害発生の時などは、時に各地に出かけて支える、行動的で開かれた仏教者である。それは有馬の思い描いていた仏教者像と重なる。しかしながら、さらにその内実をも問いかけている。苦しみや悲しみに打ちひしがれている人が、自分と向き合い、生きる意味を見出し、強さや希望を取り戻そうとするときに、そばに寄り添い、真に支えとなれる仏教者である。「普段から一生懸命生きている人こそ、被災した人に寄り添い支援できるのではないか」という福田の言葉が耳に痛い。

福田の体験したこの〈寄り添う〉ことの発見は、ひょっとすると、この時代のキーワードの一つではないかと思うぐらい重要ではないかと感じている。

〈寄り添う〉ことは、災害救援の場面ばかりではなく、終末期医療においても、その根幹と言っていいほどの重要なテーマとなっているようだ。

過日、ノンフィクション作家の柳田邦男に会う機会があったのだが、その際、思いがけず最近の終末期医療の現状について聞かせていただいた。時代はそういうところまで来ていたのかと、不勉強を恥じるとともにまさに眼からウロコの思いであった。

柳田は終末期医療の事情についても造詣が深く、その方面での評論や執筆活動に活躍している人でもあるが、ホスピスケア、緩和ケアの現場において、スピリチュアルペインやスピリチュアルケアということが重要なテーマになっているという。一人ひとりのいのちの尊さを、本人とその方を取り巻く人々が支え抜こうとする試みとしてのホスピスケア、緩和ケア。その核となるのがスピリチュアルケアだといわれる。死を間近に迎え、「私は何のために生きているのか、死んだらどうなってしまうのか」と、自らの存在を根底から問い直すような苦しみにある人に何ができるのか。その切実な問いから生まれたものである。

これらの言葉が、日本の学会や終末期医療の世界で重要テーマとして登場したのは、一九九九年に開かれた、「死の臨床研究会」のシンポジウムにおいてとのことなので、それほど昔から使われ始めたというわけではないようだ。スピリチュアルペインという言葉じたいは、すでに、一九九〇年代前半に、「WHO（世界保健機関）」の会議において健康の定義において提言され、従来の医療で意識されていなかった、「霊的な問題（spiritual problem）の解決」が身体的苦痛、心理的苦痛、社会的な問題の解決と並んで重要な課題に位置づけられた。しかしながら、世界各国でまだ定着したわけではない。日本においても、スピリチュアル、スピリチュアリティ、スピリチュアルペインなどの西欧由来の言葉に、まだ共通した理解というものがあるわけではなく、この数年、いくつかの解釈が提示され、「人のいのち、人が生きることの根源に関わるものである」との認識が共有されつつあるという。日本人や日本文化に置き換える模索途上にあるとも言えそうだ。

英語の spiritual には、ふつう日本語の「精神の」「霊的な」「魂の」「霊魂の」「神聖なものに関する」などが充てられるのだが、それでは必ずしも十分ではなく、現段階ではふさわしい訳語が見当たらないため、その言葉の持つ本質的な意味内容を大切にしようと、英語をそのまま用いているようだ。その背景には、この言葉を必ずしも〈宗教的〉と捉えるのではなく、もっと広い視野で探究しようとする考えもあるようだ。柳田も、「もちろん宗教者の悟りの体験なども含まれますが、災害ボランティアの体験やグリーフ・ケアの問題なども含めて、まず、広い次元で捉えたほうがいいと思っています」と語っていた。そうなると、先ほどの災害救援現場での福田の体験も、スピリチュアル・ケアと関わる問題であるといえそうだ。

狭い意味の宗教という枠組みから離れて、人間存在を深い次元から捉え、その根元的な苦悩や悲嘆に寄り添い、支える営みといったらよいであろうか。それは、ある意味で、近代的な人間観の見直し、新しい人間観の構築の歩みにもなっているようにも思われる。それが、ホスピスケア、緩和ケアなど終末期医療の世界から始まっているということになるのであろうか――。

また、このような動きに呼応するかのように、高野山大学では、二〇〇六年度から「スピリチュアルケア学科」を新設することになり、それに先立って、二〇〇五年一一月三日、東京において「二一世紀高野山医療フォーラム～生と死が手を結ぶには～」という催しが行なわれた。心理学者、医療従事者、宗教学者による講演ののち、「医療者のみるいのち宗教者のみるいのち～その統合の可能性～」と題したシンポジウムが開かれた。柳田が座長となって、医療関係者と宗教学者が、医療と宗教という立場から、スピリチュアルケアの可能性を探る試みでもあった。思い切った、画期的な企画であったためか、一〇〇〇人を超える人が集まったという。柳田自身も人々の関心の高さに驚いていた。

若者や子どもたちの残忍な事件など、その背景に何があるのか、現代の抱える諸問題の根源にあるものが見えにくく、答を見出しにくい。目に見えないものを見る力が今ほど必要とされている時もないのかもしれない。見えるもののみを信じ、物心二元論に拠って立ってきた近代的価値観であるが、それではどうにも耐えきれなくなり、人々は新しい拠りどころを探し始めているようにも見える。「その幕開けだと思います」と柳田は語る。そして、こうも語っていた。

「余命いくばくもない患者さんが、『あの世はあると思いますか』と率直に聞くと、日本の医師の場合は逃げてしまうのです。でも、そんなときに、真摯に向き合ってくれる人がいるということは、患者にとって、とても心強いことなのです。死を直前にした人が言う言葉は、たとえ、空想的なことであっても、その人にとっては逃げようのない現実なのです。そういうことを理解できるかどうか、その資質が問われるのだと思います。もちろん、これからの仏教者にかけられる期待でもあると思います」

こうして、寺院や教会ではない医療の現場で、超自然的、あるいは深層的な次元の人間観の模索が行なわれている。時代はすでにそういうところまで来ている。医療の場面はもとより、人生の様々な局面で、生きる上での大切な支えを失って苦しみ、悲しみに打ちひしがれている人々を支え、援助するのは、そもそも仏教者のはたらきだったのではないのだろうか。このような現代の医療者たちの様々な知見や動きと呼応しつつ、仏教者はもっと積極的に関わっていかねばならないように思われる。同時に、〈輪廻転生〉という教説を、後世に付け加えられた迷信だとして否定してしまうのではなく、虚心に慎重に見直す時期がきているのかもしれない。それは、末期の看取りや葬儀のあり方などにも新しい認識や転換をもたらすかもしれない。

繰り返すようだが、時代の苦悩というものに、わがこととして、いかに向き合うかが宗教者に問われている――と有馬は語った。

現代の苦悩はじつに複雑で見えにくいが、社会的な問題や、身体的な苦悩、精神的な苦悩の解決とともに、今、仏教者は、「私は何のために生きているのか。死んだらどうなってしまうのか」という根源的な問い、根源的な苦悩（スピリチュアルペイン）に真摯に応え、寄り添う人であることも期待されている。

第五章

天災——阪神・淡路大震災に学んだこと

識字教室「ひまわりの会」にて（1997年）

阪神・淡路大震災の発生

さて、再び時間軸に戻って、SVAのその後の活動と有馬の話に戻ろう。

SVAは、一九九〇年代に入って慢性の資金難などの課題は抱えながらも、どうにか軌道に乗って、日本を代表するNGOの一つなどと過大評価されるようになった。

そして迎えた一九九五年（平成七）。この年は、日本にとって激動の年であったと同時に、SVAにとっても有馬にとっても大きな転換の年になった。一月に阪神・淡路大震災、三月にはオウム真理教による地下鉄サリン事件が発生し、文字通り天地を揺るがす未曽有の事件に見舞われた。現代文明や都市社会のもつ脆弱さや矛盾が露呈されるとともに、宗教に対する不信感や戦後教育の誤りなども指摘され、日本人は大きな衝撃を受けた。この年、日本人の無意識層には深い心の傷が生じ、価値観が大きく転換したともいわれる。

一九九五年一月一七日、当時、SVAの事務局長だった有馬は、単身赴任の巣鴨のアパートで朝食を摂っていた。山口の自宅から神戸が大変な状況になっていると電話を受け、慌ててテレビのスイッチを入れると、ヘリコプターからの中継で神戸の街と興奮した記者の声が流れていた。大規模な被害が発生していることはたしかだが、地上の通信網が寸断され、地上からの取材による被害状況が伝えられないため、杳（よう）として実態がつかめない。

折しも、一八日と一九日は、一九九五年度に向けて事業計画と予算案を策定する会議が予定され、S

VAのスタッフは、会議の準備と資料の作成に忙殺されていた。

翌日からの会議の主題は、財政難に伴う事業の縮小と経費削減策にあった。もし、この地震の救援活動を始めるとしたらどうなるか。いや、海外と国内の二つの現場をもつことにはどう考えても無理だ。自信がもてない。有馬の心は揺れた。しかし、情報だけは集めて分析しようとしたが、時間の経過とともに被害状況が尋常ではないことが明らかになっていった。

翌日、一八日の会議は難航しつつも、すべての議事がもう終わろうとしていたその時、有馬が口火を切った。

「みんなも知っている通り、神戸は大変な震災に見舞われている。SVAはどうすべきだろうか」

「…………」

しばらく沈黙の後、次々に意見が吐露されていく。

「会費や募金収入が減っている現在、どう考えても難しい」

「緊急救援活動から始まった団体として、今回の活動に取り組む意義は高い」

「行なうにしても、ボランティアをどう確保し、資金をどこから捻出するのか」

「SVAは海外での支援活動を目的とする団体であり、国内の活動によって、海外での事業に影響を及ぼすことだけは絶対避けるべきである」

「NGOは組織の自己保存を目的にして存在しているのではない。我々を必要としている人がいれば、それがどこであろうと行動すべきだ」

積極的な意見と否定的な意見が一人の口から飛び出した。現実を見据えながらも、他の痛みを自らの痛みとして思い悩む姿が見え隠れした。結論は執行部に委ねられたが、どちらを選択するにしても、困難な道は目に見えていた。そして、次のような共通認識に達した。

「何がどこまでできるか、わからない。けれども、SVAとして可能な限りの行動を起こそう」

SVAが本格的に国内の緊急救援活動に踏み出した時である。

海外支援の団体なのになぜ国内支援なのか。SVAの内部でも議論になり、外部からもしばしば質問を受けた。が、アジアも大切だが、足許も大事にしなければと、つねづね語っていた有馬にしてみれば、海外とか、国内ということはさほど問題ではなかった。そして、「私たちは、環境団体だから……」「私たちは、国際協力の団体だから……」と、大義名分にこだわって、本当に必要なことに一歩も踏み出さないとしたら、それこそ鼻持ちならないことだったのではないだろうか。事実、ある国際協力関係者の意見にこんな痛烈な意見があった。「なぜ、国際協力事業団（現・国際協力機構、JICA）は、阪神・淡路大震災に出動しなかったのか。緊急援助隊は海外へすぐさま出動するのに……、国民は緊急時に役に立たない国営ボランティア組織に失望してしまった」

決断してからの行動は早かった。有馬はSVAと協力関係にある曹洞宗の各種団体の動向を確認した。全曹青は共に行動する意向であり、宗務庁は募金活動も含めて、存分に活動することを期待するという回答であった。それらを受けて、準備を進めた。

第一には、活動対象地域をどこにするかの選定。多くの団体や個人が行動を起こし、おそらく、東は、大阪から西宮、芦屋、そして神戸の東灘区や灘区に向かい、西は明石から垂水区や須磨区に向けて入ってくると想像されるので、兵庫区、長田区がボランティア活動の手薄な地域になるのではないかと思われた。

第二に活動の内容。最も支援を必要とする人たち、つまり高齢者、子ども、在日外国人、障害者を主な対象として活動しようと考えた。長田区の同和地区の支援も視野に入れる。

第三にはボランティアの募集である。報道関係機関にファックスでプレス・リリースを流して記事掲載を依頼する。そして、会員や全国の協力団体に呼びかけを行なう。

第四は、募金活動の開始。会員や関係方面、約四万件にダイレクトメールを発送する準備を開始し、専用の郵便振替口座の新設を申請。関係団体には、訪問したり電話をかけたりして協力をお願いした。

第五、救援物資の輸送ルートと資材備蓄基地及び中継基地の調査。東は大阪と伊丹、もしくは宝塚あたり。西は加古川、明石を想定した。今まさに現地に入ろうとしていた協力団体の人々に調査を依頼した。

第六、活動の拠点となる事務所とボランティア宿舎の確保。継続的に活動するためには、ボランティアの宿舎や食事はＳＶＡで確保することにした。

第七には、救援活動のシミュレーション。全壊または半壊によって避難所にいる人と一部損壊で自宅に住んでいる人とに分けて、どんな支援が求められるかのシミュレーションである。高齢者、子ども、在留外国人、障害者など、対象者別にも分けてみた。水、電気、ガスなどのライフラインの損傷によって起こる事態も想定した。このシミュレーションは、半分以上は予想が外れたが、現地入りした後のプロジェクトの組み立てや救援物資の調達の手配などに大いに役立った。

さて、すぐさま現地入りした調査班は、長田区の現状の凄まじさに息を呑んだ。

電気、水道、ガスといったライフラインが壊滅で、行政機能もマヒ状態。被災者は相次ぐ余震に怯えていた。毛布や寝具の数が不足で、弁当の配給は始まっていたが、冷えた食事がのどを通らないと訴える高齢者が多かった。野菜が不足で、温かい汁物をほしがっていた。そして、多数のボランティアの派遣が急がれていた。

一方、東京事務所は、電話がパンク状態になるほどの大騒動であった。二二日付の全国紙の朝刊に、「民間ボランティア動き出す」という記事が掲載され、救援物資、義援金、ボランティア派遣に関する問い合わせが殺到していた。ボランティアの希望者は、二四日の時点で二〇〇名を超えていた。

そんな状況下、有馬は、全国曹洞宗青年会（以下、全曹青）に補助給食の炊き出しのため、ボランティア・チームの派遣と食材や炊飯器具の提供を申し入れるとともに、駒澤大学、駒澤女子大学、鶴見大学、愛知学院大学、東北福祉大学といった協力関係にあった大学や曹洞宗の両大本山である永平寺と總持寺、さらには各地の地方僧堂にもボランティア派遣を要請した。その後、関西、中国方面の協力団体にも直接会って協力を要請し、二四日には神戸入りして、陣頭指揮を執った。

しかし肝心の事務所の用地はまだ見つからなかった。神戸市内はやはり無理なのか、郊外に設営すべきかと迷っていたとき、全曹青の吉川俊雄から朗報が飛び込んできた。兵庫区の八王寺（曹洞宗、住職・志保見道元）に確保できそうだという。単車で駆けつけてみると、この寺も相当ひどい状態であった。庫裡（くり）（寺院の家族の住居部分）は全壊、本堂も形は残っているが使用不能の危険な状態。唯一、無傷で残ったのが鉄筋三階建ての研修道場で、二階の坐禅堂に住職以下家族が避難していた。それでも三階の剣道場を使用していいという志保見住職の話に、「大勢の若いボランティアが入ってきてプライバシーも保てない状態になるのでは」と、有馬が尋ねると、「この建物だけでも残ったというのは奇跡に近い。家を失った被災者へのお手伝いができるのは有り難いこと」という答えだった。感激してお言葉に甘えることにして、早速、設営を急ぎ、二五日にはボランティア受け入れの態勢を作り上げたのであった。もし、この時の志保見住職の厚意がなければ、SVAの活動はまったく違った展開になっていたであろう。次の真光寺（時宗、当時の住職・渡辺良證）に移転するまでの約三週間、ご家族には大変なご迷惑をかけてしまった。

そして、一月二六日、いよいよボランティアの第一陣、七名が神戸に入り、翌二七日から活動を開始した。当初、最も必要度の高かったのは、避難所への支援ボランティア派遣と炊き出しである。そして、子どもたちへの遊び場づくりの活動。高齢者・障害者を対象にした入浴サービス。「どうせ死ぬのなら我が家で」と言って、避難所に行かないで高層市営住宅にいる老人の安否確認と水や食糧の配布。ボランティア・センター立ち上げのための協力や連携等々。活動は多岐にわたった。

SVAの活動の仕方は、いわばプロジェクト方式であった。つまり、被災地の状況によって支援内容を判断して、SVA事務局が派遣先や活動対象を決定して、ボランティアを活動先に割り振る。その際、活動先ごとにボランティアリーダーを決めた。そして、活動が終わって戻ってきてからは、ミーティングを開いて当日の活動の様子を共有し、次回の活動計画を立てるというサイクルをもって展開した。

ボランティア参加希望者は神戸の救援対策本部で参加登録をして、ボランティア保険に入って、軍手、マスク、SVAの名称が入った腕章の三点セットを持って活動に出かけた。多いときは一日、約三〇カ所に一〇〇名を超すボランティアが派遣された。多くのボランティアは一、二週間活動してまた戻っていくケースが多かったが、二月中旬頃になると、春休みということもあって、学生が中心となり、中には、一、二カ月にわたって滞在する人もいた。

炊き出しに取り組むボランティア

とくに、全国から駆けつけた全曹青は、「炊き出しの曹洞宗」といわれるほどの機動力を発揮した。曹洞宗では、典座（てんぞ）という食事を作る修行が行なわれるのだが、その経験から、二、三人で千人分の食事を作ることはさほどむずかしいことではない。その体験が生かされ、多いときで一日二万食、合計で三一万食の炊き出しを行なった。

それから、SVAの活動の特徴だったのは、継続的に活動するためには、事務所や宿舎が必要と判断し、ボランティアの宿舎や食事をSVAが確保し、自給自足するという方法を採ったことである。そこまではやり過ぎではないか、SVAはホテルみたいだという批判もあった。しかし、この方法を採らずして、継続的な活動は不可能だった。ボランティアの活動は概してハードな仕事、作業内容だったからである。肉体的な疲労だけでなく、被災者と接して、その悲しみを禁じ得ない状況や現実を知り、さらには自分の無力さを感じて、精神的ショックを受けて帰ってくることも多かった。ある時、「がんばってください」と声をかけた途端に、「ナニッこれ以上にまだがんばれというのか、ボランティア面して生意気なことを言うな」と怒鳴られたボランティアがショックを受けて帰ってきたこともあった。

そのような状況下、SVAスタッフはボランティアたちから様々な相談を持ちかけられた。トイレの場所から、ボランティア活動の理念や活動の意義に関することまで……。しかし、ボランティアの数が急激に増えていたので、個別に細かく対応できる余裕がなくなっていった。そこで、他の派遣先の活動内容やボランティアの意見、感想、被災者の声など、様々な情報を共有するため、活動終了後、各派遣先ごとに一日の活動記録が作成され、それを内部向けの広報紙「よろずかわらばん」として発行した。

ちなみに、次に掲げるのは、九五年二月のある日、ボランティアの一日のスケジュールである。

6：00　起床
7：00　朝食
8：00　リーダーミーティング
9：00　活動現場へ各自移動～ボランティア活動開始
17：00　活動終了
19：00　夕食
20：00　全体ミーティング（グループ別、カテゴリー別など様々なミーティングもあった）
22：00　終了

毎晩の全体ミーティングで、問題や情報を共有し、他のボランティアともミーティングをもち、自分の活動を振り返る時をもった。このころはボランティアのストレスも最高潮に達していたころで、自然にミーティングの回数も増えていった。その日あったこと、ショックを受けたことを語り合うことはストレス発散ともなっていたのである。二月半ばからは、週に一度、交流会をもち、披露やストレスが軽くなる工夫をした。

スタッフの毎日も厳しいものがあった。時には一〇〇人以上のボランティアが共同生活をしていたので、生活管理に多大な労力や気力を必要とした。とくに、寺院の敷地を借用していたので、周囲への騒音の迷惑や門限などには気を使った。ミーティングや活動の相談、資料づくりなどで、夜遅くまで起きていることが日常化して、消灯時間を一二時と決めたこともあった。一方、被災地で、女性に対する暴行事件が起きているという情報（真偽は定かではなかった）もあったため、夜の女性の外出には十分注意してもらった。大勢のボランティアへの対応、周りの眼もあり、緊張感が途切れることなく、眠れない夜が続き、一日休んでも疲れがとれない。外では気丈に振る舞うスタッフであったが、仲間内には涙を見せることもあった。

ということで、阪神・淡路大震災の後、被災者の心のケアが叫ばれたのだが、被災者ばかりでなく支援者側（ボランティアなど）にも必要であることを何度も痛感した。そして宿泊ボランティアを受け入れるということは、活動面だけでなく、生活面にも気も配らねばならず、当然、その点の負担も大きくなるわけだが、そこまで配慮が行き届かなかった。コーディネーターの数が足りなかったことも反省点である。いろいろな意味で経験不足が露呈することとなった。

被災地の状況は日々変化し、それに対応した活動が必要となっていった。災害発生時から数日間は、倒壊した家屋に取り残されている人々の救出、負傷した人々の緊急治療などが急務である。そののちは、自宅が倒壊したり焼失してしまった人々や避難している人々に対する支援が必要とされた。

しかし、二月下旬になると、電気、水道がおおむね復旧し、営業を再開するお店も見られるようになり、被災地は少しずつ落ち着きを取り戻していった。そして、仮設住宅の入居が始まり、被災者にとって生活再建の長い道のりの一歩が始まった。けれども、新しい地域に移り住み、今までの地縁や友人から離れたことでストレスをつのらせる人々もいた。そのような人々に生きがいや生活の潤いをもたらすための支援が必要とされた。

そこでSVAは、それまでの避難所での活動をしだいに転換し、小さな行事やお祭りのようなものを行なうようになっていった。まだ避難所に残らねばならない人々や、自宅に戻ったものの不安な生活が続く人たちに、心が和む楽しいひと時を送ってもらえればと願って始めることにしたのだ。「演劇会」や「けん玉の会」。そして、美しい花を見て元気が出るように、避難所、仮設住宅、保育所などで花を植え、花の咲いたプランターも設置した。それから、兵庫区や長田区の仮設住宅七カ所、六一〇戸で訪問活動も開始した。

「こんにちは、お元気ですか。〝ぜんざい〟いかがですか」

訪問活動はいつもこのような言葉から始まった。ボランティアは仮設住宅を一軒一軒訪問して、「何か困ったことはないですか、身体の具合はどうですか」などと、聞いて巡回した。まず、全戸訪問。これは数カ月に一度、活動対象の全家庭を一軒一軒訪問する活動で、そこから、生活状況が変化して新たに支援が必要になった家庭などを把捉し、支援することがねらいであった。次に戸別訪問。これは全戸訪問を通して支援が必要と判断した世帯に定期的に訪問を繰り返す活動であった。

そんな折り、「ボランティア活動が被災者の自立を阻害しているのではないか」という議論が様々なところから起こり始めた。緊急救援の時期を過ぎると多くの団体は被災地から撤退していった。SVAとしても、そこで区切りをつけてもよかった。撤退か継続か。スタッフの間でも両者の意見が交錯した。

しかし、被災地にはまだ困難な生活を続けている人々がいる。避難所ではなく、壊れかけた家に留まって生活している人たち。公園など、野外でテント生活している人たち。遊び場所を失った子どもたち。被災者支援の情報を理解することが困難な外国人や読み書きが不自由な高齢者。借金を抱えながら仕事再開のメドがたたない自営業者。住宅ローンの支払いが終わらないまま自宅が被災し、「二重ローン」を組まざるをえない人たち、等々。このような人々に対し、たとえ微力でも支援することが必要ではないかと、悩みに悩んだあげく、九五年四月、緊急救援から復興支援へと踏み出すことを決断した。

真光寺の境内にプレハブを建てて事務所とさせてもらっていたが、いつまでも迷惑をかけるわけにはいかない。長田区の御蔵地区に事務所を移すことになった。

こうして、九七年の四月三日の神戸事務所閉鎖まで、ほぼ二年間、SVAは次のような復興支援活動に取り組んだ。

〈九五年度〉

・仮設住宅における訪問活動
・市営住宅における訪問活動
・子どもの遊び場づくり
・まちづくり協議会への支援
・地元NGO間のネットワークづくり

〈九六年度〉

・仮設住宅支援グループ「春風会」の発足
・識字学級「ひまわりの会」発足のための支援
・「まち・コミュニケーション」設立の支援
・阪神・淡路大震災「仮設」支援NGO連絡会への協力
・全国と被災地をつなぐ

これだけは伝えたい神戸での教訓

当時、ボランティアリーダーとして活動した人たちは、次のように当時を振り返っている。

市川　斉（SVAスタッフ、元SVA神戸事務所所長）／**桑山克己**（初代の事務局リーダー。第一陣で、緊急救援のボランティア活動に参加）／**佐藤隆之**（二代目の事務局リーダー）／**高橋康次郎**（物資セクションなどのリーダーを担当）／**福田信章**（市営住宅、仮設住宅の訪問活動のリーダーを担当）／**吉岡文雄**（避難所などで活動）

市川　今、振り返ってみて、SVAの活動の長所や弱点は何だったのかと考えてみると、まず、比較的よかったと思うのは活動資金の調達の面だと思います。緊急救援活動のための積立金があり、募金の呼びかけも、それまでの海外での援助活動のシステムが役立った。それから、人的な面に関しては、曹洞宗の僧侶の方々の機動力によって一〇〇人分のボランティアの食事、お風呂まで一挙に整えることができた。逆に一番弱かったのが、コーディネートの面だと思います。

桑山　神戸に行って、僕は急にボランティアのリーダーとして、スタッフの代わりのような仕事を受け持つことになりました。正直言って、戸惑ってしまった。SVAの活動なのに、僕のような知り合って間もない、まだどういう人物かわからない人に、ボランティアコーディネートの主導権を任せるのは危険だと思った。それも、震災直後の混乱して大切な時期だったわけです。今度同じような状況になったら、最低一カ月間、被災地の現場に居残ることができて責任をもって方針を決められる、SVAのスタッフか、あるいはSVAの関係者をコーディネートの責任者として据えるべきだと思う。

……………

佐藤　現場の実力以上に人を受け入れて、色々な活動に手を出し過ぎたと思う。……
……ともかく、今後、現場にいるスタッフは自分たちができる範囲のことを把握した上で、ヴィジョンをもって行動する必要があると思う。

…………

桑山　緊急救援が終わったら何が何でも撤退するというのを今後は徹底する必要があると思う。水、電気、ガスなどのライフラインが戻ったらとか。地元のケア、福祉とかには関わらないとか。基準を決めて……。

高橋　掘り起こして地域の中から出てきた問題には、専門家が関わるようになるので、僕もいつまでも関わる必要はないと思う。

吉岡　だけど、そもそもSVAは、タイでの難民に対する緊急救援から始まって、そこから見える様々な問題に対して、現地に事務所を置いて、現地に根づいて取り組むようになったわけだよね。だから、緊急救援からでも、やりようによっては継続的な取り組みになり得たと思う。もう一つは、若い人、学生などが独居老人や部落の問題など、今まで知らなかったことを知って、これからの日本のことを考える上で、いいきっかけになったと思う。

福田　神戸の外から来たNGOでなければできなかったこともあったと思う。仮設住宅やプロジェクトXの訪問活動をしていて、こちらが地元の人間だったり、関西弁で話したりしたら、被災者の人たちはあまり話してくれなかったんじゃないかな。訪問を受けた人も、自分のことを全く知らない人だから、本当は言えないことまで打ち明けられるし、相談できたんだと思う。そして、被災者の人たちと一緒にいることによって、僕を含めてボランティアたちは、今まで見えなかった、身の周りにある様々な問題が見えてきたんだと思う。

桑山　たしかに、ＳＶＡが神戸の活動を総括しきれず、これだけ苦しんできたのも、ずっと関わり続けていろいろな経験をしてきたからだと思う。それほどしんどいことだったからね。

福田　それに、神戸で活動していた他の団体と比較しても、ＳＶＡのボランティアの中からは、東京に戻ってきてから自分たちで独自の活動をはじめて、しかも今も頑張っているグループ（A-yan東京）があるわけで、そんな例は他の団体じゃあまりないんじゃないかな。

高橋　それから、衣食住きちんと揃っていたのもＳＶＡぐらいだったね。まるで、ホテルのようにって思っている（笑い）。恵まれ過ぎているんじゃないかという見方もあったけど、でも、僕は正しかったと思っている。僕はボランティアの食事を作っていたんだけど、ボランティアの人には、事務所が「家」だと思ってほしかった。外は厳しい世界だから、精神的にも、肉体的にも疲れて帰ってくる。その時、仲間とホッとできる場所を作りたい。それが、あったかいごはんをつくろう、風呂をつくろう、ということになったと思う。

………

被災地の中で、僕は何かガラスの国の中に入っているような気がしていた。情報が足りなかったと思う。他の団体は自分の足で情報を集めてきていたけど、ＳＶＡはそこが弱かったと思う。

——ＳＶＡブックレットシリーズ『混沌からの出発』より

そののち、これらの体験をもとに、今後の役に立つことを願って、神戸での教訓を一〇の視点として総括し、ＳＶＡ発刊のブックレット（『混沌からの出発』）に、まとめとして提示している。

①鍵を握るのはボランティア・コーディネートである
②救援物資を第二の災害にしてはならない
③被災者とボランティアには心の溝がある
④地域性を理解して行動する
⑤ボランティア（救援者側）にも心のケアが必要である
⑥地元の人々や団体と連携する
⑦活動を始める際には、撤退の時期を念頭に置く
⑧行政だけに頼らず、市民相互の協力の輪を
⑨想像力を働かせて行動しよう
⑩救援活動は自らの実情に即した方法で

これらの活動をときに陣頭に立って指揮し、ときに見守り、支えてきたのが有馬である。東京と山口の往復の途中、神戸で下車して足しげく被災地に通った。

有馬は何よりもまず、阪神・淡路大震災を自然から人間への警鐘と捉えるべき、と考えていた。次のよ

うに述べている。

第一に、大都市は、大規模な自然災害にはほとんど抵抗力をもっていないことを知らなすぎるのです。現代文明は、合理性と機能性を追求することによって、大都市の発展を可能にしてきました。けれども、都市の機能がシステム化、合理化され、その合理性が完璧であればあるほどに、非合理な自然の力によって受けるダメージ、痛手は大きかったのです。都市は、大災害が発生すると同時に、機能は完全に停止するという前提に立って、災害の対策を講じておく必要があるのです。

第二に、その災害の対策は、各都市のなかだけで考えるのではなく、広域にわたって、そのうえ行政、企業、一般市民、ボランティア団体、ありとあらゆるセクター、領域の人たちが参加できるものでなくてはなりません。そのためにも、官と民が日常から信頼関係をもつことが必要なのは論を俟(ま)たないのです。

第三に、人と人との有機的な繋(つな)がりで構成される「コミュニティ」、「共同体」づくりを都市の最優先課題とすることです。と同時に、災害時においても地域のコミュニティの存続を図り、コミュニティによる相互扶助の機能を活用した緊急的な対応と自立復興への方策を採用することです。

——前掲書「あとがき」より

そして、NGOとして二つの反省点を挙げている。一つはコーディネーターの不足。そして、もう一つは、「被災者の自立」をキーワードとして活動しながら、被災者の心のケアについて具体的手だてをもっていなかったことである。その後悔をしきりに述べていた。単身、神戸でボランティア活動を行なった作家の田中康夫（元長野県知事）と対談したときも、次のように語っている。

被災者の心の変化に対する目配り、気配りを忘れてはならないのだと思います。それが欠けているのですね。これまで日本で数多くの災害がありながら、被災者の心の変化に関心をもっていなかったのではないでしょうか。私自身もそういうことに気づいていなかったのです。

実は、ロスアンゼルスの地震のときに、アメリカのＮＧＯや心理学者や医師や行政が、専門家を動員して客観的に被災者の心の変化の調査をやって、報告書を出してきているのですね。

そのなかで、四つのステージがあると言っているのです。一番目は「英雄」のステージです。二番目は「ハネムーン」のステージです。これはいわば「共感」のステージと言ってもよいのかも知れません。三番目が「幻滅」のステージです。四番目が「自立」のステージです。まさに神戸はその通りの段階で動いていて、すごいものだなと思って驚きました。

一番目のステージでは、被災直後に、被災者自身が柱に挟まれた人を必死になって助けようとしたり、気がついたら自分も足を怪我をしていました。そんな話は数多くあったのです。そして、少し落ち着いて避難所へ入っていきます。そのときに町内の人、被災所の人同士が「頑張っていきましょうね」と共感し合いながら、頑張ろうという意志をもちます。その次に、先が見えてこないなかで、苛立ちと失望を覚えて、やたら腹立たしくなるのです。ボランティアが行っても、「あなた方、何を背負っているの」とか、「大きなお世話だ」とか、「あんた方、帰れ」とか言われたボランティアは大勢いました。行政に対してもいろいろな非難をしました。それを乗り越えたとき、自立とか再生とかいうことが起こってくるのです。被災者の心の変化をきちんと理解しながらやらないと、目線に立つと言ってもそれはできないのです。それをロスアンゼルスの報告書は指摘しているのですね。

――『シャンティ』（一九九六年一・二月合併号）

他のNGOにしても同様であるが、被災者の目線に立ち、被災者の立場に立って協働しようと願いながら、被災者の心理状態を客観的に理解し、そのステージに対応するノウハウをもっていなかった。事前にコーディネーターが学んでいたなら、ボランティアにもっと的確に指導できたろうにと悔やんでいた。自立を口にしながら、「こころ」の世界に立ち入ることはできなかった。震災後、全国各地の自治体で行なわれている防災計画や救助活動計画の見直しにもこの視点が盛り込まれたということはあまり聞かない。「今後の重要な緊急の課題として、問題提起をしておきます」と有馬は、被災者の心の変化に対する目配りを力説している。

それにしても、有馬は若者が好きであった。時間さえあれば神戸に通って若いボランティアたちと接することをこの上ない喜びとしていた。ときに破天荒とも思える青年たちの奮闘ぶりの様子を聞くときなど、相好を崩して満面の笑みを湛えていた。

のべ約一五〇万人の人々が被災地に駆け付けて救援活動に取り組んだこの年は、「ボランティア元年」とも呼ばれた。この言葉がスローガンとなってしまうのを好まなかったが、有馬は、そのような若いボランティアたちの姿に未来の大きな可能性を感じ取っていた。インタビューに答えて語った次の言葉にその思いが滲み出ている。

近代化という舗装道路を歩いているうちに、日本という社会の共同体としての有機的な力がそがれてしまい、みんなが心に渇きみたいなものを感じているのです。その渇きの隙間(すきま)に現れてきたのがオウム真理教という化け物でした。

唯一の救いは、大震災の悲劇を自分のこととして感じた何万人、何十万という人たちが、神戸に駆け付けてきたことです。一人ひとりの力は小さいけれども、お互い同士が繋(つな)がり合い、実に有機的な、いきいきとした動きを作り出していったのですね。

とくに注目されるのは、その一人一人が誰に命じられたのでもなく、一人の市民としての判断で行動してきたことです。一人一人が責任をもってこの社会を築いていくのだ、という市民意識に乏しい日本の精神風土を考えるとき、ボランティアたちの登場は、一つの暗示的な意味を持っていると私は思うのです。

ボランティアたちは若くて未熟かも知れません。それを支えるのは、大人の世代の責任でしょうね。ボランティアたちが、神戸でどんな花を咲かせるのか、日本の地域に、あるいはアジアに、どんな花を咲かせていくのか。徒花(あだばな)に終わることないでしょう。

――「朝日新聞」夕刊、東京本社、一九九五年一二月二一日よりしれない。

阪神・淡路大震災のような大規模な災害からの復興には、どう見ても数年の時間が必要となる。そのためには、本当は関西を生活圏として、土地勘や人脈をもつ土着のボランティアこそが相応しい。そう思って支援活動に踏み出すべきかどうかためらっていたとき、一月一九日、「阪神大震災地元NGO救援連絡会議」設立のニュースが入った。よし、これで活動できると有馬は確信したのであった。その連絡会議を立ち上げたのが草地であった。初めて草地と出会ったときのことを有馬はこのように思い起こしている。

僧侶と牧師の切磋琢磨――草地賢一との出会い

神戸でも有馬は多くの知遇を得た。キリスト教の牧師であった草地賢一(くさちけんいち)はその最初の一人だったかもしれない。

一月一九日からずっと神戸に関わるようになってきたのですが、毎日新聞の神戸支局の一室に陣取っている草地さんに出会って、挨拶と同時に「よく立ち上げられましたね、これでわれわれも救われます」と申し上げると、「そう受け取ってくれるかね」とこうおっしゃいました。「時にあなたもヘビースモーカーだけども、俺はパイプなんだが、この部屋の中じゃ吸えないから廊下で話そう」と言って廊下の寒いところで煙草を吸いながら二人が共感しながら語り合ったことを今になって懐かしく思います。

――『阪神大震災と国際ボランティア論――草地賢一が歩んだ道』より

草地の生い立ちや足跡を知るにつけ、なるほど、ヘビースモーカーの点だけでなく、お互いに多々共感する点があったであろうことが頷ける。

岡山に生まれた草地は幼いころ母親の再婚などによって苦労する。本が好きで農作業の合間にいろいろな偉人伝を読んだ。そして、小学校五年生のとき読んだ島崎藤村の『破戒』に衝撃を受けた。その小説の主人公、瀬川丑松という先生が生徒に向かって教壇の上から土下座をして「私は部落出身なんだ。今までみんなを欺いていたことを謝ります」と言って去って行く最後の場面を読んだとき、「なんやねんこれは！」「これは公正やない」「不公正や」と強く感じたという。それが、この世の中には信じられない事実があるのだということを教わったときだったと述べている。

キリスト教との出会いは定時制高校に通っていた時、勤めていた病院の看護師に誘われて教会に通うようになり、やがて洗礼を受け、牧師の道を志す。

やがて牧師となって一九七四年（昭和四九）、日本ＹＭＣＡ同盟から派遣され、タイ国チェンマイで国際協力事業を担当した。以来、アジアとの長い関わりが続くのだが、チェンマイにいたころ、いまだ人々の心の中に残っている戦争の傷跡と直面し、「歴史を引き継ぐこと」について考えさせられる強烈な体験をしている。

一九八五年の二月、タイとビルマの国境の少数民族、カレンの村に草地が出かけた時、四〇代半ばの人が話しかけてきた。「一九四五年以来、初めて日本人に会った。実は父親から、

日本NGOのリーダーでもあったキリスト教牧師、草地賢一

いつか日本人に会ったら、俺の恨みを晴らしてくれ、と遺言を受けている」という。

「えっ、それは何ですか」と聞くと、その事情について話してくれるのだった。

以下、草地の言葉に耳を傾けてみたい。


一九四五年、インパール作戦で日本軍がこの村を通って行き、しばらくしたら負けて帰ってきたそうです。

当時チェンマイというところに日本軍の基地があり、タホタという小さな村なのですが、その小さな村からチェンマイまで七〇キロ。当時、道なんかありません。その人の父親は「ちょっとそこの若いの来い」といって徴用されて、戦争で傷ついた、背中にはうじ虫がわいたような、うめき苦しんでいる日本兵を背負わされて、三日間かけてチェンマイまで運ばされたそうです。着いた時に、「ご苦労さん、お水の一杯」とも言ってもらえるかと思った時に「お前そこで何しているんだ。さっさと帰れ」と顔を殴られたそうです。「自分の人生でこんなに屈辱を受けたことはない、息子よ、今度、誰か日本人に会ったら私の恨みを晴らせ」と言われたというのです。彼はそう言って、私に「殴らせてくれ」といいながら泣き出しました。私も話を聞きながらぽろぽろと涙がこぼれ、「わかった」と足を開いて、手を後ろにやって「どうぞ殴ってくれ」というと、鼻血が飛び散るくらい殴られました。そして二人で「これでええな」と抱き合ったのです。

西ドイツの大統領であったワイツゼッカーの有名な演説の中に「過去に目を閉ざす者は現在も見えなくなる」という言葉があります。日本の過去について関係ないと思う人がいるかも知れませんが、しかし関係があるのです。ある時は身をもってその歴史を引き継ぐことになるのです。

——前掲書

この歴史認識は有馬と共通しているといえる。幼いころ、寺に運ばれた韓国人の遺骨が差別されることを知って、世の不公正を知った有馬。そして、韓国を訪問して、かつて日本人が行なった仕打ちがどれほど韓国の人々の心を傷つけたのかを知って愕然とした体験など。草地の体験は有馬のそれに通じるものがある。

しかし、共通点ばかりではない。二人はしばしば激しい議論をしていたようだ。とくに日本文化の見識の違いに有馬は敏感に反応していた。有馬はそのことを自ら述懐している。

実は私は、草地さんとは随分議論もしましたし、喧嘩まではいきませんでしたけれども、批判をされたり、逆襲をしてみたりといろんなことがありました。草地さんがある時、日本人というのは常にチャリティしかない、そのチャリティしかない日本は、世界の中で貧しい文化の国だと何かの弾みでおっしゃったのです。それには前段の発言の背景が実はあるのですが、私は、ちょっとカチンときまして、こう反論したのです。

「草地さん、あなたは大変尊敬してる方なのだけれども、ちょっと日本の文化のことも勉強してくださいよ」と。

草地さんは普段から盛んに、外からの援助ではなくて、中から問題を抱えている、あるいは困難に直面している人達が自分達の問題として、自立して、それを克服する力をどう与えるかというのが一番問題であり、内発的な開発への意思というものをどう育てるかというのが大事なんだということをおっしゃっていました。それからもう一つは、援助される側の援助依存体質を作ってはならない、それから、……

……学び合うということ、そしてそのためには、そこに動いているのは人である。援助する側の人、援助を受ける側の人、そしてその人と人と交わりの中で新しい価値観が創造される、こういうことがＮＧＯの運動論としてキッチリ整理されていないといけないということもおっしゃっていました。

その中で、私は実はそういう考え方、価値観というのは日本の文化に深く根ざしたものであると反論しました。「草地さん、自己開発って言うのを盛んにおっしゃっていますが、タコって言葉があるのをご存知ですか?」と聞くと草地さんは「なんじゃ、それは。明石のタコなら知ってるけども」と言われました。私は「そのタコじゃないんです。他の己と書くんです。自己に対して他なる己、という言葉が日本の中にあります。いつ頃からかこれが使われなくなって、死んだ言葉になってしまいました。そこがやはり日本の文化の中で非常に大きな問題なのですが、他己という言葉を、私は大事にしたいと思ってます」と言うと「そりゃどういうことだ」と聞かれたので、「人の痛みが自分の問題として受け止められる、受け止めざるを得ない、つまり他の中に自分を発見する、と同時にその中に他が働いている、他の働きかけ、他の命を感じる、それが他己という考え方です」と説明すると、「いや、それは知らなかった、おもしろい」と言われました。

――前掲書

日本には助け合いやボランティアの精神はなかったという見解はしばしば聞かれるところであるが、そういう言葉を耳にすると、たとえ相手が誰であろうと、有馬は猛然と反論するのであった。かつて外務省の担当官が、日本にはキリスト教の伝統がないから、ボランティアの運動が起こらなかった。仏教には頑張ってほしいという趣旨の発言をしたときも、果たしてそうであろうかと反論したことがある。たしかに海外ボランティアというと、圧倒的にキリスト教系の団体が多い。それには神の愛の実践、隣人への愛というキリスト教の教義的な背景からくる面もあるのかもしれない。海外伝道の歴史がとても長く、異文化との接触の中でさまざまな試行錯誤を経てきて、海外ボランティアの重要性を深く認識していることも背景にあるのかもしれない。では、仏教についてはどうなのであろうか。決して何もしていなかったわけではない。キリスト教と比較して仏教ボランティアについてインタビューされたとき、有馬は次のように語っている。

> 仏教こそ、そういうこと（ボランティア）を教義的にも最も的確に表現している宗教なのですね。言うまでもなく、仏教教義の根底になっているのは、宗派を問わず、原始仏教以来、〈縁起〉の思想ですよね。〈縁起〉の思想というのは、それぞれの個がつねにありとあらゆる人との相依相待の関係のなかにおいて初めて成り立ちうるというのが、基本的な考え方ですよね。裏返して言えば、他の幸せがない限り、自分の幸せはないのです。そして、他との共存関係がない限り、自分というものもありえないのです。そうすると、当然、ボランティアの活動であるとか、そういう運動の根

底になっているのは、まさに仏教の〈菩薩思想〉そのものですし、あるいは〈縁起〉の考え方でしょうね。

他の人の幸せをつねに考え、他の人の幸せを作り出すためにはどうするのか。そういう具体的な働き掛けのないところには、慈悲はもちろん、悟りも智慧（ちえ）もない、と。そういうことなのですね。ですからこういうことが、なぜ仏教のなかで行なわれてこないのか、それが問題なのです。つまり、〈菩薩の行願〉を社会化する努力がなさ過ぎたのです。社会全体が〈菩薩の行願〉の実践に生きようとしない限り、浄土は実現しないのですから、極端に言えば、今の仏教は浄土を願っていないことになります。

一つ言えるのは、では、仏教がそういう問題に対して何もしなかったかと言うと、実はそうではなくて、日本の仏教のなかでは組織的にそれを行なうことがなかっただけのことで、仏教の歴史のなかで、つねにそういうことは行なわれましたし、また多くの仏教者たちはそれをやってきたのです。

たとえば、「陰徳（いんとく）を積む」という言葉がありますけれど、仏教ではそういう慈悲の活動をする場合に、むしろ他に見えないような形にしてそれをさりげなくやるのです。そういう活動をしていることが、他の人に見つかるのをむしろ恥じるようなところがあって、「三輪清浄」というのでしょうか――布施のなかで、布施をする人と布施をされる人、そして布施される布施物、その三つの関係がつねに清浄であるのです。あるいは、「三輪空寂」とも言いますね。そういうことを考えますから、なかなか運動にならないのですね。運動体として組織することです。

ボランティアに匹敵するものをやっていなかったのではなく、社会化、組織化する努力が足りなかったという指摘は、先の忍性のところで触れた中村元の指摘に通じるものがある。

さらに、キリスト教と仏教ボランティアの活動、あるいは西洋人と日本人のボランティア活動を比較して有馬は次のように語っている。

キリスト教のボランティア活動と仏教のボランティア活動と比べた場合、あるいは西洋人と日本人の活動でも、やはりどこか違うのですよ。日本人は共通して、布施する人のありようよりも、布施される人たちの問題をつねに問い続けるのです。布施される人たちの自立を妨げないのです。相手の主体性を尊重するという姿勢で、ボランティア活動することを、つねに自分に問い掛けるのです。西洋のボランティア活動は、運動の輪がどんどん広がり、お金が集まり、救援される地域が広まることが大事にされます。このあたりが日本と西洋の、仏教とキリスト教のボランティアのはっきりした違いでしょうかね。

でも、むしろ最近では、西洋のボランティア団体は日本人のボランティアのそういうあり方に注目し始めているのですね。実は、アジア太平洋地域のボランティアの国際大会がありまして、この主題が「アジアに学ぶ」なのです。

――前掲書

――『梵』（№四、一九八七年一〇月二〇日）（　）内、引用者

有馬と草地の話に戻ろう。二人の間で、おそらくこのような議論は幾度となく交わされたことであろう。二人とも親分肌でカリスマ性もあった。仏教NGOのリーダーとして、キリスト教NGOのリーダーとして、お互いに、いい意味でのライバル、切磋琢磨の相手を見つけたという感をもっていたのかもしれない。けれども、こうした二人の出会いもそう長く続いたわけではなかった。

その後も草地は八面六臂の活躍を続ける。

震災の年、デンマークのコペンハーゲンで行なわれた、世界の政府とNGOの会議に参加し、「神戸からのメッセージ」を届けた。その年五月、ロシアのサハリンで大地震が起きたとき、急きょ物資を集めて、船を仕立てて、被災地に届けた。「神戸は世界中から支援を受けた。今度はわれわれで何かできないだろうか」という神戸市民の声を受けてのことであった。以来、二〇回以上にわたって、海外の災害被災地の救援活動に取り組んだ。九六年にはトルコのイスタンブールで開催された「第二回、国連人間居住会議 HABITAT Ⅱ」に、日本代表団の一人として参加。そして、晩年はこれらを集大成するかのように、「国際ボランティア学会」の立ち上げに精魂傾けた。二一世紀の地球市民社会をめざし、新しい時代にふさわしい人類共通の行動原理を構築をしようとの願いからであった。一九九九年二月、設立総会が開催され、そして翌年二〇〇〇年の一月、それを見届けたかのように、ついに帰らぬ人となってしまった。まだ、五八歳という若さであった。そして、その後を追うかのように、その年の九月、有馬も亡くなっている。二人が元気であったなら、その切磋琢磨からどんな智慧が生まれ活動が展開されたであろうかと思うと、残念でならない。

露天風呂での思い出——田中保三との出会い

先述のように、ＳＶＡは緊急救援からさらに復興支援に踏み出したのだが、いつまでも、真光寺の境内をお借りするわけにもいかず、新しい事務所を構える場所を探さなければならなかった。そんなとき、全焼してしまった自社の跡地を使うことを快諾してくれたのが、長田区御蔵（みくら）にある兵庫商会の社長、田中保三であった。

「あれはたしか、六月の中旬ごろやったとちゃうんかな。市川さんと喜多村さんが連れだって、ＳＶＡの事務所を当社のビルの跡地に、との用件で来社されて。まるっきり知らん人たちでちょっと違和感あったんやけど。まあ、団体名に曹洞宗の冠がついていたんでＯＫしましたわ。そこには、すでに二月半ばより以前に、ピースボートという団体が使用していた事務所があって、当時は継承されて、「すたあと長田」という団体が使っとって。

僕としては、ボランティアさん同士が集まって切磋琢磨してほしい気持ちありましたわ。結果的にどうなったかはわからんけどな。でもこれが狙いやったんよ。色んなボランティアさんや団体を見て思ったんやけど、みな、自分の範疇でしか物事を考えてない気がしてな。もっともっと懐が深くてもええんちゃうかな。だから違うタイプの団体さんを集めてお互いに刺激になればええなとは思うてたんや」

田中が経営する兵庫商会は自動車用品販売会社であったが、震災で全焼してしまった。その被害総額は一億円にものぼるという。震災によって価値観が大きく変わってしまったと田中は語る。ボランティアたちと関わるようになって、損得勘定から善悪勘定へと一変させられたという。一月一七日の朝のことを思い起こして次のように述べている。

ドーンと初めの一突きがきたときには、もう起きて体操をしているところだった。

家の梁が折れたような大きな音がした後、強いヨコ揺れで立てなくなってしまった。

女房は台所ですぐに火を消していた。街並みは普段と変わらない印象だったが、裏道に入った時、事態を知った。そこにはひしゃげて崩れた家もあったし、パジャマ姿で呆然自失している人もいた。

………まさか自分の会社が燃えているとは思いもしなかった。

自分の会社へ八時半ぐらいに着いたが、丸焼けの棟も多く、結局残ったのは倉庫だけだった。火が倉庫にせまってくる勢いだったので、数人の社員と、フォークリフトを使って荷物を運びだしはじめた。

途中で警察からフォークリフトを貸してくれ、と頼まれたが、会社の営業を止めるわけにはいかないので最初は断った。が、聞けば、人が埋まっているという事だった。人命には代えられないと思い、助けに行ったがこの人は助からなかった。一方、火は自分の倉庫までは達しなかった。このとき、運命の紙一重というものを知った。

二日後に遺骨収集が始まり、自分の会社以外の状況を認識した。遺骨と言っても、焼きつくされていて、ほんの一握りのものだった。それを見たときに大きな衝撃を受けた。それは今までいかに自分が損得勘定を頼りに生きてきたかということに気づいたからだ。損得というのは、あくまでも善悪という観念を前提として出て来るのでは、という考えが自然に起こった。今思えばこれがボランティアに参加するに至った発端かもしれない。

——『震災が残したもの——夏の神戸』より

そして、その後出会ったボランティアたちの姿に胸をうたれた。縁もゆかりもない若い人たちが寒い中、快く受け入れてくれて、こんな人たちもいる。自分も何かしなければいけないと思った。その大きなきっかけとなったのは一人のボランティアの姿だった。

一番、最初に会ったピースボートの梅ちゃんいうボランティアさんやな。彼の穏やかな顔と雰囲気な。自分の息子いうてもおかしくない年頃の梅ちゃんにな、安堵感を与えられたんや。その時な、安心感いうんか安堵感いうんかわからんけれども、そういうものが我々にひょっとしたら欠落してるんと違うんかなと思わされたんや。その時のショックいうんかな、そういうのは感じたな。本来なら我々の世代が持ってなくちゃあかんのにな、年だってずっと上やねんからな……。梅ちゃんに会ってから、自分は一体今まで何をやってきたんやと思ってしまったな。今は彼の後塵を拝してでも、ちょっとでも手助けが出来たらと思うとるんや。

——『震災が残したもの5』より

そして、田中は四月半ば頃から、〝まちづくり〟の活動に取り組むことになる。当時、被災地での支援活動はおもに避難所や仮設住宅支援であったが、田中は、はじめから「まち」の復興という点に焦点をさだめていた。それは、「仮設で見知らぬもの同士で新しいコミュニティができるだろうか」「避難所や仮設住宅の支援といっても、結局、街が再生しなければ被災者に戻るところはない」という思いからであった。

まちづくりにおいては、行政とどう対話し関わるのかが大きなテーマであった。大きな壁でもあった。田中は行政のまちづくりには心が通っていないと手厳しかった。それは本気でまちづくりを、まちの人を考えていたからにほかならない。

仮設住宅をここに建ててほしいと言った所には建ててもらえなかった。どうせ区画整理するんやから、一旦放り出そうとなったように感じますわ。それも年寄りを最初に出そうとな。

一つの地域の人たちを一括してこの仮設へ、というようにやっていれば、仮設の問題ももっと違ったんやないか思うんですが、散り散りに避難することになってしまった。人間をモノと考えていると言われてもしゃないやろね。

――『シャンティ』一九九六年四月号

ただ元通りに復興するということではなく、高齢者から子どもまで同居する町、若い人たちも魅力を感じる町をつくりたいと田中は燃えていた。

行政の考える御蔵地域の復興にしても、はじめに道路ありき、はじめに公園ありきになってます。郊外に新興住宅を作るんならそれもわかるんですが、沢山の死者が出たのは独居老人、老夫婦が多かったからです。年寄りから子どもまで、三世代同居するのが本来の家族であり、町と違いますか。そやから、若者にとっても魅力的な町にしたい思うてます。そのためには、どういう町にしたいのかと考えるところから始めてもええんやないか思うんです。

――同上

そんな田中が有馬に初めて出会ったのは、九五年の七月であった。

私が有馬さんと出会ったのは、阪神・淡路大震災が取り持つ縁でした。九五年の夏、私が経営する兵庫商会の焼け跡に、SVA神戸事務所を建てる話が煮詰まったとき、ベレー帽を被り、病癒えきらずという雰囲気が漂う有馬さんが挨拶に来られたのでした。もし震災がなければ、私は有馬さん自身を知らなかったはずですし、今日ここにこうして立つこともなかったと思います。不思議なご縁だと思います。そして、いまもそのご縁のなかで、私は漂っております。

――「有馬実成師を偲ぶ会」・挨拶より

町づくりについて語る田中保三（SVA 神戸事務所・1996 年 2 月）

有馬は田中の人柄と考え方に共感していた。人と人との有機的な繋がりによって作られる「コミュニティ」づくりを都市の最優先課題と考え、災害時においても、コミュニティの存続とコミュニティによる支え合いを活用しなければならないと考えていたから、「このような人がいれば何とかなる」と心強く思っていたのだ。それゆえ、田中からの呼びかけもあって、田中が相談役となっていた、「御蔵五、六丁目町づくり協議会（以下、まちづくり協議会）」を手伝うため、ＳＶＡ神戸事務所のスタッフであった浅野幸子を喜んで派遣した。

当時、「まちづくり協議会」が行なっていたはたらきは、震災復興区画整理事業について、地域住民の要望を行政に提案することであった。住民の有志や自治会の人々が、住民案の合意に向けて奔走していた。

「復興まちづくり」は困難な道のりであった。自らも利害関係を抱えている協議会の役員会が、住民間の戸別の意見をまとめ、住宅再建の道を模索していくことは容易なことではない。一人ひとりの住民は、立場、条件が違っている。地主、土地を借りて商いをしていた店子（たなこ）、下町の長屋風の趣がある文化住宅の借家人。また、神戸市郊外の仮設住宅に住んでいる人、元住む場所に仮にプレハブなどで店舗や家を再建する人。そして再建しても区画整理で再度立て直さなければならない人など、様々である。一〇世帯あれば、再建の条件は一〇通り異なるのである。

このような状況下、「まちづくり協議会」の支援を続けていた関係者は、〈まち復興〉のための本格的な支援の必要性を痛感していた。そこで、九六年四月、田中が顧問となり、他のボランティアグループにいた小野幸一郎が代表となって、阪神・淡路大震災まち支援グループ「まちコミュニケーション」を設立することになった。その立ち上げをＳＶＡは支援し、継続的な支援を意識して引き続き浅野幸子スタッフを派遣することになった。

「まちコミュニケーション」は、復興まちづくりに住民の要望が反映されるよう、独自に住民の間に入って、事務作業を手伝ったり、資料や情報を収集したり、専門家の協力を求めたりした。ときには、散り散りになった住民がもと住んでいた場所に集い、ひと時の憩いや再会の歓談の場になればと、イベントを企画して運営した。そのようなイベントにはＳＶＡのボランティアも参加した。

震災の教訓として、災害時の人と人との繋がりの重要性が叫ばれたが、全国の多くの町では、いまだに隣に住んでいる人の顔も知らないという人間関係が続いているといえる。田中はたとえ意見が分かれようと喧嘩になろうと、住民同士が胸襟開いて話し合い、討論してこそ絆の強い町が生まれると語る。

今、俺たちはまちづくりをやってるやろ。公園をつくるための話し合いがあるし、コミュニティ道路の話し合いも始まる。コミュニティ道路をこしらえるんやったら、道路沿いに住んでる人みんなに出てきて話し合ってもらいたいんよ。その中で、どういう形の道路にするか決めないといかんやろ。行政の人間は、話し合ったって決まれへんから、まちづくり協議会の中だけで決めようと言ったりもするんやけど、俺らはそんな決め方には反対やねん。

今夜も会合があんねんけど、甲論乙駁（こうろんおつばく）になるやろと思うで。でも、そういう討論の場がなかったら良いもの出来へんと思うねん。誰がどんな考えしとるかわからへんし、住民同士で知恵出し合おうや思うねん。そういう形で出来た町がしっかりした町になっていくと思うねん。お互いに意見出せへんかったらわからへんしな。例えば喧嘩になったって、中にはわかってくれる人がいると思うねん。本気で訴えたら、わかってくれる。半分腰引いて言うぐらいじゃあかんねん。腹くくって話せば、理解してくれる人は必ずいると思うねんな。そうして生まれた関係が、災害にも強い、絆の強い町をつくっていくんじゃないんかな。

――『震災が残したもの6』より

そして、体で汗をかくことが大事と語る。

目見開いて、耳そばだてて、住民の話を聞いたら、体験してなかっても、人の痛みや、苦しみ、悲しみは自分のことととして感じられると思うよ。震災直後の様子や復興の過程を知っている人は、体験したのと同じように思えるもん。そこには汗かくような要素がなかったらあかんと思うな。頭の中だけで汗かくんやなしに、体で汗をかく。今は頭ん中で汗かいても体で汗かかんやんか。それではなかなかわからへんと思うな。区議会の人や、銀行の元支店長も、暑い中、汗でベタベタになって一緒に歩いてくれてな。そうすると、ほぼ同じ体験をしたように思える気がしたんね。本気で町の事を考えていれば、町の人もきっと理解してくれると思うし、同じに扱われるように思うしな。汗かかずにやろうと思うても駄目やな。

――前掲書

このような地道な努力が「みくら5」建設への牽引力ともなった。「みくら5」とは、神戸市長田区御蔵通り五、六丁目で、足かけ四年の月日をかけて二〇〇〇年一月に完成した被災住民による共同再建住宅である。大地震で家を壊されてしまった住民が共同で建てた家である。ときには修羅場を踏みながらも、住民たちはもとより、多くの専門家や「まちコミニュケーション」やボランティアたちの力を結集してできあがった文字通り汗と涙の結晶である。

その中の一角にある、「プラザ5」は、同年四月にオープン。老若男女、様々な人々が集い、語り合い、交流するための場である。毎月第一、第三日曜に開店するふれあい喫茶や、第二、第四火曜に行なう昼食会では、新旧住民がなごやかに交流している。そのほか健康教室、写経の会、絵手紙教室など様々な教室が開かれている。とくにパソコン教室は、小学生から八〇歳までの人まで、多数の人が集まり人気である。『みくら5』は三世代同居もあり、『プラザ5』では老若男女が集まっている様は極楽を見ている気さえする」と、田中は感無量である。

このような活動が評価されて、二〇〇二年には、「プラザ5」がくすのき賞（兵庫県）、続いて二〇〇三年には「まちづくり協議会」と「まちコミュニケーション」が防災まちづくり大賞（総務大臣）を受賞した。

こうした田中の歩みや体験談をぜひ、各地の人々にも聞かせてあげたいと有馬は熱望していた。神戸の問題は全国各地の問題、神戸の教訓を学ぶべきと考えていたからである。実際に田中と一緒に震災を語る旅に出たことがあるが、田中にとって忘れられない思い出となっている。

飛騨の高山の仏教会からお声がかかり、有馬さんと二人、高山別院で震災を語り、皆さんに涙していただいたことがありました。あの折、私は、高山の観光ホテルの露天風呂につかりながら、有馬さんと二人でいろいろなお話をさせていただきました。

有馬さんは、一〇歳から一五歳の原体験が人格形成の土壌になっていると語られ、近代の文明社会に入って、時代の変化するスピードについていけず、憎しみの心が渦巻くようになった。心を落ち着かせ、相手を許し、心のやすらぎをもとうとおっしゃいました。

「地雷というのは、実に卑怯な武器です。非戦闘員を傷つけるのが目的で、脚をふきとばして障害者にし、厭世的気分にさせる武器なのですから」という鬼気迫る語り口からは、現場に裏打ちされた重みをずしりと感じました。

仏教の慈悲と智慧、そしてキリスト教の愛についても語り合い、興奮して寝つけなかったことが昨日のことのように思い出されます。このことによって私は、有馬さんをあるときは師として慕い、またあるときは兄として慕い、二人は肝胆相照らす仲になったと思います。有馬さんはいつでも、どこでも、誰とでも、惜しみなく自分を投入してくださり、その姿は仏様のようでした。

現場を知ること、そして、行動することの大切さを、われわれ次世代や若い人たちは脈々と受け継いでいくことと思います。

——「有馬実成師を偲ぶ会」・挨拶より

有馬自身も、「こういう人が各地にいれば、日本はもっと変わるのに」と田中のことを語っていた。現在も田中は地域に根ざした力強い活動を続けている。

一九九九年、台湾で大地震が発生したが、その翌年の一月、神戸での阪神・淡路大震災の慰霊祭が終わると、台湾の被災地へ飛んでボランティア活動を行なった。それ以来、台湾の人々と交流が続いている。二〇〇一年、住民が交流できる集会所を、という話が持ちあがったとき、鉄筋コンクリートよりも、人情味豊かな下町にふさわしい、木のぬくもりを感じられる古い民家を再利用できないかとの声があがり、兵庫県波崎郡香住町に建っていた築一二〇年といわれる廃屋を見つけて、無償で譲り受け、約一年半がかりで解体して移築し、御蔵に集会所をつくった。すると、その話を耳にして、「うちにも古民家あるけどどうか」という話が舞い込んだ。御蔵にはすでに集会所があるので、台湾に移築することになった。同じ被災地同士、ボランティアとして関わった縁で台湾まで古民家をもっていく話に発展したのだ。移築先はリサイクルや環境を考え住民が主体的にまちづくりに取り組んでいる彰化県のまちだという。

そして、田中は何より次代を担う若い人たちの踏み台になろうとしている。「まちコミュニケーション」では、修学旅行生も受け入れている。スライドを使って震災前から現在までの街の変化を説明したり、まち歩きをして、住民の協力を得てヒアリングしたり――。震災とはどういうものなのか、体験したものが語り継いでいかねばならないという思いからである。

若者に輝いてほしいと思うな。感性が豊かで輝けるようにな。……
……ぼくは大学に講演に行っていつも言うのが「半歩踏み出せ」という事。そうしたら自分の人生変わってくるよと。ところが半歩踏み出せない若者が多いな。………その踏み出した若者のために、僕はどんどん舞台をつくっていきたい。僕ら大人がその舞台を作るから。

――『震災が残したもの10』より

これから一〇年後の希望を田中はこのように語っている。〈半歩踏み出す〉とは、自分のほうから声を掛けることだという。

たとえばな、エレベーターに乗ってて、後からやってきた人に自分から挨拶をする、それが「半歩」やねん。簡単やろ。でも、それが大事やねん。今の時代、それが失われているのに気づいたんよ。いかに人と人との対話が大事かというのがわかったよ。そやから自分から声を掛ける。「相手から声掛けられてけえへんのに、何で俺が声掛けなあかんねん」というのが今の時代や思うねん。声掛けてくれへん人に対して、声掛けてほしいと思うてんなら、こっちから掛けるようにせなあかん。

――『震災が残したもの9』より

田中が地域の苦悩や問題を直視して、行動したとき、人との出会いや交流は、いつの間にか、国境を越えて海外にまで広がっていった。そこに有馬の軌跡に重なるものを感じる。

「有馬先生は、弱もんの味方やった」――金音田との出会い

さて、有馬は神戸でまたしても在日韓国人、朝鮮人のテーマに遭遇する。事態が有馬を引き寄せるのか、はたまた有馬が引き寄せてしまうのか、宿命としか言いようがない。

「SVAって、ずるいよ。地震でいまだに散乱した部屋の中で、毛布一枚で、家族五人が寝ているよ

うな所があるのに、見て見ぬふりをしている」

神戸市長田区に住み、自らも被災者である一人のボランティアが東京などからやってきた若いボランティアに投げかけた一言が発端だった。これが、同和地区の市営住宅の救援活動に関わるきっかけとなった。震災直後の二月半ば、まだ避難所に被災者が溢れ返ってはいたが、ライフラインの復旧が進み、少し落ち着きを取り戻したころ、寒さの身に滲みるころであった。

かねてより人権問題に強い関心をもっていたＳＶＡは、震災直後の第一次調査の段階から長田区の同和地区の被災状況に心を痛めていた。活動開始以後、何度か足を運び、どんな支援が可能か調査をしていた。しかし、同和問題や人権問題をきちんと学習しているボランティアばかりではない。中には、同和問題の存在自体を知らない人もいるかもしれない。そんな状況で活動を始めたらどうなってしまうだろう。スタッフは躊躇せざるを得なかった。

そのうち、同和地区の市営住宅に救援物資が入っていない、生き埋めになっている人がいるかもしれないという噂が耳に入り、それに義憤を感じるボランティアがスタッフに支援を迫る場面もあった。

そして、「とにかく、関わることにしよう。必要とされる活動は現場で見えてくるだろう」と、長田区の同和地区への活動が始まった。誰が名づけたかわからないが、「プロジェクトＸ」と呼ぶようになった。どんな展開になるのか予測がつかなかったからである。そして、取り組み如何によっては無限の可能性をもっているという意味を込めてもいた。「われわれがやらなかったら、いったい誰がやる」、と背中を押したのは、やはり有馬である。

震災から一カ月が経過しようとしていた二月一二日から三日間、三二棟ある市営改良住宅のうち、倒壊の危険のため立ち入り禁止となっている四棟を除く二七棟（約一三〇〇世帯）を対象に、居住状況の調査と安否確認にとりかかることにした。市営住宅も破損状況は千差万別で、引き続き住めるところもあったが、ほとんどが鉄のドアは開閉不能、窓ガラスは破損していた。そして、余震への恐怖もあって、ほとんどの住民が避難所に身を寄せていた。ところが、「避難所はいやだ、死んでもいい」と言って、自宅へ戻ってくる高齢者が多くいた。

それでも、調査の結果、幸いにも生命に関わるような緊迫したケースはないことがわかり、安堵の思いが広がった。住民の最低限の生活を確保するための仕事がボランティアを待っていた。

この地区は二月下旬まで断水が続いた。飲料水を運んだり、トイレの水を供給したり、エレベーターのついていないアパートもあり、たとえついていても、停電で動かず、ポリタンクの水を階段で運ばなければならなかった。救援物資の配布、食事の配送、行政から発信された情報を伝えることも必要であった。ところが、突然帰宅して来る人の掌握は困難を極めた。全戸を毎日訪問して調査することは事実上不可能である。電気が通じていれば、夜、電灯の明かりで確認できるのにと停電が恨めしかった。もし、帰宅していることに気づかず、その人が誰からの支援も受けていなければ、確実に生命が危険に曝(さら)される状況である。ボランティアの責任は重大であった。

こうして、四月に入っても、仮設住宅での活動と同じように市営住宅でも訪問活動を主として、住民の精神的な支えとなるための活動を続けた。しかし、五月頃から、個人への精神的なケアから、〝まち〟

や地域コミュニティの回復による生活の改善へと、方向を転換していった。というのも、訪問していた家庭の多くは高齢者のひとり暮らし世帯で、地域の中で孤立した状況におかれていたからである。高齢者同士の付き合いはそれなりにあったのだが、震災後はまったく一変してしまった。一部の人たちが距離の離れた仮設住宅に移転したりして、自由に交流できる場が少なくなってしまい、孤独感を訴えるようになっていたからである。

そこで、このような人々が少しでも交流できる場をつくろうと、ささやかなお茶会を催すことにした。広場に鯉のぼりをあげ、テントを張って、ボランティアの手製のワラビ餅やお菓子を食べて、お茶を飲みながら談笑の場を作ろうというものであった。

呼びかけは、以前、定期訪問していた家庭を中心に、地域全体に呼びかけ、地域の人同士の関係をより深められるようにと試みた。参加者は地元の高齢者が中心であった。予想以上の好評を得て、この交流はしだいに輪を広げていった。

そして、このように訪問活動しているうち、この地域にはもう一つ重要な問題があることに気づいた。それは、識字(しきじ)の問題である。この地区には、歴史的な背景から、高齢者、それも在日韓国人・朝鮮人が多く、文字の読み書きに不自由な人たちが多いことがわかった。そこで、行政の広報誌を要約して、フリガナを振ったものを配ったり、罹災証明書の申請書類の記入を手伝うなどの対応を繰り返していた。

そんなある日、有馬が出会ったのが、在日韓国人一世の女性、金音田(キム・ウンジュン)であった。地震でタンスが倒れ、全身を打って動けなくなっていたところを、ボランティアたちが手伝いに行っ

（右）**金音田**（「曹洞宗関係者の集い」）

たことがきっかけであった。

金は、特権階級である両班（ヤンバン）の出身である。日本の韓国併合で両親が土地をすべて失ったため、小学校にも行けなかった。校庭のブランコに乗っていたら、日本人教師に見つかり追いかけられて転んでしまった。手の甲に今でも消えない傷が残っている。

その後、一八歳で結婚し、日本に働きに来たご主人について神戸に来たのだが、ほどなく主人は亡くなり、一人暮らしをしていたのだ。驚いたことには、数十年前から近くの夜間中学校の識字教室に通っていたことである。たどたどしい日記の山ができていた。日本語の読み書きを勉強して、自分がどうして、祖国を離れ、神戸に住みつくことになったのか、日本の人たちに、そのことを伝えたいとの思いであった。

震災前、この地域に夜間中学校があったが、震災によって全壊し、当時は近くの小学校に間借りして、授業が続けられていた。金は、字が書けるようになって、初めて顔を上げて町を歩けるようになったという。それまでは、町の看板も読めず、役所に行っても、病院に行っても、まず、「そこの紙に名前と住所を書いてください」と言われ、そのたびに、字が書けないこと、読めないことが恥ずかしくて悔しかった。でも、字が書けて、自分の思いを表現できるようになったとき、「空の色が青く明るいことを実感できるようになった」と語る。

その言葉に有馬はたいそう感じ入っていた。遺骨返還運動を通し、かねてより在日韓国・朝鮮の人々の現実に心を痛めていた有馬であっただけに金に対して格別の思いを抱いていた。とりわけ逆境を乗り越えて読み書きを身につけ、そこに開かれた豊かな世界に、心から感動するとともに、読み書きが人間にとっていかに大きな可能性を開くものであるか、その根元的な意味に心から驚嘆していた。その言葉を記録したいと、足しげく金のアパートを訪ねたこともある。金の人生や体験談を多くの人に聞かせたいと、各地のボランティアの集いなどに連れて行ったこともある。

金がしたためた数ある作文のなかでも、とりわけ有馬が感銘を受けた作文がある。

一九九七年三月、「阪神大震災救援活動を総括する曹洞宗関係者の集い」（於・神戸市長田）で行なわれた有馬と金の対談の中で、有馬はその作文のことを紹介している。

有馬　たくさんある作文の中で一番びっくりしたというか、感動したのは、電気スタンドの作文書いたでしょ。あれなんです。「私は西野分校（金が通っていた夜間中学）の電気スタンドです」っていう作文なんです。全部紹介したいのですが、少し長いので、書き出しだけ。

――私は西野分校の電気スタンドです。今、私を使っている人は、二年生のキム　ウンジュンです。キム　ウンジュンさんは、一九九三年五月に一年生に入学しました。学校で勉強してみると、字が見えにくいので自しんがなくて、せっかく入れていただいたのにと、とてもざんねんでしたが、教頭先生にじじょうを言って、「じしんがありません」と、言いました。先生は、「そうか」とおっしゃって、教頭先生とたんにんの日吉先生と二人で電気スタンドをおいてくださいました。

有馬　教室の机の上に電気スタンドを置いて。

金　そうです。

有馬　ウンジュンさんは目も？

金　悪いんです。

――つけてから「見えるか」と言われました。見えると、言いました。「これで勉強しなさい」とおっしゃってくださいました。

有馬　それから、ずっとありまして……。つまり、私は一番何に感動したのかと言いますと、普通は、自分が主人公となって、「私が……」という形で文章をかくわけですが、それをキムさんは、電気スタンドを主人公にして、ウンジュンさんのことを電気スタンドに語らせている。難しく言えば自分を客観的に見ている。文章を書く場合に、こういう表現をする手法はあるんですけれども、第三者に第三者の目で語らせている。つまり、自分を見ているということなんです。自分のことがよく見えていないとこういう作文は書けないと思うんです。

ですから、僕が感動したというのは、キム・ウンジュンさんが、字が書けないって言うのは、暗闇の中を歩いているのと同じ。そして字が書けるようになるってことは、世の中が明るくなって光が射してくるということだとおっしゃった。ということは、裏返せば、自分がよく見えることだということでもあるわけですね。そういうことをこの作文を通して書いていらっしゃる。

金の文章に、有馬は文学性や哲学的思考の兆しのようなものを感じ取っている。そして、言葉と人間の意識の根源的な関係に触れて感嘆している。読み書きは不自由であった金音田の人生であるが、その内側から発する非凡な才気の煌めきを感じる。

それは、次の手記からも感じられる。

地震から

一九九五年一月一七日午前五時四六分、阪神大震災、その日は、思い出すのも身がふるえてきます。

一月一七日の朝、四時ごろに目がさめました。起きるのもはやいので、じーっとねていました。早朝、五時ごろから、地震がゆっくりゆれてきだし、神戸ではたびたびあるようなちょうしでしたが、だんだんゆれがきつくなりました。神戸には、きつい地震はこないと自分はきめて、もう止まるわ、と思いましたが、しゅんかん、ゆれがいつものゆれじゃない、強いゆれで、こわくて、ふとんをかぶったしゅんかん、ピカッ、トコガンーン（ハングル音）、天地がひっくりがえるような感じ。真っ暗。

家具はすべてたおれて私の上にのっかって、いしきがなかったらしい。それからは、知りません。外で、げんかんの戸をたたいて、大声で、「おばちゃん、出ておいで」と、大声がきこえて、「えっ」と気がついて、なんか、重いな、と思ったら、私の上に、たんすがたおれていました。たんすの間をはいながらぬけでて起きると、ガラスがカチャリとこぼれました。

近所の方の親切と、やさしさのおかげで、助かりました。ほんとうに感謝しています。

一七日その日から、水も食べ物もなくて、たいへんでした。電気、水道、ガス、すべてが止まり、区役所におにぎりをもらいに何百人か列をつくって並んで、一人一個もらうのに一時間以上もかかったりしました。

関東大震災のときも、大火事に、朝鮮人が火をつけたといって、数え切れないほどの朝鮮人をまるっきり動物のように、火の中に投げ込んだことを、私の友だちの主人に聞きました。この人はユーさんといいます。ユーさんは逃げ回ったが、こわくて、短い竹をもって川へとびこんで、竹で息をして助かったそうです。つい思い出しました。

私は地震で腰をやられたのを、腰が痛いとねているどころじゃなかったので、むりをしたみたいで、おきれないようになり、私のこどもたちも、被害にあったので、ボランティアの方にお世話になりました。ボランティアの方は、一〇代、二〇代、三〇代でした。水くみを住宅の三階から七階までしてくれたり、薬をもらってきてくれたり、いろいろなあたたかい、親切、やさしさに、助けてもらいました。ほんとうにありがとうございました。

今の若者はなっていない、とか、いいますが、とてもそんなことはありません。どんな世界でも、一人が悪ければみんなが悪いことになるのはいけない、と思います。

ボランティアのある青年がいいました。関東大震災のとき、大変なことをしたので心配しているが、音田さんは、どう思っていますか？　と。

私は答えました。

われわれは、過去も今もうらみを返すとか、かたきをうつとかしないで、なかよくしないかん。今の世の中は、親善、友好、平和を守りたいですね。私たちの団体は、炊き出しをしたり、家をなおしてあげたり、国の差別なく、助け合っておるのに、その考えは遅れてる、というんじゃないでしょうか。

安心しました、と青年はいいました。

あのおそろしくて、むなしかった地震から、四ケ月になろうとしているのに、西野分校（金が通っていた夜間中学）を撤去して、土地そのものはそのままです。私たちは小さなプレハブでも建ててくださいと、大分お願いしたんですが、とうとう水木小学校でまがり（間借り）で、生徒たちは勉強をしていますが、近いうちに、学校を建ててくださると、期待してがんばっています。

自然は正直です。地がひっくりかえるようにゆれたのに、しっかりと根をはって、つかんで、がんばって、三月には花のつぼみをふくらませ、桜は満開に咲いて、人々の心を喜ばしてくれました。

植木も新しい芽を出し、つやつやして、今は、あざやかな青い葉がとてもうつくしいです。草花も、私たちもがんばっていますよ、といわんばかりに地震でたおれた間から青い葉を出し、かわいい花が咲いて、がんばってるよ、と人々に呼びかけているようです。

大震災から四ケ月、人々は復旧に一生懸命です。が、まだまだ家がたおれたままあるし、ひなん所では、四万人以上の人がこんな生活でたいへんです。一日も早く、適当な希望に応じて、仮設や、住宅を与えて、助けだな、これから暑くなるし、いろいろえいせいにわるいことが、心配になります。早く住宅がみんなに当たって、落ち着いた生活になりますことを願います。

地震も強いが、人間も強い。神戸を元通りにと、人々はがんばっています。

一九九五年五月一五日

金　音田

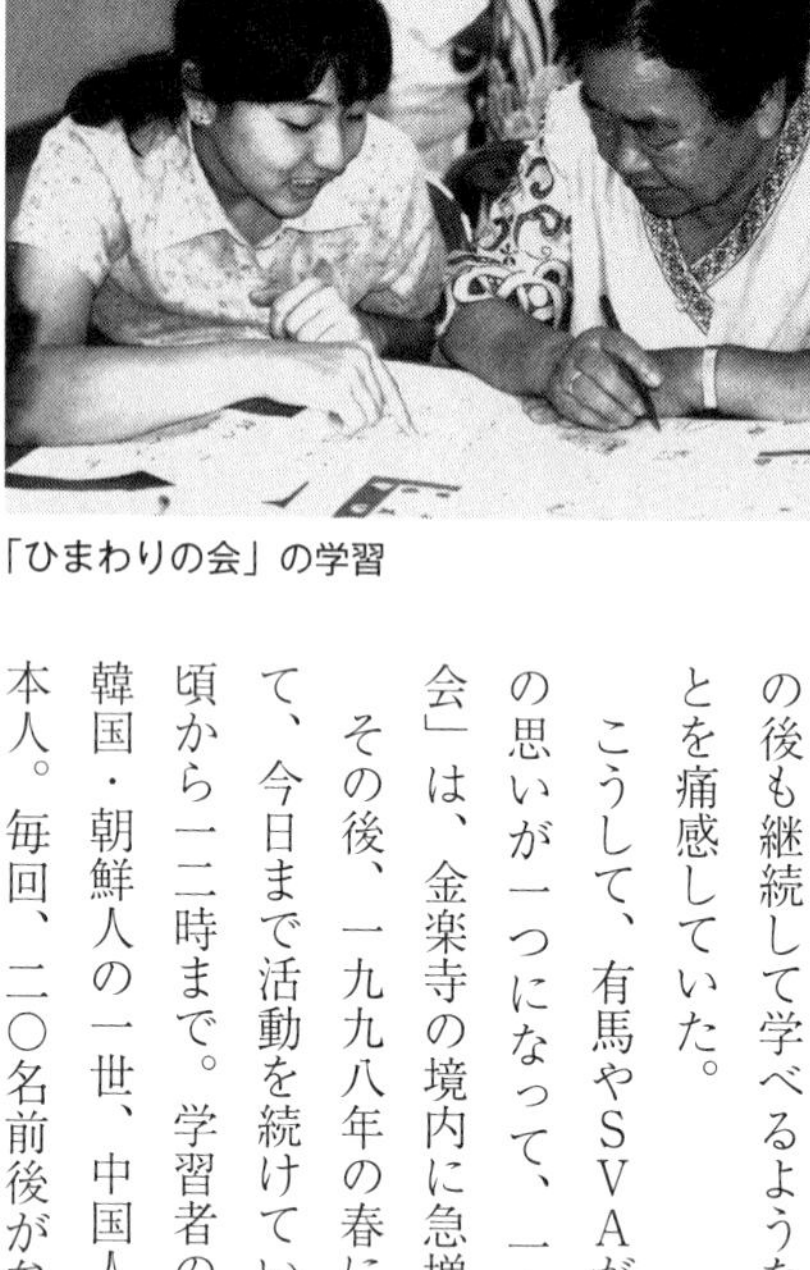

「ひまわりの会」の学習

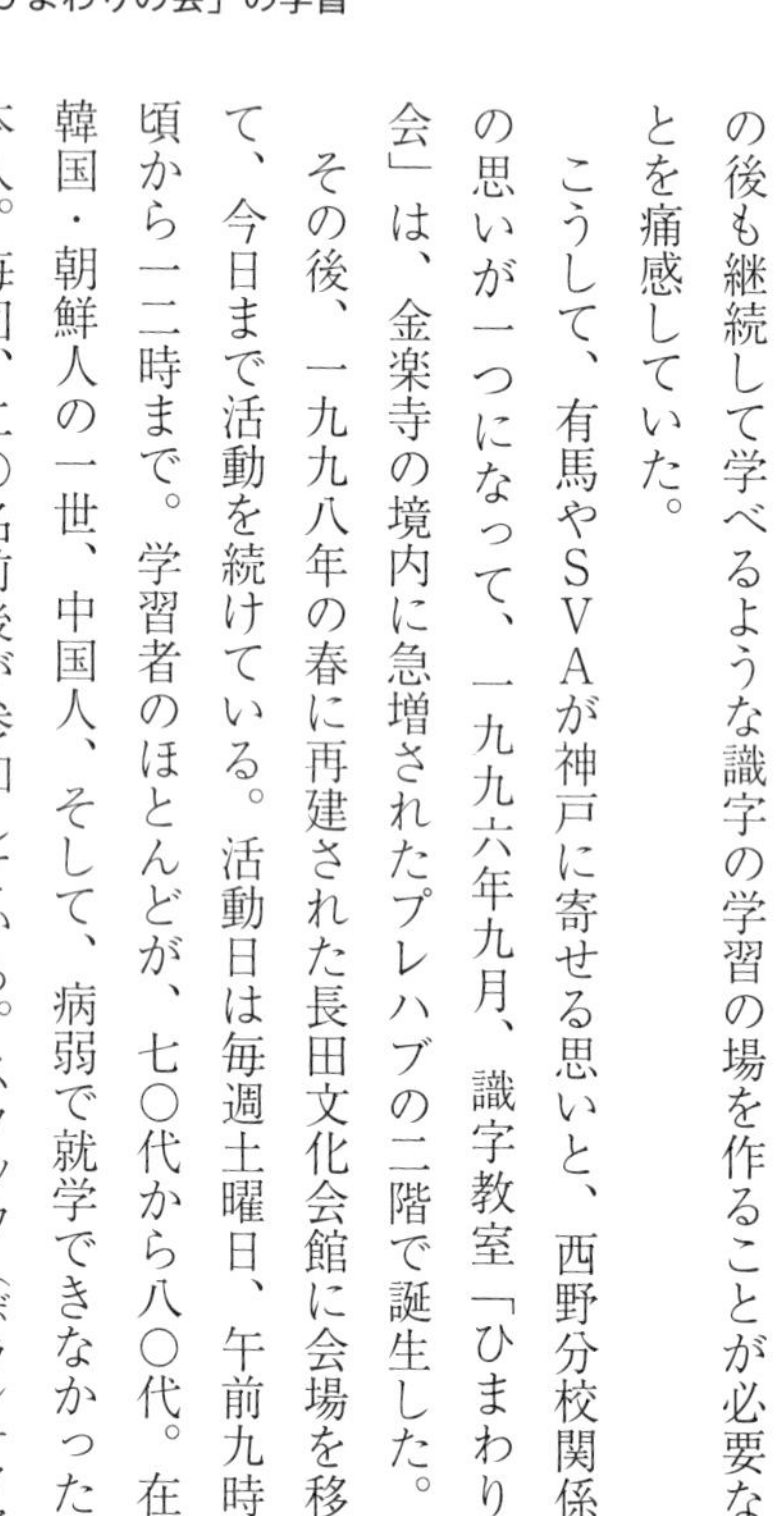

有馬は金が通っていた夜間中学校の再建とともに、卒業生が、その後も継続して学べるような識字の学習の場を作ることが必要なことを痛感していた。

こうして、有馬やＳＶＡが神戸に寄せる思いと、西野分校関係者の思いが一つになって、一九九六年九月、識字教室「ひまわりの会」は、金楽寺の境内に急増されたプレハブの二階で誕生した。

その後、一九九八年の春に再建された長田文化会館に会場を移して、今日まで活動を続けている。活動日は毎週土曜日、午前九時半頃から一二時まで。学習者のほとんどが、七〇代から八〇代。在日韓国・朝鮮人の一世、中国人、そして、病弱で就学できなかった日本人。毎回、二〇名前後が参加している。スタッフ（ボランティア）

の参加は毎回一〇名前後。退職された方、勤めている方、主婦、学生と様々である。

学習は基本的にグループ構成でおこなわれている。文字を学び、作文を書き、歌を歌って終わる。学習の始めには作文を紹介することもある。ときには、みんなで映画を観たり、朗読を聞いたり、七夕祭りやお楽しみ会で心の触れ合いの時をもつ。花見や温泉に出かける遠出も恒例の行事となった。年に一度、地域の「ひと・まち出会いフェスティバル」には作品展示で参加。神戸市全域から集う「識字交流会」への参加も、楽しみの一つになっている。「勉強、週一回では忘れてばっかりや」との声を受けて、二〇〇一年の秋からは、毎週木曜日の一〇時から二時間、「自習室」を開いている。

金も「ひまわりの会」で学んでいたのだが、有馬亡き後の二〇〇二年、入院していると聞いて、神戸の病院を見舞った。有馬の名前を口にすると、それだけで、「ああ、有馬先生、ほんまに弱もんの味方やった。私のようなものが先に亡くならにゃいかんのに……」と、涙で顔をクシャクシャにしてあとは言葉にならなかった。一緒に見舞いに行った「ひまわりの会」のお世話をしている桂光子が教えてくれた。「金さんは有馬さんのこと、いまでもまるで神さまのように慕っておられるんよ」――。

神戸の問題は世界の問題――被災地NGO協働センターへの思い

有馬は、東京と山口を往復する途中、しばしば神戸に立ち寄った。若いボランティアたちと、夜遅くまで語り合い、地元神戸の人たちとも懇意になり、しだいに有馬を信頼し慕う人も増えていった。「被災地NGO協働センター」の代表（現在・顧問）をつとめている村井雅清もその一人である。自らが辿ってきた軌跡について次のように語る。

中学一年生から新聞配達してました。貧乏やったからね。子どもながらに、何で自分だけがと、ずーっと思ってた。ちょっと、世の中おかしいんじゃないのかって。

二十歳のころ、水俣病に出会いました。企業が、毒物を垂れ流して、そのために亡くなったり、犠牲者がたくさん出て……。なんで、こんなことが起こるんや、こんな理不尽なことがあってええのか。みんな同じ人間なのに……。そうやね、みんな同じ人間やのに、差別があったり、苦しんでいる人がいたり、それでいいのか、というのが、僕の原点でしょうか。

――『ともしび』VOL．94より

阪神・淡路大震災まで、村井は神戸の長田区で靴職人をしていた。人類は二本足で立ってから、七〇〇万年歩き続けてきた。歩くことをやめたら人類は滅んでしまう。その尊い足に履かせる靴に一生を捧げていこうと、靴職人を自分の天職と思っていた。

けれども、震災で人生が一変してしまう。長田区にあった工房が半壊して、すぐに仕事を再開することができなかった。そこで、軽自動車をもっていたので、何か手伝いたいと思ったのが、ボランティア活動へのきっかけであった。それまでは、ボランティアにもNGOにもまったく縁もゆかりもなかった。近所の教会が運営している保育園の調理場を拠点に、避難所を廻って炊き出しや物資の搬入を始めた。

それが先述のキリスト教牧師、草地賢一との出会いであった。

この活動をきっかけに、草地賢一が中心となって立ち上げた、「阪神大震災地元ＮＧＯ救援連絡会議」を手伝うようになり、その分科会の「仮設住宅支援連絡会」の代表を務めた。そして、同組織は変遷を辿って、現在の「被災地ＮＧＯ協働センター」となり、村井がその代表（現・顧問）となっているのだ。同センターは、世界各地で起きる自然災害の被災者を支援する救援プロジェクトを実施している団体である。

海外支援に踏み切るきっかけは、一九九五年八月に起きたロシア・サハリン大地震のときのことである。同センターに、「神戸は世界中から支援を受けた。今度は、われわれが何かできないか」という声が被災者から寄せられ、神戸市民に呼びかけ、毛布などをサハリンに送った。以来、トルコ、インド、アフガニスタン、イランなど、これまで村井は二〇数カ所で被災地支援に取り組んできた。被災者としての体験を生かし、世界の同じ境遇の人たちに支援の手を差し伸べるという活動である。

被災地支援のリーダー、村井雅清

海外の被災地に行くと、日本はカネを持っていると思われてるから、「いくら持ってきたんだ」、まずはそうです。政府関係者も我々ＮＧＯも同じように見られますからね。「カネは、今もってきていない」というと、「それじゃ何をしに来たんだ」です。しかし「俺たちは、阪神大震災で二年、テント生活してきたんだ」と言えば、見方が変わるんです。

「おお、そうか。先輩やな」と話が始まります。すべてのことを分かり合うことは無理でも、より理解しようとすることはできるということです。大震災で、人は一人では生きていけないということを、私たちは身をもって体験しました。ボランティアの助けがあって神戸はここまでこれたのです。支えられた人が、今度は支える側にまわらなくてはいけない。同じ人間として助け合い支え合っていく。どんな人間でも命は大切で平等だということは保障されないといけない。それは世界中どこの、どんな問題でも揺るぎないものです。そのことを一〇年間確認しつづけてきたともいえます。

——前掲書

地震だけでなく、津波の被災地の辛さも痛感した。

以前、奥尻島沖の津波で、家族全員を亡くしたおじいさんに会いました。「神戸の大地震も大変だったろうけど、私に残っているのは、釣り竿と弁当箱だけです」と言われました。探してもなんにも見つからないのですから。想像を絶する辛さです。

津波とはそういうことかと痛感しました。しかし、やがてはその辛さを受け入れて、新しい人生を歩み出さなくてはならないのです。

現地に行っても、何もできませんよ。津波の経験がありませんから「大変ですね」としか言えません。避難所を廻って、話を聞くだけです。それでも、体験者同士というのは、痛みを共有することができるんです。心が通い合うということでしょう。それが被災者の方々には必要なんです。

――前掲書

このような考え方、行動こそ、まさに有馬の願っていた〈運動〉に他ならない。村井は、頼りにしていた有馬への思いを語る。

「有馬さんは、いつも『人類にとって何が大切なのかを考えなければならない』といわれましたね。そして、『こちらの押しつけになってはいけない。相手国から学ぶことが大事だ』と。これは私らの大きな指針になりました」

二〇〇〇年五月、そのころ有馬は埼玉の越谷の病院に入院していた。にもかかわらず、病床から、「毎日国際交流賞」の推薦状をしたため、毎日新聞大阪本社事業本部に提出した。死期が間もないことを悟り、いのちの限りできるだけのことを果たそう、村井らの活動を世間に知らせようと懸命であったのだと思う。そして、その熱意が天に通じたかのように、八月一九日、毎日新聞紙上に、「被災地NGO協働センター」の毎日国際交流賞受賞が報じられた。

表彰式と記念講演会が行なわれたのは九月二二日。わずか四日前、有馬はあの世の人となっていた。辛うじて受賞の報だけは知らせることはできたが……。いつものように、ジーパンとサンダル履きで式に臨んだ村井は、記念講演で語った。

「今日この席にお二人の『日本のＮＧＯのリーダー』とも言える重鎮がいないことが、私にとっては非常に残念です。お一人は、『阪神大震災地元ＮＧＯ救援連絡会議』というネットワークを立ち上げられ、今年一月二日に急逝された草地賢一さんです。もうお一人は、とくに東京のＮＧＯ界の重鎮で、ついい先日、九月一八日に亡くなられた有馬実成さんです。震災後出会ったＮＧＯのリーダーのなかで私が本当に頼ってきたお二人だったのですが、この一年間でお二人を亡くしたことは、これからの私あるいはスタッフにとっても大変辛い出来事です。今日はそういう意味もあって、お二人の写真を持ってここに臨みました」

受賞の理由は、被災者支援の実績をもとに、被災地の地域社会づくりに貢献したこと、そして、震災時に生まれた地球市民としての自覚を支えに、国境を超えた活動に取り組んだことである。有馬にとって、わがことととしてこの上ない喜びであったに違いない。ＳＶＡの成長だけでなく、日本に良質な市民活動、ＮＧＯの活動が育っていくことが何よりの願いであったからである。

災害によっていのちが奪われ、建物やまちが破壊されるばかりではない。多くのものを失いながら、人はそこから、新しい生き方や人と人との支え合いを見出している。

阪神・淡路大震災で失ったものは計り知れないが、それを契機として生まれ培われてきたものもあるのだ。何といってもその最大の所産は、「困ったときはお互いさま」、〈救援文化〉とも呼ぶべき価値観ではないだろうか。あれ以来、大きな災害が発生するたび、全国からボランティアたちが駆けつけて、救援・復興活動に参加することが定着した。それらの活動で、震災のノウハウが生かされ、時には過去の経験から得た知識が修正されたり、新たな知恵が生まれるようにもなった。そして、こうした活動を支える広域的な災害ネットワークも誕生した。さらに、そのような〈支え合い〉の連鎖は、海外にまで広がっている。

「被災者同士が支え合う仕組みづくりをするのが、われわれの活動の基本です。阪神・淡路大震災の教訓というと、こちらの経験の押しつけになる場合があるのです。相手国から学ぶことが大事です。実際、トルコには助け合いの精神があったし、阪神・淡路大震災の被災地では三、四年かかったことが、台湾では一年足らずで始まりました。こちらが学ぶことが多いんです」

このように語った村井の言葉に、有馬が生きていると思った。

寂静（じゃくじょう）——シャンティにかけた願い

毎日国際交流賞表彰式に列席（右・1994年）

戦後五〇周年、NGO界への怒り

阪神・淡路大震災が発生した一九九五年（平成七）という年は日本にとって大きな節目の年であったが、戦後五〇周年という巡り合わせの年でもあった。過去の戦争をめぐる議論や行事が全国各地で繰り広げられ、六月には、国会で「戦後五〇年決議」が採択されて、内外から様々な反響が寄せられていた。けれども、有馬はこのように考えていた。

われわれ日本人がどのように過去の戦争を意味づけようと、アジアの人々の中には今なお戦争の傷跡が深く残っているのは否めない。日本人がかつてアジアの人々に何を行なったか、われわれはどれだけ正確に知っているだろうか。アジアの人々と真に連帯していくためには、この問題を見過ごすことはできない――。そして有馬は、NGO界から声をあげなければいけないと、矢も楯もたまらず、JANIC（NGO活動推進センター、現・特定非営利活動法人 国際協力NGOセンター）の理事会で次のような趣旨の提案をしたという。後から本人が語っていた。

――とくに、アジアの民衆たちの中で活動しているNGOとしては、戦争で痛みを受けたアジアの人々をどう捉えるのか。この問題を置いたままで、アジアの人たちと連帯するというのはどう考えてもできません。ですから、私たちはきちんとこの問題を捉える努力をしなければなりませんし、私たちがそういう歴史認識になっていないとするなら、NGOが問題提起をしながら、一緒に考えていく場をつくらなければならないでしょう。

ところが、思ったような反応はなかった。有馬本人が言うには、「何を言い出すのか」と言わんばかりに、まさに孤立無援だったという。当時、巣鴨にあったSVAの東京事務所に戻ってくるなり、一人ぼやいていた。

「失意落胆だ……。何を考えているんだろうね。NGOがびびったり、事なかれ主義だったら、存在意義はなくなってしまうのに」

憤懣やるかたないという風であった。そして、

「JANICがやらないなら、われわれでやるしかないね」

と、思い直したように、まずは、『シャンティ』（SVAのニュースレター）誌上で、戦後五〇年の特集を組むことを決めた。それから、SVA主催での連続の勉強会を行なうこと、その企画と実施については自ら自身が担当することを有馬は宣言した。

そして、「国際協力NGOによる戦後を考える勉強会・歴史との対話」と銘打って、全三回の小さなセミナーを企画した。第一回目は、有馬自身が講師となって、一一月二一日、東京・四谷の東長寺の地下にあった小さなギャラリーで開催した。会場には、約五〇名の参加者が詰めかけ、前半は講演、そして後半に質疑応答が繰り広げられた。

講演では、やはり、「禅の文化をきく会」や在日朝鮮・韓国人の遺骨収集と送還活動の経験を中心に、「日本とアジアの関係の問題は、日本と朝鮮との関係にその起点があるのではないか」、そして、「日本には市民意識が存在せず、日本人は物事を相対化してとらえることが不得手な国民ではないか」と問題

を投げかけた。たとえば、「明治維新以後、日本を動かしてきた政治や教育が皇民化政策につながったのも自分たちの考え方を相対化せず、絶対正しいとしたところからきているのではないか。日本人の中に真の市民意識が育たなければならない。市民とは個の尊厳性に目覚めている人のことであり、個の尊厳性に目覚めている人は他の尊厳性をも犯すことはしない」と、力説した。ここに有馬の市民観が表れている。

第二回目は、翌年、一九九六年二月一九日の夕方六時から、やはり東長寺で、池田正枝を講師に迎えて行なわれた。池田は一九四一年から四五年の八月まで、ソウルにある朝鮮国民学校で教師をしていた人である。四五年の一二月に日本に引き揚げた後、大阪府で三〇年間小学校の教員として勤めたが、植民地支配に荷担したことを悔いて、謝罪の旅を続けている人であった。目を背けたい過去でも、若い世代に事実を伝えようとする覚悟と責任感に胸をうたれた。

第三回目は小島隆男が講師であった。小島は一九三九年に旧日本陸軍に入隊。中国に赴き、中国人の強制連行を含む多くの作戦に携わり、敗戦を迎え、シベリアに連行された。一九五〇年に中国の撫順（フーシュン）戦犯管理所に戦犯として収容され、五六年に日本へ帰国。九六年現在、中国帰還者連絡会の一員として、自らの体験を告白し、戦争補償の必要性を訴えていた。

当時の記録によると、このセミナーの最後、有馬は次のように締めくくっている。

「アジアに関わるＮＧＯは、アジアの人々に対し我々の生き様を表現できる関わり方をしなければなりません。近ごろ、たくさんのＮＧＯができて、多彩な活動が展開され始めているのは大変結構だと思うんですが、しかし、アジアの人々と関わりながら、そのプロジェクトを通してどんなメッセージを送ろうとしているのか、それがあまり感じられない。これは私たちの活動への反省も含めてですが、アジアに関わっている私たち自身がどういう理想を掲げ、アジアと共にどんな世界をつくっていこうとしているのか、もっとメッセージしていかねばならないと思います。

ただし、心しなければならないのは、知らず知らずのうちに、力による支配という間違った方向に走ることのないように、我々一人ひとりが、どういう視座をもっているのかということを常に問い続けることです。そのことを呉々も忘れてはならないと思います」

ＳＶＡの専務理事をつとめながらも、有馬がＪＡＮＩＣの理事長となったのは、こののちのことであるが、望むところだったかもしれない。ＳＶＡばかりではなく、日本のＮＧＯ全体が力をつけて、日本社会の中で確乎とした立場と役割を築くことに心を砕いていたからだ。

人権意識への問題提起

若いころから差別や人権、戦争責任について強い関心をもっていた有馬であったが、こうしてＮＧＯ界に歴史認識に関する提言をする以前に、曹洞宗内の人権問題についても問題提起をしている。曹洞宗現代史の観点からも貴重な足跡だと思われるので、触れておきたい。

一九八四年、有馬が曹洞宗の当時の宗学研究所、教化研修所合同の「人権特講」と題する特別講義の講師として呼ばれて出かけたときのことである。たまたま通された講師控え室で、書棚にあった書籍（『曹洞宗開教伝道史』一九八〇年、曹洞宗宗務庁刊）を目にして驚いた。そこに差別的表現が散見されたのである。そこで、急きょ講義の内容を変更して、有馬はすぐさまそのことをとりあげた。

「宗門は今、町田発言問題以来、差別問題について真っ正面から取り組んでいるといいながら、そして宗門の、宗教者としての体質、宗団の体質を問おうとしているわけですけれども、ところがその一方、そういう差別的な言動が露骨に、しかも剝き出しに表現される。こういう問題は一体私達、どう受け止めたらいいのだろうと思うのですね」と自問した上で、「大変申し上げにくいことですが、ここにこういう本があります」と、切り出した。そして、縷々（るる）、問題点を指摘していった。

その後、この問題提起がきっかけとなり、宗務庁において『曹洞宗海外開教伝道史』の点検が開始されることになった。有馬たちが中心となって全体が読み直された。その結果、この書籍が差別図書として認定され、回収廃棄の方針が宗務庁によって示された。回収にあたって、曹洞宗としての声明文が表明されることになり、その原案が有馬や奈良康明を含めた有識者を中心に起草された。その内容に対して、当初は宗門関係者の躊躇（ちゅうちょ）もあったといわれるが、結果的にはほぼ発案の大綱が活かされ、一九九二年一一月二〇日「懺謝文」として、大竹明彦宗務総長名で発表された。その要旨は次のとおりである。

曹洞宗宗務庁が一九八〇（昭和五五）年十一月に発行した『曹洞宗海外開教伝道史』は、民族差別による差別表現や国策荷担の事実への省改なき表現などに代表される誤った歴史認識すなわち皇国史観によって執筆されている。このような執筆姿勢は、明治以降、太平洋戦争終結までの植民地侵略の戦争協力の責任をまったく感じていなかったことを反証する。仏教を国策に隷属させたことや、人も、国家も、民族も縁起的な相互依存性の関係であるにもかかわらず、一方が他の尊厳性やアイデンティティーを犯してきたという二重の過ちを認める。この出版物の回収と廃棄処分に際して、曹洞宗は教団の組織としての戦争責任を認め、この事実に対して謝罪を表明し、二度とこの誤りを繰り返さないことを誓うものである。

――『曹洞宗ブックレット　宗教と人権9　東アジア出身の犠牲者遺骨問題と仏教』より

これは文字通り曹洞宗の戦争責任の表明である。要約文を読んだだけでも、よくぞここまで踏み込んだと思うほどに、率直な思いが表明された名文であり、歴史的声明である。研究者からも高い評価を受けているという。

NGOのリーダーとして

さてNGO界における有馬の軌跡について話を戻そう。最もそばでその姿を見ていたのは、さきほども紹介した元JANICの事務局長、伊藤道雄ではないだろうか。

「今でも、有馬さんだったらどういうふうに考えるのかなあって、思い出すのです」と伊藤は語る。

一九八三年（昭和五八）、一〇人ぐらいの有志が集まってNGOのネットワーク型の協議会のようなものを作ろうと活動を始めた。それから紆余曲折を経て、一九八七年、JANICが誕生する。開設当初、有馬は十数年間、同センターの副理事長を担い、その後、一九九六年から理事長を務めた。SVAでは専務理事を担いながらの兼務はさぞかし難儀なことであったろう。そのころの仕事ぶりについて、当時、事務局長として一緒に仕事をした伊藤は振り返る。

SVA東京事務所（巣鴨のころ、1996年）の有馬

「原稿料が入ったから一緒に食事をしようと急に電話があったり、人間的な付き合いをしていただいた感じです。一週間に一回は必ず電話をくださいましたね。空港に行く途中だったり、新幹線の車中からだったり、寺を廻る途中だったりと。でも、それは緊急を要することではありませんでした。思い立つと、すぐ意見を求めてきてね」

そして、理事長としての業績について語る。

「まとめ役として大きな役割を果たされたと思います。NGOと外務省との定期協議会においても、NGO側の委員長になって存在感を示していました。NGO界が使いやすいお金が入ってくるようにしたり、建設的な提案が多かったですね。関西や名古屋を含めた研修会をやってこれたのも、座長としての有馬さんの人柄であり、能力だと思います」

二〇〇一年、世界で起きた災害の緊急救援を効率的に行なうため、「ジャパン・プラットフォーム（J

ＰＦ）」という協力態勢の組織ができた。それは、ＮＧＯと企業と政府が連携し合うネットワークである。それに加盟しているＮＧＯに対し、「ＮＧＯの主体性が確保できるのか」、「結局、お金が出るからではないのか」と、批判的な意見も聞かれる。しかし、画期的な動きであったことに間違いない。でも、生前、有馬はすでにそういう発想をもっていたと伊藤は語る。

「一九九二年ごろ、有馬さんらとともに国際緊急救援ＮＧＯ合同委員会というものを作りました。そして、飢餓寸前のエチオピアの支援を行なったことがあります。ソマリア支援のとき、僕は、やったほうがいいと思ったのですけど、反対する団体があって、座長だった有馬さんは強行に踏み切ることはしなかった。そして、だめになってしまった。それが、ちょっと残念です。有馬さんも私も、人材バンクや資金のプールを作って、すぐに世界に起きる緊急事態に飛び出せる状態を作ろうとしていたのです。緊急救援でいつも泣かされていたのは、お金集めに時間がかかってしまうことでした。日本はいつも落ち穂拾いだ、と嘆いていました。そういう意味では、ＪＰＦは画期的なことです。でも、政府のお金にいつまでも頼るというのではなく、市民のお金に半分ぐらい頼るというほうがいい。そうでないと、政府、企業のメッセンジャーになってしまう危険性があります。その辺の微妙なバランス、きっと有馬さんだったら、うまくできると思います」

ＪＡＮＩＣに新しい団体を正会員として認めるかどうかの審査のとき、「どうも、連中と話していると、企業の人と話しているような気がする」と、企業の匂いのする団体に有馬は厳しかったという。

「妥協しないというのが、有馬さんの原点だったのではないでしょうか」。伊藤は語った。

「シャンティ」に賭けた人——「社団法人」化へ

ＮＧＯ界全体の発展に力を尽くしながらも、晩年、有馬がもっとも心血を注いだのは、やはりＳＶＡを「社団法人」にすることであった。

一介の「任意団体」では世間の相手にしてもらえないということを、すでに、「禅の文化をきく会」のころから痛いほど感じていた有馬からすれば、長年の念願であった。そして、この仕事が最後の総仕上げということになったのかも知れない。

けれど、いつしか病魔が有馬の身体を蝕み始めていた。

九五年、ＳＶＡが阪神・淡路大震災の支援活動を開始して程ない四月、有馬は緊急入院することになった。そして、胃の半分を切除する手術を受けている。気丈夫で頑健に見えた有馬ではあったが、生来、胃はあまり強くはなかった。まして長年のストレスが負担をかけたのではないかと想像される。その後は、山口、東京、神戸を往復して、身体をなだめすかしながらの活動を続けていたのだ。

〈巣鴨スラム〉と、スタッフ自身が自嘲するほどに手狭になっていたＳＶＡ東京事務所が、現在地、新宿区大京町に移転したのは九七年の八月末のことであるが、それ以降、有馬は入退院を繰り返すことが多くなっていった。「有馬さんは、たまに入院したぐらいのほうがいいです。そうでないと、ついていくのが大変だもの」と、憎まれ口を叩くスタッフもいた。

悲願であった社団法人化。その必要性について、ＳＶＡのニュースレターや独自に発刊したニュースレターなどで何度も次の点を力説している。

社団法人になると――外国での活動許可が得やすい。長期ビザの取得が容易になる。契約等の法的主体となれる。税制優遇が可能になる。政府からの団体補助金が可能になる。各種補助金や助成金が得やすくなる。社会的信用が得られる――。

さかのぼってみれば、ＳＶＡが法人化の模索を始めたのは、一九九一年のことであった。理事会において、はじめは、「財団法人」にする方向で討議を行なっていた。以来六年間の一〇回にわたる討議を踏まえ、一九九四年の総会において「社団法人」にする方向が承認された。

なぜそうなったのかといえば、財団法人とするためには設立基金だけでも数億円が必要となる。そして、理事会が意思決定機関となる。それよりも会員総会が会の方向を決定する社団法人のほうが、会員の主体的な意思によって成立する市民運動、ＮＧＯにはふさわしいと考えての判断であった。

だが、社団法人をめざすにあたって有馬は悩みに悩んだ。公益法人となるにあたっては、教団の名前を冠していたり、宗教活動の色彩が感じられる限り、認可されないことがはっきりしていたからである。〈曹洞宗〉という看板は掲げられない。では、完全に、市民団体として再出発するのか。いや、そうではない。たしかに教団名を除けば、一般市民には受け入れられやすくなるかも知れない。でも、これまで支えてくれた多くの宗侶の協力が得にくくなるかも知れない。それに、ＳＶＡの活動を、仏教精神を中心軸にした菩薩行の実践と位置付けているからには、たんなる市民活動にしてしまうつもりもない。悩みに悩んだ。そして、宗侶の気持ちが離れてしまうことをとても心配した。

そこで、有馬は、みずから「法人化事務局ニュースレター」を企画、執筆して発行し、宗侶に対し、繰り返し、繰り返し、名称を変更する理由について力説している。たとえば、あるキリスト教系のNGOが社団法人化するまでの例をあげて、いかに厳しい審査を受けたか、そしていまだ宗教に対する偏見が残る日本の現状を憂いながら、次のように語る。

教団名に固執するのなら法人化は断念すべきです。そして、教団の全面的な支援を受けられる体制にするか、教団活動の一部として直接的に活動する体制にすべきです。それが不可能であるとするならば、SVAが法人格をもつようにする以外にありません……。

私たちは、名称を変更することが、菩薩行の活動理念を堕落させることにつながるとは考えていません。仏教の実践は、それが仏教用語によって説明されていなければ仏教にならないということではないのではないでしょうか。菩薩は、その誓願の故に彼岸ではなく、あえて此岸の中に身を置くのではないでしょうか。

菩薩行の実践において、求められるべきは名称や形ではなく、誓願の確かさではないでしょうか。

――『法人化事務局ニュースレター一二号』より

一九九六年七月六日、外務省に設立趣意書を提出した。

そして、何度も何度も折衝を繰り返し、認可までの道のりは長かった。折しも、オウム真理教事件の次の年でもあり、「曹洞宗国際ボランティア会」と宗派名を冠する団体であることから、厳しいチェックを受けているのではないかと噂していた。

そして、一九九九年八月一二日。待ちに待った外務省の認可が下りた。申請してから三年目のことであった。名称も一新した。

社団法人 シャンティ国際ボランティア会(SVA)――。

「シャンティ(SHANTI)」とは、古代インド語のサンスクリット語で、〈平和〉や〈寂静〉を意味する言葉である。一人ひとりの心の平和によって、平和な世界をめざそうとの願いがそこに託されている。

同年九月、早速、東京、芝の東京グランドホテルを借りて盛大に祝賀会を催した。永平寺、總持寺両本山の代表や外務省の要人などの来賓も列席した。

この年、有馬は大腸癌で埼玉県越谷の病院に入院し、すでに執務できる状態ではなくなっていた。が、「この機会を逃したら末期の後悔」と、主治医に頼み込んで、ベッドを抜け出し、記念シンポジウムの座長を務めることになった。

「えへへ、有馬のやつ、ちゃんと足が付いているかとお思いでしょうが、足は付いています」。会場に到着するなり、こう言って周囲を笑わせた。俺は幽霊じゃない。俺は死んでないよ、と言いたかったのだ。

当日行なわれたシンポジウムは題して「市民運動によって私が変わる、世界が変わる」――。有馬はしゃべり過ぎだ。少し黙っているようにいわなきゃ駄目だ、と苦情が来るぐらい、有馬は乗りに乗っていた。そして、シンポジウムが終わると、妻の周子に伴われてすぐに病院に戻って行った。

社団法人化の喜びを伝え、〈シャンティ〉という言葉に託した理念や願いをしたためた、いわば有馬の宣言ともいえるものが、SVAのニュースレター『シャンティ』に執筆した次の一節である。

一人一人の心の覚醒と平和に根ざした平和、そして人と人との関係の中の平和。地域社会、国家間の自覚と覚醒に立脚する平和。それが〈シャンティ〉の平和です。そこにはみずからを絶対化しようとする力は働かないのです。逆にみずからを相対化しようとする力が働き、他と共に生き、生かされている事実に喜びと感動を見出そうとするのです。

……社会の平和と心の内的な平安を求めようとする努力をしている限りにおいて、人は人としての尊厳性を保つことができるのです。生きていることを共感し、喜びと共に分かち合う場と仲間を持つ限りにおいて、人は希望に充ちた人生を創造できると確信します。理想の実現が困難なのではありません。前進しようとする勇気が足りないだけなのです。SVAは、《シャンティ》という名称にこのような理想を表現していきたいと考えています。

——『シャンティ』一九九九年八月号より

長年の念願を達成した渾身の思いがこもっている。これは、むろんSVAの理念ではあるが、有馬の思想や考えが結晶化した言葉でもある。

ところで、〈シャンティ〉という言葉に託された意味について、ある座談会で、有馬はしみじみと次のように語ったことがある。

〈シャンティ〉は日本人に突きつけられている課題なんですよ。
ほんとうはね、シャンティを「内発的」と解することは苦しいことなんだ。つまり、自分を変えるという意味を含んでいるからね。日本の風潮がそうであるように、「評論家」でいた方がどれだけ楽か。でも、あえて自分を変えようとする活動が〈シャンティ〉、そういう生きざまを選択するのがシャンティなんだと、私は思いますね。

——『シャンティ』二〇〇〇年四月号より

そして、〈地球市民〉や〈地球市民社会〉という言葉についても、同様な見解を披瀝している。これらの言葉は、今では、NGOはじめ国際協力や国際交流の現場に浸透し、広く使われるようになった。先般、開催された、「愛・地球博」（二〇〇五）でも、NGOが参加する一画が、地球市民村と名づけられていた。けれども、この言葉に込められた厳しい意味をしっかり認識すべきであると、有馬はいちはやく次のように警鐘を鳴らしているのだ。

この言葉（地球市民社会）は多くの真理を語り、二一世紀未来社会の目指していく方向を示唆していると思いながらも、同時に、安直に用いることには用心しなければいけないと思っているのです。
第二次世界大戦の前、日本は「大東亜共栄圏」の建設を唱え、満州帝国に「五族協和」の楽土建設を訴えて、アジア進出の野望を正当化した「前科」があります。小学生のころ、山中峯太郎の

『アジアにたつ曙』といった小説を血沸き肉踊る思いをして愛読し、「開拓団」に憧れた経験を持ちますが、実際に中国東北部（満州）で、日、漢、満、蒙、韓の「五族協和」が行なわれたでしょうか。日本人による植民地侵略以外のなにものでもなかったですし、他のアジアの地域も同様でした。「地球市民社会」への安易な思考は、一つ間違うと、自らの価値観や世界観を他に強要する危険をもたらすのです。

「市民」とは、一人一人が「個」を確立し、しかも他の意見や価値観にも謙虚に耳を傾け、自らを相対化する力量を持った人のことを言うのです。

耳障りのよい、「地球市民社会」という言葉、実は、自らの「意識改革を迫る」大変厳しい言葉であることを忘れてはなりません。

――『シャンティ』一九九四年一〇月号より

ここを見逃してはならないのだ。

民族、文化、言語、宗教など、あらゆる立場や違いを超えて実現する〈平和〉や〈地球市民社会〉。それは、問題の原因を他に求め、自らは思うがままに振る舞い、不快で面倒な思いをすることもなく、旧態依然としたまま、いつの日か実現する理想郷なのではない。

スペインの哲学者オルテガも、かつて市民の責務として次のように述べたことがある。

自由主義は……最高に寛大な制度である。なぜならば、それは多数派が少数派に認める権利だからであり、だからこそ、地球上にこだましたもっとも高貴な叫びである。それは、敵と、それどころか、弱い敵と共存する決意を宣言する。……敵とともに生きる！　反対者とともに統治する！

――オルテガ『大衆の反逆』より

つまり、身近な近隣の付き合いから、民族や国家レベルに至るまで、時には敵や反対者も含めて、世界中に瀰漫（びまん）する様々な無数の〈違い〉というものとどう付き合うか。様々な〈違い〉との遭遇によって生ずる不快に耐え、面倒を引き受ける覚悟を問われる。それぞれの自己変革、意識転換なくして実現に近付くことはできないのだ。それゆえ、厳しい困難な道程だということである。

それにつけても、現代世界は、益々そこから遠ざかっているかのように見える。自らのことは棚に上げ、暴力や力の論理で他者を蹂躙し変革を迫ろうとする、まるで逆の風潮が蔓延している。それでは、本当の平和は訪れない。まず自らが変わることによって、世界が変わる。それが〈シャンティ〉という言葉に有馬が託していたもう一つの意味であろう。

有馬は、来るべき平和な世界、地球市民社会のイメージをマンダラにたとえながら、次のように語ったこともある。

今、日本の社会は大きく転換しようとしている。それは従来の一元的な価値観によって支配される社会ではなく、一人ひとりの市民の多様な価値観が尊重され、自らの価値観に責任を持ち、その差異性がマンダラ模様となって輝くような、そんな市民社会の実現である。多様な色を一つに合わせればネズミ色になってしまうであろう。赤は赤であることによって美しく、青は青であることによって美しく輝く。一見無秩序にも見えるが、混沌した多様性こそが中に可能性を秘めている。

――『アジア・共生・NGO』より

さて、上述のことを、仏教的に表現するなら〈自利利他円満（じりりたえんまん）〉ということにもなるであろうか。自分と他者は分離しているのではない。自分が幸せになることが他人の幸せにもつながり、他人の幸せが自分の幸せになる。自らの理想の探究と同時にあらゆる生きとし生けるものの幸福を探求してこそ、修行は完成に向かうというほどの意味である。

NGOやボランティアの現場に引き寄せて考えてみる。たとえば、「ボランティアに行ったつもりが、こちらのほうが教えられました。元気をいただきました」という言葉をよく聞く。それは、ボランティアという体験が、単に、人や社会に貢献する奉仕活動なのではなく、他者から学んでの自己実現の機会にもなっていることを物語っている。社会参加による自己発見であり、自己確認であり、自己実現である。現在の人間疎外から自己を取り戻すのがボランティア活動でもあるのだ。

先述のように、新潟中越地震後の支援活動の際、〈普段、一生懸命生きていてこそ、いざという時、苦悩を抱えた被災者の支えとなれる〉、と痛感した福田信章の発見も、広い意味で、自利利他円満の見事な気づきであるとは言えないだろうか。

援助する側も援助される側もなく、さまざまな出会いや活動を通して、「共に生き、共に学ぶ」ことこそ、ボランティア体験の核心であると考える。それは、身近な近隣社会の活動から社会福祉、国際協力の活動まで、変わることはない。

そう考えると、有馬は次のような構想を描いていたように思われる。

絶えず自己を探求しつつ、同時に人々の様々な価値観を尊重し、仲介し、調停して取り組む市民運動、社会活動。そのゆくてにこそ、平和な世界、地球市民社会が実現する。そして、それを担う人々こそ〈触媒〉としてのボランティア、NGOであり、〈自利利他〉に生きる現代の菩薩たりえるのではないか――と。

二一世紀への〈大きな乗り物〉

日本のNGO界において、有馬は、独自の思想をもった活動家として、行動する指導者として傑出していた。同時に、仏教界においては、教団仏教、寺院仏教という枠を越えた、新しい時代に対応する仏教のありようを提示していた。

民衆に向き合う宗教者を志した有馬の歩みは、開かれた意味での〈仏教的市民運動〉ともいえるものに到達しようとしていた。仏教的に言えば〈慈悲の社会化〉による〈縁起社会の実現〉ということになる――と、幾度となく語っていたが、有馬が構想していた仏教的市民運動、仏教NGOというものが次の言葉にうかがえる。

私は、今後、世界のNGOは限りなく仏教の精神に接近してくると考えています。世界が求めている自然環境や他民族間の「共生の原理」は、「縁起」の思想以外にはあり得ないし、共生社会の実現は「四摂法」「波羅蜜」の実践以外にはあり得ないからです。

……最近のSVAは「市民運動」ということを強調しすぎるというご意見もあります。私たちは、「市民」という言葉を僧職者と対立する言葉として使っているのではありません。社会や共同体が内包する問題を自分自身の問題と認識し、自立的に行動する人を「市民」と考えています。在家・出家を問わず、覚醒した人の全てが市民です。共通の問題に対して行動しようとする人を市民と呼びたいと考えます。大乗仏教の発生は、僧侶集団の「上座部」ではなく、在家・出家の枠を越えた「大衆部」の運動に始まったといわれますが、大袈裟に言えば、SVAの運動は新しい二一世紀への行動する「大衆部集団」になりうるのではないかと夢想したりしているのですが、如何でしょうか。

――『法人化事務局ニュースレター』一号より

SVAの法人化は、大乗の精神の今日的実践だと考えています。大乗とは、「大きな乗り物」という意味です。SVAを誰もが、みんなで乗れる乗りものにしたいのです。それがSVAの願いです。

宗門人や宗門関係者だけでなく、ありとあらゆる人が一緒に乗れる大きな乗り物にしたい。それが法人化ということなのです。

――『法人化事務局ニュースレター』三号より

仏教者にとっては、目の覚めるような奮い立つような視点ではないだろうか。

僧侶であれ、一般の人であれ、誰でもが一緒になって活動する大きな乗り物、二一世紀への大衆部集団とはいかなるものであろうか。それは少なくともあらゆる既成の宗教教団や宗派の論理からは自由な活動の拠点である。有馬には、先述のような、かつての〈別所〉のような構想もあったのかもしれない。総合福祉センター、職業訓練センター、技術者集団のターミナルなど、多様な機能をもった施設である。

そして、有馬は必ずしもボランティアやNGOという形に固執していたわけではない。民衆に向き合う宗教者たらんと志し、仏教精神に根ざした市民運動、社会活動を探究しつつ、ボランティアやNGOというものに逢着（ほうちゃく）した。そして、それが現代において最もふさわしい表現形態であると考えるに至ったのだ。

本当はボランティアやNGOという言葉を使いたくなかった。というのも、先述のように、「日本にはボランティアの伝統はありませんね」とか、「ボランティアはキリスト教からきたものですね」と言われることになるからである。古来、日本にも、いわゆるボランティア精神は連綿と流れている。その伝統を汲んだ日本的な、土着的な社会活動を模索していた。それゆえ、本当はボランティアやNGOに代わる表現を使いたかったのだが、それに代わるものを見出し得なかったのだ。有馬が亡くなってからの話だが、ある時、有馬の遺稿集、『地球寂静』を読んだという人が、次のように感想を話してくれたことがある。

「有馬さんの考えや行動というのは、仏教というより、〈人類教〉という感じですね」

その人は有馬と一面識もなかった人であるが、なるほどうまいことを言う、と思った。それを聞いたら、有馬はおそらく照れながらも喜んだことと思う。人類に耳を傾け、人類の苦悩に向き合い、人類と共に生き、人類に学ぶ〈人類教〉とは、なにか言い得て妙な気がする。

さて、現代の〈大きな乗りもの〉にしたいと、有馬が願ったSVAは、現在も、アジア各地において教育・文化の国際協力活動に取り組んでいる。カンボジア、タイ、ラオス、ミャンマー難民キャンプ、そして、イスラーム圏のアフガニスタンにもスタッフを派遣している（その後、ミャンマー、ネパールにも）。また、阪神・淡路大震災以来、国内やアジアで災害が発生した場合、救援活動にも取り組んでいる。全国各地に幅広い支援者や支援団体が存在することも特徴かもしれない。

東京事務所でも、毎日、たくさんのボランティアたちが出入りして活動している。「絵本を届ける運動」の訳文シールを貼ったり、荷物の整理や調整、そして、アジアの手工芸品の発送など、一〇代の学生から七〇代の高齢者まで、老若男女が入り交じって和気藹々（わきあいあい）と活動しているさまは、一つのコミュニティになりうる可能性を感じさせる。

阪神・淡路大震災の時にボランティアとして活動した若者たちの繋がりは、今なお続いている。二〇〇四年の夏、彼らの中の有志が集まって、一〇年前、被災地神戸に埋めたタイムカプセルを掘り起こした。カプセルの中には、九五年当時、被災者やボランティアたちがしたためた「一〇年後の自分に向けてのメッセージ」が納められていたからである。若者たちは、手紙を書いた本人を探して再会を果たし、お互いのこの一〇年の軌跡を振り返り、その思いをかみしめていた。

その後、同年一一月には、当時のボランティアたちが、自発的に、東京に集まって同窓会を開催した。全国から老若男女の懐かしい面々が集まって、一〇年前のこと、この一〇年のお互いの変化について語り合っていた。当時、学生だった若者たちも、今では社会人として活躍している。その後も災害救援の現場で活動している人も少なくない。このような人々の輪が生まれたことは、ＳＶＡという大きな乗り物の財産である。

さらに、二〇〇四年、ＳＶＡと日本テレビ文化網事業団共催による「アジア子ども文化祭・東京公演」を開催したのだが、その際にも、また新たな若者たちと出会うことができた。学生や会社員など様々であったが、夜になると、それぞれの勉学の場や職場からＳＶＡの東京事務所に集まって、企画から交流キャンプの運営や子どもたちのお世話まで、明るく、楽しみながら、いきいきと取り組んでいた。期間中、事務所は笑い声が絶えることはなく、初めて会った人たち同士なのにまるで旧知の仲のようで、「いまどき、こういう若者がいるのか」と、その情熱や友情が羨ましくもあった。

他方、ＳＶＡを接点としつつ、超宗派の僧侶のネットワークが自発的に形成されつつある。普段は、寺院を拠点として地域社会との絆づくりを模索しながら防災訓練を行なったり、いざ災害の時は緊急救援に出動することも想定している。

世間では、ニートと呼ばれる、就労しない若者が社会問題の一つとして取り上げられてもいるが、今、紹介したような若者たちを目の当たりにするとき、若者たちの中に、人知で測りがたい可能性が眠っていることは確かであると感じる。〈若者を宝物と思うなら、社会が宝物でなければならない〉と言ったのは、たしか、むのたけじであったが、まさしく、自らの可能性を開くための〈縁〉に恵まれていないのが現代の若者たちであるように見える。金属疲労を起こしたように、従来の学校教育という枠組みでも果たし得なくなった機能があるのではないだろうか。その意味で、ＳＶＡのみならず、ＮＧＯやＮＰ

Oという場は未来を担うこのような人々が羽ばたくための〈縁〉としての役割も求められているように思われる。NGOやNPOは、非営利活動を行なう市民団体であるが、同時に、この時代の新しいタイプの〈学校〉、あるいは〈道場〉でもあるのかもしれない。

有馬実成という存在は、仏教者にとっても、NGO関係者にとっても、その他、何か社会的活動に取り組みたいと思う人にとっても、じつにワクワクする貴重な手掛かりをもたらす〈知恵袋〉のような存在に思われてならない。

単なる社会活動ではなく、自己探求や意識転換とともに取り組む社会活動を提示したところに、有馬らしさがあるのだが、では、具体的にどう展開すればよいのだろうか。しかしながら、有馬はそこまで提示したわけではなかった。長年の蓄積を〈シャンティ〉という思想に結晶化させ、一つのNGOを社団法人にしたが、その具体論や展開論を詳細に提示したわけではない。その前に亡くなってしまった。それは、あとに続く者に残された課題にほかならない。

稀代の〈とび職〉

さて、社団法人化を果たした翌年、二〇〇〇年の春。有馬の容態があまり思わしくないと耳に入った。そして、八月四日、埼玉の越谷の病院から山口の日本赤十字病院に転院するという連絡が入った。その日、有馬は、山口まで移動する途中、東京の千駄ヶ谷にあるSVAの東京事務所に急きょ立ち寄ることになった。

スタッフ全員が、東京事務所の一室に集まった。東京近郊に住んでいるＳＶＡ関係者も数人駆け付けることになった。有馬もスタッフも、最後の邂逅であることを無言のうちに覚悟していた。

「主治医からは、『お坊さんはものに執着しないのだから、真っ直ぐ山口に帰りなさい』といわれたのだけれど、『お釈迦さんだって、亡くなるとき、三度故郷の方を振り返ったのだから』と、どうしても皆さんにお会いして、話がしたくて立ち寄りました」と、有馬は、一瞬声を詰まらせた。

「なんだか、僕が一番感傷的になっているみたいだね……」

「この活動は、僕にとって宗教者として必然だったと思う。ＳＶＡと関われたことは救いだった。初めて自己表現の場をもち得たという実感をもった。それ以前にいくつか市民運動をやってきたのだけれど、燃え切れないものがあった。いよいよ確信を得てきたことは、自分のありようは、人との関わりによって決まる。人とどういう関係を切り結んでいくか、それしかないと思う。それは理論で証明できない。行動以外にない」

「ＳＶＡは、どんくさい……。派手じゃない……。頑固なものがある……。それがいい。それが、長年ＳＶＡをもちこたえさせてきた。ＳＶＡは他のＮＧＯがもっていないものをもっている。それは地方につながる窓口だと思う。でも、それを活かし切っていないのではないだろうか」

そして、難民キャンプの思い出、マザー・テレサと会ったときのこと、卒業論文のことなどを縷々話し、最後にスタッフを励ました。

「『無門関』という禅の本に出てくる和尚。主人公、主人公、惺々著と、自分で自分に呼び掛けていた。みんなもそういうふうに、自分に呼び掛けてほしい。『おい、自分よ、今活き活き輝いているか』と。シャンティというのは、心の静寂のなかにあるいきいきとした目覚め、そういう意味があると僕は理解している」

そして、散会となったが、みんな立ち去りがたく、静かな語らいが続いた。

どれほどの時間がたったであろうか。しばらくして、

「大変お世話になりました。いい出会いをいただいた」

と、有馬はゆっくり席を立った。

事務所から大通りまでの小道、付き添って来た長男の嘉男に伴われ、ゆっくりと歩いて行った。一度も振り返ることはなかった。

その後、しばらくたったある日、JSRC以来、有馬とともに苦労を共にしてきた松永然道（SVA会長、永平寺副監院、静岡県宗徳院住職〔いずれも当時〕）が、有馬から耳にしたという話をSVAのスタッフ

に話してくれたことがあった。

それはこういう話である。

「いつも苦労かけて、本当にすまないな」

と、有馬が言ったら、妻の周子はこのように応じたという。

「あなた、一人でやっていると思っていたんですか。私もいつも一緒に歩いてきたんです……」

「いやあ、まいりましたよ……」

と、有馬は嬉しそうにしながらも、目を潤ませていたという――。


誰にもスーパーマンに見えた有馬。けれど、そんな有馬を有馬たらしめたもう一つの大きな陰の力があったこと。それなくして、あの有馬はありえなかったことを、スタッフの誰もが思い知った時であった。みんな絶句し、涙する者もいた――。


二〇〇〇年九月四日、筆者は山口市の山口赤十字病院へ見舞いに訪れた。

毎日国際交流賞を受賞した「被災地NGO協働センター」の近況やSVAのスタッフの一人ひとりの近況について有馬は訊ねた。

そして、叡尊と重源の話に及ぶと、有馬の相貌はみるみる変化し、体中に生気が甦っていく。背筋をぴんと立て、遠くを見晴らすかのように、壁の一点を見つめ、しみじみと語った。「何をやろうと、『発見』がなければ意味がないのだよ」――。ああ、これは、魂のことばに違いない。

あとで聞いた話だが、もう、今日か明日までの命というとき、テレビを見ていた有馬は、災害救援のニュースが流れてきたとき、あわてて、手帳を取り出して震える手でメモをとったという。「ここまできて、この人は何という人なんだ、と思いました」と、家族は嗚咽していた。

――面会時間の三〇分がとおに過ぎていた。失礼しようとすると、「駅までお送りして」と、次男の嗣朗を促した。そのよそよそしい物言いで、「SVAの有馬」を終えて、「有馬家の有馬」に立ち戻ったことを知る。現世で身に着けた衣を一枚一枚脱いで、来世への旅支度をしているようにも見えた。

そして、とうとうその日が来てしまった。

二〇〇〇年九月一八日、稀代の〈とび職〉は、本当にどこかへ飛び去ってしまった。

有馬実成◉年譜

西暦	年号	年齢	事項
1936	昭和11年	0	3月7日、山口県徳山市（現・周南市）に生まれる
1943	18年	7	父・正隆、中国へ出征
1944	19年	8	父・正隆、マラリア腸炎により上海で亡くなる
1945	20年	9	徳山にも空襲▼8月、終戦
1946	21年	10	11月、アメリカの民間援助組織ララから物質が送られ始める（1952年まで）
1951	26年	15	徳山高等学校へ進学
1952	27年	16	多々良高等学校へ転入
1954	29年	18	駒澤大学仏教学部へ進学、道憲寮へ入寮
1958	33年	22	3月、駒澤大学卒業、原江寺住職に▼10月、恩師・衛藤即応師寂
1961	36年	25	5月、晋山式▼宮本周子と結婚
1962	37年	26	原江寺で参禅会を発会、記念に澤木興道老師を招く
1963	38年	27	長女・知子誕生▼初めて「緑蔭禅の集い」を開催
1964	39年	28	2泊3日の「緑蔭禅の集い」を開催
1965	40年	29	檀務の一方、旅行会社を手伝う（1969年まで）▼長男・嘉男誕生

西暦	年号	年齢	事項
1970	昭和45年	34	次男・嗣朗誕生
1972	47年	36	市民文化ボランティア団体「禅の文化をきく会」スタート、事務局長に就任
1975	50年	39	在日朝鮮・韓国人の調査を開始。「在日朝鮮人・韓国人被災者を考える会」を組織し、事務局長に就任▼11月、全国曹洞宗青年会結成
1976	51年	40	全国曹洞宗青年会「オリエント茶会」開催
1979	54年	43	ポル・ポト政権崩壊、インドシナ難民の数はピークに▼12月、曹洞宗調査団としてタイのカンボジア難民キャンプ視察
1980	55年	44	「曹洞宗東南アジア難民救済会議（JSRC）」設立、企画実行委員長に就任▼バンコク事務所を開設▼移動図書館活動で難民キャンプを巡回▼サケオ難民キャンプ（タイ）に図書印刷所と図書館を開設
1981	56年	45	JSRCを母胎に「曹洞宗ボランティア会（SVA）」結成。事務局長に就任▼カオイダン難民キャンプ（タイ）に常設図書館を開設▼12月、サケオ難民キャンプで、やきもの教室開始。その後、教室はカオイダンへ移動
1983	58年	47	カンボジア難民への「慈愛の衣類を贈る運動」、日本各地で展開
1984	59年	48	SVAが「正力松太郎賞」を受賞▼初の開発事業、スリン県バーンサワイ村（タイ）で始まる
1985	60年	49	バンビナイ・ラオス難民キャンプ（タイ）で印刷活動を開始▼SVAが「ソロプチミスト日本財団賞」を受賞▼バンコク、スラムの調査
1987	62年	51	NGO活動推進センター（JANIC）創立に関わる
1988	63年	52	SVAが「外務大臣賞」を受賞

西暦	和暦	年齢	事項
1989	平成元年	53	クロントイ・スラムに職業訓練所センターを設立
1990	2年	54	カンボジア語版の『南伝大蔵経』の復刻出版を手伝う、中村元氏に監修を依頼
1991	3年	55	カンボジア国内での支援を開始
1992	4年	56	ラオス国内での支援を開始▼「曹洞宗国際ボランティア会」と改称
1993	5年	57	「シャンティ山口」顧問に就任
1994	6年	58	SVAが「毎日国際交流賞」を受賞
1995	7年	59	1月、阪神・淡路大震災発生、SVAは初めての本格的な国内災害支援。神戸事務所開設▼カンボジア語版『南伝大蔵経』復刻▼有馬、緊急入院し胃の半分を切除
1996	8年	60	SVA専務理事に就任▼JANIC理事長に就任▼7月、SVAは外務省に社団法人化の設立趣意書提出▼9月、識字教室「ひまわりの会」誕生
1997	9年	61	朝鮮民主主義人民共和国へ緊急食糧支援▼4月、SVA神戸事務所閉鎖▼「震災がつなぐ全国ネットワーク」顧問に就任▼8月頃から入退院を繰り返す
1998	10年	62	「東京災害ボランティアネットワーク」副代表に就任▼「NGOネットワーク山口」代表世話人に就任
1999	11年	63	外務省より社団法人の認可。「曹洞宗国際ボランティア会」を「社団法人シャンティ国際ボランティア会（SVA）」に改組、専務理事に就任▼トルコ大震災救援、台湾大震災救援▼「絵本を届ける運動」開始
2000	12年	64	ミャンマー（ビルマ）難民支援開始▼9月18日遷化、享年65歳（満64歳）

◆参考文献

〈序章〉

有馬実成『地球寂静』（アカデミア出版会、二〇〇三）
『洞庭山原江寺縁起』
『ふるさと櫛浜』（櫛浜地区コミュニティ推進協議会、一九八七）
『徳山（周南）の歴史』（徳山「周南」市美術博物館、一九九七）
『日本のサルベージの草分け　村井喜右衛門展』（徳山「周南」市立中央図書館、一九九六）

〈第一章〉

飯野正子『もう一つの日米関係史――紛争と協調のなかの日系アメリカ人』（有斐閣、二〇〇〇）
衛藤即応『宗祖としての道元禅師』（岩波書店、一九九四）
衛藤即応『正法眼蔵序説』（岩波書店、一九五九）
衛藤即応『道元禅師の宗教と現代』（春秋社、二〇〇〇）
衛藤即応『信仰の帰趣』（全龍寺・私の眼蔵会、一九五二）
衛藤即応述『伝光会講演集』（東京都曹洞宗宗務所、一九五八）
中世古祥道『衛藤即応先生を憶う』（正泉寺）
宇都宮芳明『ヤスパース』（清水書院、二〇一四）
梶原　寿『解放の神学』（清水書院、二〇一六）
大島末男『カール・バルト』（清水書院、一九八六）
北森嘉蔵『神の痛みの神学』（講談社学術文庫、一九八六）
内山興正『自己』（大法輪閣、二〇〇四）

澤木興道『禅談』（大法輪閣、一九九七）

〈第二章〉
有馬実成「『生活』の中に禅を求めて」（『曹洞宗報』昭和三八年三月号・曹洞宗宗務庁）
太田信隆『まほろばの僧　高田好胤』（草思社、二〇〇五）
司馬遼太郎『故郷忘じがたく候』（文春文庫、二〇〇四）
「曹青通信」（創刊号・昭和五〇年一一月一二日、曹洞宗青年会設立委員会）
「曹青通信」（第二号・昭和五一年二月二〇日、第三号・昭和五一年一一月五日、第四号・昭和五二年二月二八日、第五号・昭和五二年六月一五日、第六号・昭和五三年二月一日、第七号・昭和五三年三月三一日、第八号・昭和五三年六月三〇日、第九号・昭和五三年九月三〇日、第一〇号・昭和五四年一月三〇日、第一一号・昭和五四年三月三一日、以上曹洞宗青年会）

〈第三章〉
『カンボディア難民救済６ヶ月のあゆみ』（『曹洞宗報』昭和五五年八月号ふろく・曹洞宗宗務庁）
（座談会）「カンボジア難民救済の現状と展望」（『曹洞宗報』昭和五五年九月号・曹洞宗宗務庁）
曹洞宗国際ボランティア会 編『アジア・共生・ＮＧＯ』（明石書店、一九九六）
加藤周一『私にとっての二〇世紀』（岩波現代文庫、二〇〇九）
（特別対談）「タイ農村の心と構造を語る」（『バンキャン・ポスト』昭和六三年六月号、曹洞宗ボランティア会）
向井　敏『海坂藩の侍たち』（文春文庫、一九九八）
ニミット・プーミターウォン／野中耕一訳『ソーイ・トーン』（井村文化事業社、一九七九）
ニミット・プーミターウォン／野中耕一訳『農村開発顛末記』（井村文化事業社、一九八三）
山本周五郎『青べか物語』（新潮文庫、一九六四）
折口信夫『日本芸能史六講』（講談社、一九四四）
山折哲雄『日本文明とは何か』（角川ソフィア文庫、二〇一四）

〈第四章〉

池田英俊、芹川博通、長谷川匡俊編『日本仏教福祉概論』(雄山閣出版、一九九九)
『地球市民が変える』(アカデミア出版会、二〇〇二)
和島芳男『叡尊・忍性』(吉川弘文館、一九八八)
松尾剛次編『持戒の聖者・叡尊・忍性』(吉川弘文館、二〇〇四)
松尾剛次『救済の思想』(角川書店、一九九六)
松尾剛次『忍性』(ミネルヴァ書房、二〇〇四)
後藤文雄『ともに生きる世界』(女子パウロ会、二〇〇一)
中村　元『日本宗教の近代性』(春秋社、一九九八)
『道の手帖　中村元』(河出書房新社、二〇〇五)
「仏教タイムス」(一九九二年七月三〇日号)
中尾　堯　編『旅の勧進聖 重源』(吉川弘文館、二〇〇四)
杉山二郎『大仏再興』(学生社、一九九九)
五来　重『高野聖』(角川ソフィア文庫、二〇一一)
司馬遼太郎『〈ワイド版〉街道をゆく9　信州佐久平みち、潟のみちほか』(朝日新聞社、二〇〇五)
速水　侑　編『民衆の導者 行基』(吉川弘文館、二〇〇四)
松岡心平『中世芸能を読む』(岩波書店、二〇〇二)
網野善彦『無縁・公界・楽』(平凡社、一九九六)
阿部善雄『目明し金十郎の生涯』(中公新書、一九八一)
宮本常一『民俗学の旅』(講談社学術文庫、一九九三)
村崎修二『花猿誕生』(清風堂書店出版部、一九八六)
対談「中世のさすらい人たち」(「歴史フォーラム」、国立山口徳地青少年自然の家、一九九一)

上野英信『地の底の笑い話』（岩波新書、一九六七）
「有馬実成の世界三―仏教は死んだか」（朝日新聞夕刊、東京本社、一九九五年一二月二〇日）
阿満利麿『社会をつくる仏教』（人文書院、二〇〇三）
稲垣真美『近代仏教の変革者』（大蔵出版、一九九三）
稲垣真美『仏陀を背負いて街頭へ』（岩波新書、一九七四）
末木文美士『明治思想家論』（トランスビュー、二〇〇四）
吉田久一『日本近代仏教史研究』（川島書店、一九九二）
高橋佳子『あなたが生まれてきた理由（わけ）』（三宝出版、二〇〇五）
柳田邦男、川越　厚　共編『家で生きることの意味　在宅ホスピスを選択した人・支えた人』（青海社、二〇〇五）
「増大特集スピリチュアルペイン」（『緩和ケア・vol. No.5』二〇〇五、青海社）

〈第五章〉
『混沌からの出発』（シャンティ国際ボランティア会、二〇〇〇）
『シャンティ』（一九九六年、一・二月合併号、曹洞宗国際ボランティア会）
「有馬実成の世界四―ボランティア」（朝日新聞夕刊、東京本社、一九九五年一二月二一日）
『阪神大震災と国際ボランティア論――草地賢一が歩んだ道』（エピック、二〇〇一）
『ともしび』（VOL.94・一隅を照らす運動総本部）
『シャンティ』（一九九六年四月号、曹洞宗国際ボランティア会）
『震災が残したもの』（1・一九九五年、2・二〇〇〇年、6・二〇〇一年、9・二〇〇四、10・二〇〇五年、A-yan Tokyo）

〈第六章〉
『東アジア出身の犠牲者遺骨問題と仏教』（曹洞宗ブックレット　宗教と人権9）（曹洞宗宗務庁、二〇〇七）

オルテガ／寺田和夫訳『大衆の反逆』（中公クラシックス、中公公論新社、二〇〇二）
『ＳＶＡ社団法人化事務局ニュースレター』（第二号、第三号・曹洞宗国際ボランティア会、一九九八）
『シャンティ』（一九九四年一〇月号、一九九九年八月号、曹洞宗国際ボランティア会。二〇〇〇年四月号、シャンティ国際ボランティア会）

あとがき

本書は、山口県の一僧侶でありつつ、日本を代表するNGO（非政府組織、あるいは国際協力などに携わる民間公益団体）の一つともいわれるようになった「シャンティ国際ボランティア会（SVA）」創立の中心となり、同時に、日本のNGO界の先駆者であり、リーダー的存在でもあった有馬実成師の生涯について記した評伝です。有馬師自身の文章については、すでに『地球寂静』（アカデミア出版会）という遺稿集が発刊されていますが、有り難いことに上田紀行氏の著作『がんばれ仏教』（NHK出版）に紹介されてから、有馬師の名前や事績が少しずつ知られるようになってきました。本書は、僭越ながら『地球寂静』の末尾に書かせていただいた伝記をベースに書き下ろしたものです。

――歴史を作り、時代を切り拓いていく担い手というのは、いつも「ヒラメ」のようにヘドロと一緒に汚れながら這いつくばって生きている人なのです――。有馬師の言葉の中には、このような泥の類の表現がしばしば見受けられます。社会的に弱い立場の人々と共に歩く有馬の宗教者像がそこに表れていると思います。極めつけと思うのは、有馬がタイ・バンコクのスラムの天使といわれるプラティープ女史の講演を聞いた時のことです。「蓮の花を咲かせる泥でありたい」との女史の言葉に有馬は大きく刺激されました。いや、元々有馬師の内側にあったものに火が付いたといっていいでしょう。『泥の菩薩』――という本書のタイトルにそのような有馬像を表現させていただきました。筆者としては、法華経に現れる〈地涌（じゆ）の菩薩〉のイメージとも重なるような気がしております。釈尊が説法している席に大地から忽然と湧いてきた無数の菩薩、『法華経』に登場する菩薩たちのことです。大地から湧いてきたこの菩薩たちは大地の生活をした人々、この現実の苦しみを味わった人々といわれます。

本書執筆の期間、筆者にとってはまさしく有馬師を通した様々な人々との出会いの旅であり、様々な発見の旅でもありました。幾度となく目を瞠（みは）る体験もさせていただきました。わけても、思いがけずノンフィクション作家の柳田邦男氏にお会いできたことは誠に有り難く、終末期医療の分野において、「スピリチュアペイン（霊的な痛み）」について真剣に探究されていることを教えていただき、少なからずショックでした。人生の終焉を迎えようとする人が発する「私はなぜ生まれてきたのか、私はどこへ行くのか」という根源的な苦悩に寄り添い、応えようとする真摯で地道な医療の営みに感嘆いたしました。従来、魂とか霊とか表現されていた次元を、狭義の宗教世界に限定せず、広い視野から、深く、なおかつ慎重に探究しているのです。一方では、文字通り、『あなたが生まれてきた理由（わけ）』（三宝出版）と題した高橋佳子氏の本が多くの人に読まれていると聞きます。新しい人間観を求めて時代が静かに動いていることを感じます。仏教が存続するかどうかより、宗教者として時代の苦悩とどう向き合うかが問われている、と力説していた有馬師でしたが、この時代においては、人々の精神的・身体的苦悩や社会的問題の解決に取り組むばかりではなく、さらにその質の深さが問われていることを感じます。そのような意味で、仏教の未来を真剣に考える方々にはもちろんのこと、ＮＧＯやボランティア活動に関心をもつすべての方々にもぜひ、本書を読んでいただきたいと願っています。「これからのＮＧＯの行動原理は仏教にある」と喝破（かっぱ）していた有馬師の考えにきっと得心していただけることでしょう。

さて、本書の上梓にあたっては多くの方々のお世話になりました。有馬家と洞庭山原江寺の皆様には出版の趣旨をご理解いただき、貴重なお写真を拝借することができました。資料収集にあたっては、「曹洞宗宗務庁教化部」「全国曹洞宗青年会」の皆様のお世話になりました。有馬師の道憲寮の先輩・駒澤大学名誉教授の皆川廣義先生、栃木県本光寺住職の高田良壽師には、有馬師の若い頃のお話をうかがうことができました。そして、元国際仏教学大学院大学教授の杉山二郎先生、元アジア経済研究所の野中耕一先生、「禅の文化をきく会」の事務局をお手伝いされていた石田清子氏、山口県周南市の真福寺住職の大野恭史師、中山書房の中山晴夫氏、そして、「猿舞座」の村崎修二氏からも貴重なお話をうかがうことができました。また、シャンティ国際ボランティア会の関係者の皆様にも助言をいただき、写真を拝借することができました。皆さまに心から感謝申し上げます。筆者の未熟さのために遺漏や不備の点などあるかもしれません。どうか大方のご叱正をいただければ幸いです。

末尾になりましたが、大法輪閣の石原大道社長、小山弘利編集長には、無名で浅学非才な筆者の出版をご快諾いただき、編集部の釜田尚紀氏には情熱をもって編集作業に取り組んでいただきました。そして、清水良洋氏には力強い装いの本に仕上げていただきました。記して心よりお礼申し上げます。

なお、本書の性格上、人名の敬称を略させていただいたことを謹んで申し添えます。

平成一八年一月二九日

大菅俊幸

増補新版 あとがき

ここに、晴れて増補新版『泥の菩薩』を上梓することが叶い、正直、安堵している。初版発刊が二〇〇六年三月であったが、一六年たった昨年（二〇二二年）、間もなく品切れの見込みであり、版元に重版の意向がないこともわかった。

もとより飛躍的に売れる本でないことは承知しているが、それでも、近年発刊されたある仏教書において、「泥の菩薩として知られる有馬実成師……」などと紹介されたり、遅々とした歩みではあるが、ある程度浸透しているのではないかと感じていた。それに、不安や孤独感が増している昨今の社会情勢を考えると、宗教者の社会的関与が益々求められているのは間違いないことで、そんな今だからこそ有馬実成の思想と実践を知っていただきたい。この本を途絶えさせてはならない。そう思って引き継いでくれる出版社を探した。そして、意気に感じて発刊を快諾くださったのが明石書店、大江道雅社長であった。心から感謝している。

初版発刊後の本書にまつわる忘れがたいエピソードを二つほど紹介したい。

まず、かねてより私が敬愛の念を抱いている鶴見俊輔氏（一九二二―二〇一五）に本書を読んでいただき、コメントをいただいたことである。哲学者である鶴見氏は、多くの評論や大衆文化の研究を手がけ、

「ベトナムに平和を！市民連合」（べ平連）や雑誌『思想の科学』の中核を担い、「憲法９条の会」の呼びかけ人にもなり、数々の社会運動に携わった方である。戦後日本に大きな影響を与え続けた。

その鶴見氏が、二〇一〇年一二月、『かくれ佛教』という本を上梓した。なぜ、この期に及んで鶴見氏が仏教書なのか、やや意外でもあり、早速一読してみた。

「この本は、私が書きたくて書いた、いわば終点にあたる」と語り、協力者の助力によって成った同書。自身の人生史をたどりながら、自由闊達に繰り出す仏教論は、何とも刺激的で胸に迫る。先の戦争に加担した僧侶や牧師に対する不信感も率直に語り、最後は次の言葉で結んでいる。

私は《かくれ佛教徒》と言っていいと思います。いまになって権門に屈するとか国家に屈するという道ではなくて、むしろ国家が、そのかくれ佛教に批判されるような道をめざしています。

（『かくれ佛教』）

これが、この人の仏教の在り処だと思った。そして、ぜひこの人に『泥の菩薩』に目を通していただき、今後の日本仏教に対し、ＮＧＯに対し、助言をいただきたいという思いが湧いてきた。と言っても、これまで面識があったわけでもないので、知人を辿って、何とか住所をつきとめ、丁重に手紙を添えて本書を謹呈したのが明けて二〇一一年。「どこの馬の骨ともわからない者など相手にされないかもしれない」。そう思って返信をいただけることなど半信半疑であった。その後、東日本大震災が発生し、日本中が大混乱となってしまったので、ほぼあきらめていた。

ところが、その年（二〇一二）の五月、ついに一枚のハガキが届いた。鶴見氏からであった。

「『泥の菩薩』、ありがとう。私に対する質問への答えは、すでにこの本の中にあると感じました……」

そして、有馬の戦争体験への共感、大東亜戦争への疑い、柳宗悦や石川三四郎を導きの糸として仏教理解を深めたことなどが縷々綴られていた。

有馬や私の考えに賛同してくださり、背中を押していただいたと受けとめている。読んでいただくだけで感激なのに、何とも有難く、嬉しく、大きな勇気をいただいた。その後、二〇一五年に鶴見氏は他界されたのだが、あの時、思い切って本書をお送りして本当によかったと思っている。

もう一つのエピソードは、二〇二二年に発刊された松尾剛次氏の著著『日本仏教史入門』に、有馬実成とシャンティ国際ボランティア会を取り上げていただいたことである。松尾氏は山形大学の名誉教授で、日本中世史、とくに叡尊、忍性研究の第一人者である。同書では「叡尊・忍性を活動のモデルとした有馬実成」という一項が設けられ、巻末の関連年表にも有馬が（シャンティの前身）曹洞宗ボランティア会を創設したことが明記されている。これは、日本仏教史に有馬とシャンティを位置づけてくださったということであり、大変画期的で光栄なことであると受けとめている。

松尾氏には、以前より懇意にしていただいており、『泥の菩薩』も参考にしていただいている。「つくづく有馬さんとは生前にお会いしておきたかったです」と、叡尊や忍性をモデルとして活動した有馬に尊敬の念をもってくださっている。

こうして本書を通して広がった様々なご縁を考えると、改めて、本書を途切れさせてはならないという思いになる。今回の新版においては、現時点から考えて必要と思われる要素を新たに増補させていただいた。大きな点を言えば、まず、有馬と中村元との接点についてである。じつは、初版発行後、すでに有馬と中村が『仏教タイムス』紙上で対談していたことがわかった。「カンボジア仏教の復興」についての貴重な内容であり、ほんの一端に過ぎないが、加えることにした（第四章）。そして、もう一つは、曹洞宗の人権問題に対する有馬の積極的な関わりについてである（第六章）。ＮＧＯのリーダーというだけでなく、曹洞宗の現代史、そして現代日本仏教史を考える上でも、有馬という存在がいかに不可欠であるか得心していただけたのではないだろうか。写真についても大幅に増補した。

それから、何と言っても有難いのは、島薗進氏に解説をご執筆いただいたことである。島薗氏は日本を代表する宗教学者である。内外の宗教事情に精通され、とくに『日本仏教の社会倫理――正法に生きる』という本を著され、仏教の社会倫理に深い見識をおもちである。なおかつ、有馬のことも高く評価してくださっており、願ってもない方にお引き受けいただいて大変光栄に思っている。

こうして、初版本にも増して充実したものになったのではないかと思っているのだが、その評価は読者の皆様にお委ねするしかない。

末尾になりますが、山口県周南市原江寺の有馬嗣朗住職には貴重なお写真を拝借することができました。心より御礼申し上げます。そして、明石書店、大江道雅社長には、本書の出版をご承諾いただき、改めて心より感謝申し上げます。編集担当の秋耕社、小林一郎氏には、迅速で丁寧に取り組んでいただきました。誠にありがとうございます。

たとえ小さな一歩でも、有馬の願いでもある、一人ひとりの尊厳が誠に生きられる社会、「地球市民社会」の実現に少しでも近づきますように――。そう願って、本書を世に送り出したいと思う。

令和五年六月一日

大菅俊幸

解説　仏教の社会倫理を探究した生涯

島薗　進

東日本大震災以前と以後

二〇一一年の東日本大震災では、宗教者や宗教集団による被災者支援が活発に行なわれ、注目された。その後、臨床宗教師の養成も始められ、宗教者が所属する教団の信徒に対してではなく、一般社会の人々のために、とりわけ孤立したり苦難を被らざるをえない人々のために働くことが好意的に受け止められるようになってきた。そこでは伝統仏教の僧侶もそれらの活動に積極的に参加し、被災者に寄り添い傾聴を行なう者も少なくなかった。

こうした支援活動は東日本大震災の被災地では長期にわたって継続した。またその後、熊本地震をはじめ、さまざまな災害がある度に、仏教者の支援活動が継続的に行なわれてきている。東日本大震災以前の時期を考えると、これは大きな変化と見るべきだろう。阪神・淡路大震災の際にも、僧侶が支援活動に取り組む例がなかったわけではない。だが、それに対して、一般市民が行なうボランティア活動は僧侶が行なうべきことではない、といった批判的言説が投げかけられていた。私自身も、僧侶には僧侶だからこそできる異なる役割があるのであり、そちらに集中すべきだという発言を何度も聞いた。

これは一時的な事柄ではない。宗教に固有の次元があり、それを果たすことこそが宗教の本来的役割であり、行政や社会福祉の取り組み、あるいは市民のボランティア活動で行なうようなことは、宗教者がまじめに取り組むべきことなどではない、というような考え方は広く深く根を張ってきた。実際、仏教系の大学での仏教学の授業でも、政治や経済、あるいは社会福祉に関わるようなことはあまり取り上げられてこなかった。仏教の社会倫理というような領域が重要な研究領域だという認識さえ、未だに持たれていない。これが日本の仏教界の現状である。

葬祭仏教中心の日本仏教観からの脱皮

だが、日本の仏教史を振り返れば、社会福祉や苦難を被る人々への支援活動はある程度行なわれてきたことはすぐ分かる。古代には行基がおり空海がおり、中世には重源や叡尊や忍性がいる。僧侶が苦難のなかにいる人々を助けたという逸話は全国各地に伝わっている。大乗仏教の根本的な用語の一つである菩薩には、苦難にある者を助け、救いに導く者という意味がある。菩薩と慈悲は切り離せないものだが、慈悲の活動が葬祭に限定されているというのはたいへん理解しにくいところだ。

このように見てくると、宗教について、また仏教について、その社会的な機能について、あえて軽視するような見方が広く受け入れられてきて、私たちの視野を狭めてきたと言わざるをえない。第二次世界大戦後の日本の仏教を捉えるときも同様で、そこで政治的、社会的活動が広く行なわれてきたことが理解されていない。そのために、狭く葬祭だけに仏教寺院と僧侶の役割を限定するような葬祭仏教中心の日本仏教観からの脱皮が、なおなされていないと言わざるを得ない。

本書『泥の菩薩』はこのような現代日本仏教観を更新するような大きな可能性をもつ書物である。取り上げられているのは、有馬実成という一人の仏教者の生涯であり、彼が取り組んできた社会活動、とりわけシャンティ国際ボランティア会（ＳＶＡ）である。しかし、有馬の生涯をたどり、その思想と行動の特徴を理解し、シャンティの創設と展開の歴史を振り返ることによって、多くのことが明らかになってくる。現代日本の精神史という面からも、日本仏教の捉え返しという点からも、示唆するところのたいへん大きい力作である。その力作評伝に、今回、新たに増補された内容があり、「増補新版あとがき」にもたいへん興味深い内容が書き込まれている。いっそう豊かになった増補新版の刊行を心からうれしく思っている。

大衆とともに生きる宗教者

本書の第一章「発露——生い立ち」、第二章「起動——民衆と共に歩む宗教者として」では、有馬実成の生家と生育環境、曹洞宗の僧侶となる過程でもある駒沢大学時代の有馬、そして、山口県周南市（徳山市）原江寺という地域寺院からの仏教寺院の活動形態革新の試みについて述べられている。戦後の曹洞宗において、先達たちから彼は何を学んだのか。道憲寮という学生寮で深い学びを得たこと、そこで衛藤即応（一八八八—一九五八）という「生涯の師」に出会ったことが述べられている。

衛藤即応の死後に遺稿集として刊行された『道元禅師の宗教と現代』から引かれている「修行者の仏法（出世間的修行）は、世間の中に生きていかなければ意味がない。禅師は『菩提心トハ度衆生心ナリ』といわれている」という言葉（二五頁）は有馬が衛藤から学んだものの中核に関わるだろう。「禅師」とは道元禅師である。「只管打坐（しかんたざ）」を説き、ひたすら座禅に打ち込むことこそが仏祖正伝の修行だと説いた道元禅師だが、悟りを求め仏道を求める根本の心である「菩提心」とはそのまま「度衆生心」、すなわち人々を救おうとする心だというのである。

すでに六〇年代において、有馬は在家の人々を念頭において、「彼等は宗教を求めている。彼等は社会倫理と「生活」を求めている」（五一頁）と述べていた。こうした人々を仏教に引き寄せようとして行なわれた「禅の文化をきく会」は一九七二年から八二年にかけて継続された。だが、この活動の事務局を務めていた石田清子は、「ある時期から、ただ勉強しているだけでは駄目だ。何かしなければならないことがあるのではないだろうかと、有馬さんはよくおっしゃるようになりました」（七五頁）と述べている。「全国曹洞宗青年会」の発足（一九七五年）に向けた活動、「在日朝鮮人・韓国人被災者を考える会」（一九七五年から）は、有馬のそうした実践的活動への展開を示している。

ＳＶＡと泥の菩薩

第三章「飛翔――国際ＮＧＯへの挑戦」、第四章「菩薩――有馬の仏教観」は、七〇年代の末から九〇年代の前半が主な対象となる時期を対象としている。シャンティ国際ボランティア会は、当初から移動図書館に力点を置いていたが、やがてさまざまな教育・文化支援活動へと展開していく。文化重視はその国の文化の理解を大事にすることも含んでおり、それが現地の人々と支援者との関係のあり方に影響を及ぼす。

現地の人々からこそ学ぶという有馬の姿勢は、インドシナでの難民支援活動の早い段階ですでに形づくられていたようだ。両親を殺害された難民のランソン少年との八〇年二月の邂逅が大きな意味をもったことも印象的に述べられている。その少年はどういうわけか有馬の後を付いてくる。「聞けば、殺された父親に私がよく似ているというのです。一緒に歩いていると、ランソンは遠慮がちにそっと私の手に触れてくるのです」（一二七頁）。たいへん感動的な場面だが、それに対する大菅の捉え方も卓抜である。「そっと有馬の手に触れたのは、ひょっとすると、ランソン少年というより、ランソン少年の姿で現れた文殊菩薩だったのかもしれない」。

「ボランティア触媒論」もこれと関連している。有馬は現地の僧侶からも、一般の支援者からもそれを学んだという。大菅はこうまとめている。「ボランティアは触媒である。主人公ではなく、黒子に過ぎない。相手と『共に生き、共に学ぶ』存在である……これは、その後、終生、有馬が信条としていた考え方である」（一八一頁）。この考え方を強く印象づけた人物の一人はタイのバンコクのスラムで生まれ育ち、スラムの子どもたちの教育のために力を尽くして来た女性、プラティープさんだ。九〇年の四月に京都で講演を行なったとき、プラティープさんは「私は、美しい蓮の華を育てる沼地の泥になりたいのです」と話したという（一八四頁）。

大菅はこのような「泥の菩薩」による菩薩行の系譜として道昭―行基―重源―叡尊―忍性らをあげ、日本仏教史の見方の更新を図っている。私は有馬と大菅がこの系譜の重要性に注目しているのには十分な根拠があると思う。これは私が、拙著『日本仏教の社会倫理』（初刊、岩波書店、二〇一三年、岩波現代文庫版、二〇二二年）で述べた日本仏教史の見方と共通点が多い。

本書を通して見えてくる現代日本の仏教の像

このような系譜に連なる宗教的実践が、現代日本において新たに活性化しているのではないか。とりわけ災害支援やスピリチュアルケアといった領域において、そのような傾向が目立つ事態が実際に生じているのではないか。そのことを明らかにしているのが、第五章「天災――阪神・淡路大震災に学んだこと」、第六章「寂静――シャンティにかけた願い」である。

この二章は、現代日本の現実に近く、あらためて私などの解説を必要とすることもないだろう。さらに理解を深めたい読者には、有馬実成『地球寂静――ボランティアが未来を変える、NGOは世界を変える』（アカデミア出版会、二〇〇三年）、大菅俊幸『慈悲のかたち――仏教ボランティアの思考と創造』（佼成出版社、二〇一七年）、大菅俊幸編『仏教の底力』（明石書店、二〇二〇年）などをお勧めしたい。

本書はシャンティ国際ボランティア会の創始者の伝記であるが、その生涯と実践、そして思想を克明にたどることによって、二〇世紀の後半の日本の仏教史に新たな光を当てることにもなっている。曹洞宗の一僧侶である有馬実成だが、その歩みは現代日本の伝統仏教が直面している課題に正面から向き合い、そこに新たな光を見出して行く開拓者の歩みでもあった。本書を通して見えてくる現代日本の仏教の像は、葬祭仏教の実態に即して描かれる仏教の像や、宗派中心や「思想」中心の仏教の像とはだいぶ異なるものである。しかし、実践的な関心をもちつつ、今後の日本仏教を見通そうとする読者にとっては、学ぶところが少なくないはずだ。

（東京大学名誉教授、上智大学グリーフケア研究所元所長）

大菅 俊幸（おおすが としゆき）

1950年、宮城県生まれ。駒澤大学大学院修士課程仏教学専攻修了。高校教員などを経て、公益社団法人シャンティ国際ボランティア会スタッフへ。現在、同会専門アドバイザー。曹洞宗総合研究センター講師。有馬実成に共鳴し、仏教精神に根ざした社会貢献活動（仏教ボランティア）を探究している。
著書に『慈悲のかたち』（佼成出版社、2017）。編著に『仏教の底力』（明石書店、2020）などがある。有馬実成の遺稿集『地球寂静』（アカデミア出版会、2003）、シャンティの東日本大震災被災地支援の活動記録誌『試練と希望』（明石書店、2017）の編集も担当。

泥の菩薩（どろのぼさつ） 増補新版
仏教NGOの開拓者、有馬実成（ありまじつじょう）

2023年8月31日　初版第1刷発行

著者　大菅俊幸
発行者　大江道雅
発行所　株式会社 明石書店
〒101-0021 東京都千代田区外神田6-9-5
電話　03（5818）1171
FAX　03（5818）1174
振替　00100-7-24505
https://www.akashi.co.jp

組版　有限会社秋耕社
装丁　明石書店デザイン室
印刷・製本　モリモト印刷株式会社

（定価はカバーに表示してあります）　ISBN 978-4-7503-5626-6

タイ上座仏教と社会的包摂　ソーシャル・キャピタルとしての宗教
櫻井義秀編著　◎5000円

現代日本の宗教と多文化共生
移民と地域社会の関係性を探る
高橋典史、白波瀬達也、星野壮編著　◎2500円

中国・台湾・香港の現代宗教　政教関係と宗教政策
中国社会研究叢書 9　櫻井義秀編著　◎3800円

日本の中国占領統治と宗教政策
日中キリスト者の協力と抵抗
松谷曄介著　◎6800円

民族を超える教会　植民地朝鮮におけるキリスト教とナショナリズム
松谷基和著　◎3800円

越境する近代東アジアの民衆宗教
中国・台湾・香港・ベトナム、そして日本
武内房司編著　◎5000円

被災記憶と心の復興の宗教社会学
日本と世界の事例に見る　三木英編著　◎3500円

看取りのドゥーラ　最期の命を生きるための寄り添い人
ヘンリー・フェルスコ＝ワイス著
林美枝子監訳　山岡希美訳　◎2500円

震災後のエスノグラフィ
「阪神大震災を記録しつづける会」のアクションリサーチ
高森順子著　◎3800円

熊本地震の真実　語られない「8つの誤解」
鈴木康弘、竹内裕希子、奈良由美子編著　◎1600円

福島原発事故被災者　苦難と希望の人類学
分断と対立を乗り越えるために
辻内琢也、トム・ギル編著　◎4500円

生活困窮者への伴走型支援　経済的困窮と社会的孤立に対応するトータルサポート
奥田知志、稲月正、垣田裕介、堤圭史郎著　◎2800円

貧困パンデミック　寝ている『公助』を叩き起こす
稲葉剛著　◎1800円

SDGs時代のグローバル開発協力論
開発援助・パートナーシップの再考
重田康博、真崎克彦、阪本公美子編著　◎2300円

グローバル時代の「開発」を考える
世界と関わり、共に生きるための7つのヒント
西あい、湯本浩之編著　◎2300円

黙殺された被曝者の声　アメリカ・ハンフォード正義を求めて闘った原告たち
世界人権問題叢書 113　トリシャ・T・プリティキン著
宮本ゆき訳　◎4500円

〈価格は本体価格です〉